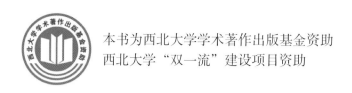

本书为西北大学学术著作出版基金资助
西北大学"双一流"建设项目资助

白 冰 著

北宗神秀 禅法思想研究

中国社会科学出版社

图书在版编目(CIP)数据

北宗神秀禅法思想研究/白冰著. —北京：中国社会科学出版社，2022.5
ISBN 978 – 7 – 5203 – 9728 – 5

Ⅰ.①北… Ⅱ.①白… Ⅲ.①禅宗—研究 Ⅳ.①B946.5

中国版本图书馆 CIP 数据核字 (2022) 第 054954 号

出 版 人	赵剑英	
责任编辑	安 芳	
责任校对	张爱华	
责任印制	李寡寡	

出 版	中国社会科学出版社	
社 址	北京鼓楼西大街甲 158 号	
邮 编	100720	
网 址	http://www.csspw.cn	
发 行 部	010 – 84083685	
门 市 部	010 – 84029450	
经 销	新华书店及其他书店	

印 刷	北京明恒达印务有限公司	
装 订	廊坊市广阳区广增装订厂	
版 次	2022 年 5 月第 1 版	
印 次	2022 年 5 月第 1 次印刷	

开 本	710×1000	1/16
印 张	17.5	
插 页	2	
字 数	278 千字	
定 价	98.00 元	

目　　录

前　言

　　唐代宗密在《禅源诸诠集都序》中将禅门划分为三宗，各家的禅学都被判定到三宗之内，他所提到的北宗是指神秀及其弟子普寂系统，并将此宗归纳为"息妄修心宗"与唯识教相应。"禅三宗者，一、息忘（妄）修心宗……息妄修心宗者，说众生虽本有佛性，而无始无明覆之不见，故轮回生死。诸佛已断妄想，故见性了了……南侁、北秀、保唐、宣什等门下，皆此类也。"① 历史上南北二宗的划分基于地域与禅法两方面的考虑，地域上分为南北；禅法上分为顿渐。"世人尽言南能北秀，未知根本事由，且秀禅师，于南荆府当阳县玉泉寺住持修行，慧能大师，于韶州城东三十五里曹溪山住，法即一宗，人有南北，因此便立南北。"② 导致南北对立的当属神会，他在《菩提达摩南宗定是非论》中提到"南能北秀"的禅法不同，所以划分为南北二宗。"天下学道者，号此二大师为南能北秀，天下知闻。因此号，遂有南北两宗。"③

　　不过对于北宗的称谓有的学者也并不认同，其依据为普寂就自称南宗。"何故不许普寂禅师称南宗……普寂禅师实是玉泉学徒，实不到韶州，今日妄称南宗，所以不许。"④ 神秀在与武则天的问答中，称自己所传之法为"东山法门"。"大足元年召入东都，随驾往来二京教授，

---

　　① （唐）宗密：《禅源诸诠集都序》卷2，《中国佛教思想资料选编》第二卷，第2册，石峻等编，中华书局1983年版，第430页。

　　② 敦煌本《坛经》，《中国佛教思想资料选编》第二卷，第4册，石峻等编，中华书局1983年版，第21页。

　　③ 《菩提达摩南宗定是非论》，《神会和尚禅话录》，杨曾文编校，中华书局1996年版，第31页。

　　④ 《菩提达摩南宗定是非论》，《神会和尚禅话录》，杨曾文编校，中华书局1996年版，第31页。

1

躬为帝师。则天大圣皇后问神秀禅师曰，所传之法，谁家宗旨？答曰：禀蕲州'东山法门'。"①

我们按照传统的说法，以北宗对神秀界定，这并不影响对神秀禅法思想的分析。现代学者温玉成对禅宗北宗作出了解释，北宗分为广义和狭义两种，其中狭义的北宗专指神秀系统。"所谓'北宗'，狭义地讲就是神秀一系的禅法和传承。不过，根据禅宗初期的历史情况，我们不妨把这个范围适当地加以扩大，把法如、道安和玄赜等人包括进去。这是因为：广义的'北宗'具有四个条件……"② 本书所研究的即为北宗神秀的禅法思想。

一 研究现状

对于北宗神秀的研究由于资料的缺乏，历来不被人们所重视，导致了禅宗的研究大多集中于南宗，直到敦煌文献的发现，对北宗的研究才有了新的进展。学界对北宗神秀的禅法思想和历史研究多偏重于某一方面，关于神秀禅法思想研究的学术专著几乎没有。

学者们对于北宗神秀的讨论主要涉及三个方面。

第一，禅修理论。

1. 关于《楞伽经》思想的讨论。吕澂认为神秀保持了《楞伽经》的精神。但吕氏是从《楞伽经》中关于渐修的角度讲的，而且认为神秀更多地吸收了《大乘起信论》的观点。

> 《起信》的思想原是来自《楞伽》，他们（按：指道信、弘忍、神秀）觉得《楞伽》禅法《起信》解释得更成功，因此，认为与其根据《楞伽》，毋宁直接依据《起信》更好，所以他们就只是在形式上尊重四卷《楞伽》了。有人认为禅宗始终重视渐修这一点，即是保持了《楞伽》的精神，这一看法是正确的。《楞伽》中虽然

---

① （唐）净觉：《楞伽师资记》，《中国佛教思想资料选编》第二卷，第4册，石峻等编，中华书局1983年版，第169页。

② 温玉成：《禅宗北宗初探》，《世界宗教研究》1983年第2期。

也有地方讲到顿，但作为渐修根据的地方则更多。禅宗一上来即是依据《楞伽》中关于渐修的部分。这一点，由道信起到此时仍然未变，可以说他们在贯彻《楞伽》精神方面是始终如一的。①

2. 关于神秀禅法中顿、渐思想的讨论。吕澂认为神秀是渐修的，通过"拂尘看净"，依次第而渐修。

本来由道信以来就提出了"安心"的主张，以方便法门教人，经过弘忍、神秀的发展，到南北分宗以后，北宗就以方便作为标帜了。而《大乘无生方便门》或《大乘五方便》也认为是神秀的著作（此在敦煌卷子中发现）。到了中唐，宗密撰《圆觉经大疏钞》，其中谈到禅宗的末计（分宗）——七家时，指出第一家为神秀系，其禅法的特点即为"拂尘看净"方便通经。这些特点都是表示"渐修"的，认为修习应该有次第地进行。②

杨曾文认为神秀北宗带有顿教思想，体用相即不二，但这种思想在北宗没有进一步发展。

北宗的禅法著作《大乘五方便》中已经有接近顿教的说法，例如它说"离念"、"寂"反映的是佛性的本质，属于"体"或"理"、"空"、"性"的方面；人的"见闻觉知"、"照"（观想）是真如佛性的现象或作用，属于"用"、"事"、"色"、"相"的方面，但两者又是相即不二……教修行者在禅观中对性相、体用、理事等循环思惟，使心识逐渐达到净化、超越和解脱。然而，从整体上看，这种带有明显顿教色彩的思想在北宗没有得到进一步的运用和发展。③

---

① 吕澂：《中国佛学源流略讲》，中华书局 1979 年版，第 219 页。
② 吕澂：《中国佛学源流略讲》，中华书局 1979 年版，第 217 页。
③ 杨曾文：《唐五代禅宗史》，中国社会科学出版社 1995 年版，第 130—131 页。

第二，宗派交涉。这方面主要是神秀与贤首宗创始人法藏的交涉。印顺探讨了北宗神秀的《大乘五方便》同贤首宗的关系，他根据神秀与法藏在时空上有所重合，神秀入京时，法藏也在京中，因此二人有相互影响的可能。贤首宗比天台宗多立一顿教，可能就受到神秀所传东山法门的影响。

> 再说五方便与贤首宗的关系。武则天对禅师的尊礼，主要是东山门下神秀最受推重的一位。神秀大足元年（701）入京，到神龙二年（706）去世。在长安时，神秀是一位年近百岁的老禅师。华严宗的确立完成者，是贤首法藏。从证圣元年（695）到圣历二年（699），法藏参与八十《华严经》的译场。译毕，就开讲新译的《华严经》。神秀入京时，法藏也在京中，年约六十岁。就这样，神秀与法藏，有接触与互相影响的可能。
>
> 贤首宗立五教——小、始、终、顿、圆。与天台宗所立的四教——藏、通、别、圆是大体相近的，但多立一顿教。顿教，虽说依《楞伽》、《思益》等经而立，而实受当时的"顿悟成佛"禅，也就是神秀等所传东山法门的影响。①

第三，政教关系。温玉成在《禅宗北宗初探》一文中，认为狭义的北宗指神秀一系；广义的北宗具有四个条件，即，

> 1. 禅法上，"法门是渐"；2. 政治上，依附帝室；3. 传承上，排斥惠能；4. 地域上，以嵩洛为中心。②

在政治上，温氏认为神秀北宗依附于统治阶层，依附政治成了判断北宗的标准。

另外，学者们对于禅宗的讨论多集中于两点，禅宗创立和法脉传承。

---

① 印顺：《中国禅宗史》，江西人民出版社 1999 年版，第 120—121 页。
② 温玉成：《禅宗北宗初探》，《世界宗教研究》1983 年第 2 期，第 24 页。

第一，禅宗创立。禅宗的创始对于北宗的地位界定有着重要的意义，是属于楞伽师的传承，还是属于禅宗的北宗，这与禅宗的创始分不开。禅宗创始一般有三种观点。

一是慧能创立说。方立天认为慧能创立了禅宗，推进了佛教中国化。

> 慧能创立的禅宗，是一个崭新的佛教体系，可谓佛教中的新教。与印度佛教相比，中国禅宗呈现出重人本、重平民、重自性、重现实、重顿悟、重简易等思想特色，这些特色就是佛教中国化的表现。①

二是道信、弘忍创立说。杨曾文以道信、弘忍为禅宗的正式创始人。

> 唐初在黄梅传法的道信、弘忍作为禅宗正式创始人比较妥当。他们正式创立的禅宗，在弘忍去世之后发生分裂，以弘忍的弟子神秀、普寂为代表的北宗禅曾长期流行在以东西二京为中心的北方广大地区，而以慧能为代表的南宗禅则流行于南方一带，唐末以后逐渐成为中国禅宗的主流派。②

有的学者也认为禅宗创建于弘忍，"达摩禅发展到道信，无论是禅法思想还是禅法开展的形式，都已初具宗门的种种特点，弘忍在此基础上进一步完成了禅宗的创建。中国禅宗可说是初创于道信，基本完成于弘忍，而由南能北秀进一步加以发展"③。"认为中国禅宗始创于惠能，那么势必将神秀北宗排斥于'禅宗'之外"④，"达摩禅发展到道信，无论是禅法思想还是禅法开展的形式，都已初具宗门的种种特点，弘忍在

---

① 方立天：《慧能创立禅宗与佛教中国化》，《哲学研究》2007 年第 4 期，第 78 页。
② 杨曾文：《唐五代禅宗史》，中国社会科学出版社 1995 年版，第 70 页。
③ 洪修平：《禅宗思想的形成与发展》，江苏古籍出版社 1992 年版，第 105 页。
④ 洪修平：《禅宗思想的形成与发展》，江苏古籍出版社 1992 年版，第 127 页。洪修平是以历史的宗派形成为基点，统合南北二宗，必然会得出禅宗始于弘忍的结论。

此基础上进一步完成了禅宗的创建。中国禅宗可说是初创于道信，基本完成于弘忍，而由南能北秀进一步加以发展"①。

三是菩提达磨作为禅宗的开始，汤用彤所提这个观点为禅宗教内的说法。

> 禅宗自谓教外别传，盖谓灵山会中，如来拈花，迦叶微笑，即是付法。迦叶遂为印度禅宗初祖。秘密相传，以至二十七祖般若多罗授法于菩提达磨。菩提达磨于梁武帝时来华，是为中国禅宗初祖。达磨传慧可，可传僧璨，璨传道信，信传弘忍，忍传慧能。慧能世称为禅宗六祖，与其同学神秀分为南北二宗。此禅宗定祖之说之大略也。②

第二，法脉传承。这方面主要是南、北宗法统之争的讨论。关于法脉传承学者们的讨论主要集中在慧能上，分析弘忍传法于慧能的原因。

吕澂认为弘忍单独付法给慧能是有可能的，原因有两点，其一，传法给慧能是弘忍效法老师的作风，因为当年自己质朴，所以而得法，慧能也因为质朴所以传给他。其二，慧能到南海（今广州）传法，弘忍传袈裟以增加慧能的号召力。

> 在他辞弘忍回去的时候，弘忍还密授袈裟给他，以为信记，说明他得到了嫡传。③
>
> 慧能在弘忍处所得的传授，后人的说法也不尽同，其中大多是附会的，不过也可以推想他很有可能得到弘忍的特殊传授。因为弘忍本人在道信门下就是很朴质的，但他却得到了道信的传授，自己的门下人才济济，他也要效法老师的作风，保持以前单传的方式，而慧能恰巧也是那样纯朴，所以说他单独付法给慧能，这是有可能的。此外，他看到慧能是一方之师，特别是在当时广州这样文化落

---

① 洪修平：《禅宗思想的形成与发展》，江苏古籍出版社 1992 年版，第 105 页。
② 汤用彤：《隋唐佛教史稿》，中华书局 1982 年版，第 186 页。
③ 吕澂：《中国佛学源流略讲》，中华书局 1979 年版，第 220 页。

后的地方，所以特别传衣给他，以作征信，增加他的号召力，这也是可能的。①

　　杨曾文认为弘忍受法时将袈裟传给慧能是可能的，希望他在南方传播佛法，这点与吕澂相同。"弘忍认为慧能根器非凡，对他在南方传播禅法寄予希望，故在授法时把自己的袈裟相赠也是可能的。"②

　　印顺认为东山法门一代一人的传法体系源于印度的旧说，而且一代一人的付法说，到弘忍为止，没有矛盾，但到了弘忍之后却出现了分头并弘。

　　从现有的史料来看，东山法门所形成的一代一人的法统源于印度旧说。③

　　道信的众多门人中，弘忍稳定了五祖的地位，东山法门更广大起来。但弘忍门下，陷入"一代一人""分头并弘"的矛盾中。④

　　印顺解释神会为慧能争地位的原因，是神会反对分头并弘之说。

　　神会的立场，就是印度固有的付法说；是东山法门建立起来的一代一人的付嘱制。所以神会不只是否定神秀，为慧能争一六祖的地位；更重要的是，反对"分头并弘"，禅法陷于分崩离析的倾向。⑤

　　国外对北宗神秀的研究大致分为两个方面：一方面是日本汉学界对北宗的研究。关于早期禅宗和神秀的研究成果有，宇井伯寿的《北宗残简》（《禅宗史研究》第一册，京都：岩波书店1939年版），铃木大拙进行了《观心论》的五本对校和《大乘五方便》的四本对校（《禅思

---

①　吕澂：《中国佛学源流略讲》，中华书局1979年版，第221页。
②　杨曾文：《唐五代禅宗史》，中国社会科学出版社1995年版，第154页。
③　印顺：《中国禅宗史》，江西人民出版社1999年版，第158页。
④　印顺：《中国禅宗史》，江西人民出版社1999年版，第158页。
⑤　印顺：《中国禅宗史》，江西人民出版社1999年版，第160页。

想史研究》，东京：岩波书店 1968 年版），还有柳田圣山校注的《传法宝纪》（《初期禅宗史書の研究》，京都：法藏馆 1967 年版）和《楞伽师资记》（《初期の禅史Ⅰ》，东京：筑摩书房 1971 年版），这些成果对北宗的文献作了补充。

系统论述神秀禅法思想的文章还不多见，对神秀禅法有所探讨的，日本较近一期的文章是 2009 年 12 月刊登在《印度学佛教学研究》58 卷 1 期，花园大学瀧瀬尚纯的文章《北宗内部に於ける对立：思想的差异に関する考察を中心に》，中文名为《北宗内部的对立：以思想差异的考察为中心》，该文以"心性本净，客尘所染"为重点，讨论了道信、弘忍、法如、神秀的禅法思想。

另一方面，西方学者马克瑞对北宗的研究比较活跃。马克瑞认为最早讨论南北宗的文献资料是神会的《菩提达摩南宗定是非论》，普寂以南宗自称，神秀称所传之法为"东山法门"，并无北宗的称谓。所以，马克瑞认为宗密对北宗的提法有失偏颇。不过从时代来看，宗密晚于神秀、普寂，因此宗密对北宗的称法与当时神秀、普寂所称的不一致，有其合理性，马克瑞的观点值得商榷。在北宗的研究中，马克瑞侧重于建构规则，关注重点是北宗早期的研究，对后期的研究比较薄弱一些。

通过上述分析看到，学者们的论述大多从历史的角度着眼，作问题式的重点讨论。在讨论北宗神秀的禅法思想时，单纯从哲学的角度，运用哲学的方法分析神秀禅法的文章比较少。

二　研究内容

本书将北宗神秀的禅法思想放到佛教理论系统中去研究，涉及神秀的修持理论，参照佛教其他派别的思想，以了解禅法的理论背景。在分析神秀禅法思想的理路时，究于详细的概念分析，以厘清神秀禅法思想中"自心缘起""渐悟修持""净心成佛"三者之间的关系。

神秀的禅法思想拟从两方面展开论述，一方面阐述神秀禅法思想的"三论"和"两重因果说"；另一方面以哲学的视角研究神秀禅法思想中关于人性与佛性问题的阐释。"三论"为"自心缘起论""渐悟修持论"和"净心成佛论"。所谓"两重因果说"，即第一重因果是返本，第二重因果是事修。

"三论"说明了"返本见性"。因为自心起用分为净染二心，净心为染心所覆，不能显现，众生因此不得解脱。只有通过"渐悟修持"的方法，依始觉断除无明，逐地增悟至始觉之究竟，也就是究竟觉，从而返本与本觉相契合，达到"净心成佛"的境界，即神秀所说的"一念净心，顿超佛地"。到了此位方能彻见心性，这种究竟觉相当于唯识宗的大圆镜智，对于唯识宗来说，需经极其漫长的时间在佛地上才能达到，而神秀认为在因地见性时就可实现。

"两重因果说"表明了禅修的两个阶段。第一重因果：未显现净心为因，净心地为果。这一阶段称为返本见性，由性相分离悟到性相不二，此阶段又分为"自心缘起""渐悟修持"和"净心成佛"。第二重因果：净心地为因，圆满佛地为果。这一阶段称为圆证佛果，因为第一重因果虽然见性，但无始以来的习气还要在第二重因果中断除，"凡夫无始以来烦恼熏习积累，非今（按：又似今字，依文意作今）不可一时顿尽之，复依今解悟，常觉现前，勿令无明烦恼重起，是名因行。习气烦恼都尽，更不得与色尘、境界重合，始名断尽"①。不过神秀的禅法思想主要体现在第一重因果中。

如果以西方哲学的角度来看，中国禅宗所说的关于佛性与人性的问题在康德哲学那里以另一种形式表现出来，即本体与现象的关系问题。禅宗所说的佛性具有本质性、本源性的意义，相当于康德所说的本体。

方立天认为佛性具有六方面的意义，其中一意义为"真实本体"。

> 佛性是通过一切事物实相"空性"所显现的真实本体，是超越主客、能所二元存在的真如境界。佛性与"空性"，与"真如"是相通、相等的，由此也可说佛性就是真实本体。②

---

① 《圆明论》1卷，《北图敦煌写经》（189），第4页。"全卷碎损八十四行，卷首题曰：《圆明论》马鸣菩萨造，而文与《起信论》大同，背面为四分律比丘戒本。"此论也收录于马克瑞著《北宗禅与早期禅宗的形成》附录中，夏威夷大学出版社1986年版。马克瑞认为《圆明论》所述为神秀或北宗另一位禅师的禅法思想。

② 方立天：《中国佛教哲学要义》上卷，中国人民大学出版社2002年版，第246—247页。

禅宗所说的人性具有现实性的意义，相当于康德所说的现象。因此，从禅宗的角度来看，佛性与人性的关系就相当于康德所说的本体与现象的关系，可与康德哲学作比较研究。康德认为人类认识的只能是现象，对于本体是认识不了的，其原因就在于人没有"知性直观"。康德实际上提出了二元论的问题，现象界如何通达本体界？胡塞尔①认为通过"本质还原"使一般在个别中显现，实际上就是将一般与个别沟通了起来。因此，神秀禅法思想与胡塞尔现象学处在横向结构上，具有可比性。神秀的"渐悟修持"以佛教哲学特有的理论解决了佛性与人性如何合一的问题。从"自心缘起"经过"渐悟修持"，达到"净心成佛"，这一修持过程把人性和佛性完满的贯通了起来，以佛教中的"知性直观"——"觉性"解决了本体界与现象界如何沟通的问题。

我们从三个角度对神秀的禅法思想作出历史评价。从"宗教市场"②角度来说，神秀禅法的简便性促使了神秀北宗的发展壮大。从逻辑理路角度来说，神秀禅法思想中的"渐悟修持""离染显净"同程朱理学的"格物致知"极为相似，促进了儒学的发展。从宗派融合角度来说，神秀禅法中的"唯心净土""心土不二"的思想，促使了禅宗与净土的融合。

全书共分为十章：

第一章，神秀的活动及历史分析。本章介绍了神秀生活的时代背景，此时正是武则天当政时期，佛教发展出现了良好势头。对于神秀的出生时间，通过文献比对的方法，确定神秀出生于 606 年。在神秀的相关文献上，列出了敦煌文献、相关史传、碑刻资料等。神秀的生平活动

---

① 胡塞尔（E. Edmund Husserl, 1859—1938）德国哲学家、现象学学派创始人。胡塞尔认为本质和现象不可分割。获得本质的方法有本质还原和先验还原。所谓本质还原，即经验的自我通过反省自己的主观意识达到本质。所谓先验还原，即先验自我发现意识的意向结构和世界整体的过程。经验自我所达到的本质正是先验自我意识活动的对象，所以先验还原是知识的终极根据，世界就是先验自我意识的构造活动。

② 当代美国宗教社会学家斯达克（Rodney Stark）提出了"宗教市场"（Economics of Religion）理论，他将经济学原理应用到宗教现象中，分析宗教的变化。也有的人不同意"宗教市场"这种理论，其原因有一点就是"宗教市场"不具有普适性，有待补充、修正。我们探讨神秀禅法的简便性时，是从宗教产品（神秀提供了比以往更为简便的修持法门——"净心成佛"）的角度来解释北宗禅法得以发展壮大的原因。从这个角度来说，我们认为能够用"宗教市场"理论进行分析。

分为三个阶段：东山求学、进京传法和兴盛北宗。在北宗初期的发展上，我们讨论了神秀和法如的关系，认为法如对于从弘忍到神秀的发展起到了衔接作用。此外，又分析了神秀进京传法的动机分析，认为和当时的政治环境及神秀的性格密切相关。

第二章，神秀禅法思想渊源。从佛教经典来看，神秀吸收了刘宋译《楞伽经》的如来藏、顿悟、渐修等思想。如神秀提出的"一念净心，顿超佛地"的思想，即来源于《楞伽经》中所谈到的"譬如明镜，顿现一切无相色像"。

从楞伽师的传承来看，根据净觉的《楞伽师资记》记载，自求那跋陀罗到僧璨传承以来，楞伽师们在禅修的重点上都突出了心性的重要性，将"安心"放到了禅修的第一位，其根本目的是要"了心源清净"。楞伽师们所强调的"心性本净，客尘所染""心理平等""理事相融"等思想为禅法修持提供了根据和途径。神秀的《五方便》通过藉教悟宗的方法更是把楞伽师们历来强调的重点融入自己的禅法当中，奠定了北宗禅法思想的基石。道信、弘忍所代表的"东山法门"和神秀的禅法具有直接的传承关系，道信的"求心"、弘忍的"守一"与神秀的"观心"都是如来藏清净心的思想，在观法上都有"观空"，此禅观和"一行三昧"密不可分。道信的渐修思想体现在"一行三昧"上，这种念佛法门需要精勤不懈，次第渐修，对神秀的渐修思想也产生了影响。

第三章，神秀禅法思想之自心缘起论。"自心"含义类似于"阿赖耶识"，"自心缘起"本质上属于业感缘起。神秀认为自心是包含净、染二心的混合状态，当自心起用时分为净、染二心，净心为染心所覆，不能显现，众生因此不得解脱。此时的净心佛性尚未出缠，并未显现，显现的则是由染心所起的现象界。

第四章，神秀禅法思想之渐悟修持论。神秀认为通过"渐悟修持"的方法，能够让众生返本，与本觉相契合，从而得以解脱。神秀的"渐悟修持"思想吸收了《大乘起信论》的逐地增悟的觉性思想，从本觉到不觉，再到始觉断除无明，最后至究竟觉。本觉、始觉是相互依存的概念，都是从"自心缘起"论而来，本觉—不觉—始觉—本觉，这就是由迷返本的修持路线。

第五章，神秀禅法思想之净心成佛论。"净心成佛"即神秀所说的
"一念净心，顿超佛地。"到了此位方能彻见心性。净心类似于慧解脱
罗汉，神秀解说净心从因与果、涅槃与菩提、法身佛与报身佛，说明了
净心成佛论的理论框架。我们概括为两点：第一，涅槃、菩提、究竟觉
说明果位净心（返本）本体之义，把空性、智慧、果德、觉性集于净
心之中，是成佛（返本）的结果。第二，从本觉义、发生义（众善之
源）、本有义（众生皆有佛性），说明因位净心的种子义。不过因位净
心由于染心的缘故不能显现，只有去掉染心才能成就佛果。达到"净
心成佛"的境界，为返本见性，由性相分离悟到性相不二，此位虽然
见性，但无始以来的习气还要逐渐断除。

第六章，神秀与慧能的禅法思想比较。从人性与佛性的关系来看，
神秀的禅法思想是人性逐渐接近佛性的过程，而慧能认为人性当下就是
佛性。应该着重指出的是，慧能所强调的人性与佛性的关系实际上是众
生自性觉、迷的两种状态，自性觉人性就是佛性，自性迷人性就是众
生。慧能与神秀在"心性本净"上，并无本质的不同。只不过在具体
实践上，神秀的禅法没有慧能的简洁。对于利根之人，慧能实则省去了
渐修的过程，提倡"直指人心，见性成佛"，同样对于利根之人，按照
神秀的观点来说，也能"一念净心，顿超佛地"，禅法的不同在于人们
根器上的差异。

第七章，神秀禅法思想对普寂的影响。在神秀之后，普寂担当起传
播北宗禅法思想的重任。普寂继承了神秀的禅法思想，并强调了戒律的
持守。在北宗的传播上，普寂扩大了北宗的影响，不过引起了神会的攻
击，这也间接地说明了到普寂时期，神秀北宗的发展达到了顶峰，即使
到了唐宣宗（在位时间为847—859年）时期，在普寂再传弟子日照那
里，北宗的影响还依然活跃。

第八章，神秀禅法思想与西方哲学的沟通。康德提出了二元论问
题，现象界如何通达本体界？神秀通过"渐悟修持"，以佛教哲学特有
的理论解决了二元论问题，这一修持过程把人性和佛性完满地贯通了起
来，以佛教中的"知性直观"——"觉性"解决了本体界与现象界如
何沟通的问题。胡塞尔认为通过"本质还原"能使一般在个别中显现，
实际上是把一般与个别沟通起来。因此，神秀禅法思想与胡塞尔现象学

处在横向结构上，具有可比性。现象学说明了一般与个别的关系，即一般如何在个别中显现，这与神秀如何将人性贯通到佛性，有着相同的理路。

第九章，关于神秀禅法思想的两个问题。

第一个问题是神秀禅法中的"定"与小乘的"定"有何区别？神秀认为小乘的定是邪定，其原因在于二乘但见空、无常、苦、无我，所以有定而无慧。神秀认为菩萨所修的"定"是正定，无论入定还是出定都能达到"性相不二"的境界。邪定与正定的区别，究其根本原因是小乘与大乘在心识上的差别，这就是有无"佛性"的问题，决定着成佛与否。小乘只能断六识的烦恼所以证成罗汉，小乘认为声闻不能成佛。而大乘有"佛性"，能够破除无明，所以就能证成佛果。什么是佛性？在神秀的禅法思想中，就是本觉、究竟觉。

第二个问题是神秀的"成佛"与竺道生的"成佛"有何区别？竺道生是渐修到最后，一下顿悟，成就果位，是事后的，由十住最后的金刚道心而悟，从果位上来说是究竟佛位。神秀所指的悟道就是成佛，先见道而后再修道，所以神秀的"悟道"是属于事前的，然后才"悟后起修"，逐渐断尽无始以来的习气。

第十章，神秀禅法思想的历史评价。我们从三个角度对神秀的禅法思想作出历史评价。从"宗教市场"角度来说，北宗兴盛的原因在于神秀向大众提供了合适的宗教产品，吸引了大众。神秀对这些修持方法的解释，最后都归结到"净心成佛"上，通过"见道返本"的过程，拉近了人性与佛性的距离。从逻辑理路角度来说，朱熹从"人心"—"觉知"—"道心"的修养理路与神秀从"自心"—"渐悟"—"净心"的修持理路并无不同，神秀禅法中的"渐悟修持""离染显净"与程朱理学的"格物致知"极为相似，促进了儒学的发展；从宗派融合角度来说，神秀禅法中的"渐悟修持"思想与净土的层级也有一一对应的关系，从不觉的杂秽土到究竟觉的纯净土，正是体现了神秀的"渐修"理路，达到"法性土"时，为觉性之究竟。所谓"唯心净土""心土不二"，正是这一修持的最高体现，此谓"了心方生"。神秀的"唯心净土"思想促使了禅宗与净土宗的相互融合。

三　研究方法

对神秀的研究主要采用历史和哲学的研究方法。

（一）历史的研究方法

1. 神秀的动机分析。通过历史的方法研究人物当时的思想动机，探究思想背后的社会原因。

> 对中国思想史的研究，我以社会史研究为前提，着重于综合哲学思想、逻辑思想和社会思想（包括政治、经济、道德、法律等方面的思想）。应该指出，哲学史不能代替思想史，但是思想史也并非是政治思想、经济思想、哲学思想的简单总和，而是要研究整个社会意识的历史特点及其变化的规律，所以我的研究既注意每种思想学说的"横通"（它与社会历史时代的联系），又注意它的"纵通"（思想源流的演变）；既注意思潮，也注意代表人物。①
>
> 在研究社会史的基础上，注重对社会思潮作比较全面的考察，力图把握社会思潮与社会历史的联系及其所反映的时代特点，进而研究不同学派及其代表人物的思想特色和历史地位。②
>
> 思想家常常以自己的理想和言辞掩蔽着自己思想的真实内容，这是普遍存在的历史现象……我认为在思想史研究中，必须把握具体历史条件，注意把一个阶级的著作方面的代表人物的理想和言辞同他们的本来面目和实际利益区别开来。③

通过神秀当时所处的时代特点，研究神秀的思想特色和历史地位，探究其思想背后的社会原因。

---

① 侯外庐：《史林述学——〈侯外庐史学论文选集〉自序》，《文史哲》1982 年第 5 期。
② 侯外庐：《史林述学——〈侯外庐史学论文选集〉自序》，《文史哲》1982 年第 5 期。
③ 侯外庐：《史林述学——〈侯外庐史学论文选集〉自序》，《文史哲》1982 年第 5 期。

2. 神秀禅法思想的历史渊源、历史传承、历史比较。佛教内部有其自身发展的逻辑，佛教宗派人物的思想传承对后面的佛教人物的思想都会有所影响，而且佛教内部派系的关系也会促使佛教思想的转型，这会影响佛教以后自身发展的关系。用历史方法研究神秀禅法思想所具有承上启下的关系，以考察神秀禅法思想的源流、发展与演变。在历史比较中，通过与神秀所处同一时代南宗慧能的比较，以说明南北宗禅法的差异。

从哲学层面把握神秀禅法思想。通过哲学范畴，构建思想体系，侯外庐称之为世界观。

世界观是一种更高的即更远离经济基础的意识形态，属于哲学的范畴。因此，我们要评断思想家的世界观，首先应以全部哲学的最高问题即思维对存在的关系问题作为依据。[①]

（二）哲学的研究方法

哲学的研究是从哲学思想本身的义理作为研究出发点，我们拟从康德哲学和现象学的角度来阐明神秀的禅法思想。

在采用上述的两个基本方法外，还以问题作为主线，贯穿于研究当中，帮助我们阐明神秀禅法思想的基本含义及其源流演变。

四　研究突破

我们拟从上面所分析的不足之处着手，一方面从历史的角度研究神秀的生平活动，以及神秀禅法思想的历史渊源、历史传承，并与其他的佛教人物思想作历史比较；另一方面运用哲学的方法对神秀的禅法思想分析说明。

（一）历史研究进路

1. 关于神秀的生平活动。对于神秀的生平研究以时间为序，我们

---

① 侯外庐：《史林述学——〈侯外庐史学论文选集〉自序》，《文史哲》1982 年第 5 期。

把神秀的生平活动划分为三个时期，"东山求学""进京传法"和"兴盛北宗"，并结合当时的社会、政治、经济等多方面的情况作综合分析。

历史研究分为历史考证、历史叙述和历史解释。在历史考证上，对于历史事件的发生时间、地点、人物作出具体分析，把握其中的确信度；在历史叙述上，按时间为序，以人物、事件为中心，对每一事件背后的历史人物的动机作一分析。追究历史事件的原因，就是追究历史人物行动后面的思想，这条研究思路对研究神秀提出了新的问题，神秀何以和朝廷合作，以高龄之身进京传法呢？动机何在？

2. 关于神秀禅法思想的历史渊源、历史传承、历史比较。历史渊源分析神秀禅法思想同道信、弘忍之间的禅法思想有什么关系，乃至追溯至求那跋陀罗、达摩，以说明神秀禅法思想的"承上"。历史传承分析神秀和其弟子普寂之间的师承关系，以说明神秀禅法思想的"启下"。历史比较是把神秀置于当时的时代中，与同时期的慧能的禅法思想作出比较，以说明南北宗禅法的差异。

（二）哲学研究进路

用哲学方法而不是用历史的方法对北宗神秀的禅法思想作专题讨论的著作较少，即使用哲学方法作研究，哲学的派别甚多，不同的方法研究出来的成果大不相同。在探讨神秀的禅法思想时，采用哲学的基本概念，并结合神秀禅法的本有术语来作概括。我们把神秀的禅法思想概括为"三论""两重因果说"。"三论"为"自心缘起"论、"渐悟修持"论和"净心成佛"论；"两重因果说"，即第一重因果是返本，第二重因果是事修。

我们还拟从康德哲学和现象学的角度来分析神秀的禅法思想，力求实现神秀禅法思想研究中的突破。通过对神秀禅法思想的研究，进而了解整个北宗的禅法思想，以理性的思维方式了解神秀北宗禅的修持机制，为禅学研究提供新的思路。研究的基本思路是通过康德哲学的二元论思想把握神秀禅法思想的架构。对本体的理解，中西本身就有很大的差异，不像西方哲学那样把本体置为超验的实存，中国禅宗的心性学将本体纳入人性当中，本体可修、可证、可悟，因此对本体的理解就应该从人的角度出发，重新加以理解。禅宗所说的佛性与人性的关系问题相当于康德所说的本体与现象的关系问题。我们此处研究的意图在于将神秀禅法思想同西方哲学沟通，尝试以一种新的视角来审视中、西方哲学的共性与差异性，力求中、西方哲学的对话与交流。

第一章　神秀的活动及历史分析

第一节　神秀生活的时代背景

神秀生活的时代正是佛教宗派兴盛的时期。陈、隋时期的智颉大师（538—597 年）创立了天台宗；隋、唐时期的吉藏（549—623 年）创立了三论宗；唐代道绰（562—645 年）、善导（613—681 年）弘扬了净土法门。唐初法藏（643—712 年）创立了华严宗。法藏在武则天面前表现卓越，"指殿隅金师子为譬，后豁然领解，封师为贤首菩萨戒师。"① 法藏以金狮子为喻说明佛法，被武则天封称为"贤首菩萨戒师"。

经过唐初时期的战乱，到了太宗、高宗时期，社会已逐渐恢复安定，出现了欣欣向荣、繁荣昌盛的局面，这对文化思想的发展奠定了良好的基础。到了武则天当政时期，由于政治的需要，武则天大力扶植、发展佛教，改变了唐初李唐尊崇道教的作风，对于佛教的各个宗派都极力宣扬。武则天在宣扬佛教上主要表现在四个方面。

第一，政策扶植。

从唐太宗到武则天，统治者在对待儒、释、道的态度上并不完全一致。到了武则天时期，佛教被尊为三教之首。永昌元年（689）武则天将僧人的发言次序排在了儒、道的前面。"则天又御明堂，大开三教。内史邢文伟讲《孝经》，命侍臣及僧、道士等以次论议。"② 武则天下令将佛教的地位置于道教之上。"夏四月，令释教在道法之上，僧尼处道

---

① 《佛祖统纪》，《大正藏》第 39 册，第 37 页下。
② 《礼仪志二》，《旧唐书》卷 22。

士女冠之前。"①

第二，舆论宣传。

武则天并非出身皇室，尤其作为女性，在当时的时代，要想作为统治者，阻力是非常大的。武则天借用佛教的力量宣传自己的统治是"君权神授"。她利用《大云经》（也称《大方等无想经》）宣称自己是弥勒下凡。

尔时众中有一天女，名曰净光，复以香华、幡盖、伎乐供养于佛，合掌恭敬白佛言：世尊，如是二贤成就甚深微妙智慧。②

舍是天形，即以女身当王国土，得转轮王所统领处四分之一，得大自在，受持五戒，作优婆夷，教化所属城邑聚落男子女人大小。③

为化众生现受女身，是时王者。④

其王夫人产育一女，名曰增长。其形端严，人所爱敬，护持禁戒，精进不倦。其王国土以生此女故，谷米丰熟，快乐无极，人民炽盛，无有衰耗、病苦、忧恼、恐怖、祸难，成就具足一切吉事。⑤

尔时诸臣即奉此女，以继王嗣。女既承正，威伏天下，阎浮提中所有国土，悉来承奉，无拒违者。⑥

阎浮提为梵语，译为赡部洲，指我们所住的娑婆世界。武则天借用佛经预言，宣称自己是弥勒降世。⑦ "（薛）怀义与法明等造《大云经》，陈符命，言则天是弥勒下生，作阎浮提主，唐氏合微，故则天革

① 《则天皇后本纪》，《旧唐书》卷6。
② 《大方等无想经》卷4，《大正藏》第12册，第1097页上。
③ 《大方等无想经》卷4，《大正藏》第12册，第1098页上。
④ 《大方等无想经》卷4，《大正藏》第12册，第1098页上。
⑤ 《大方等无想经》卷6，《大正藏》第12册，第1107页上。
⑥ 《大方等无想经》卷6，《大正藏》第12册，第1107页上。
⑦ 需要说明的一点是，《大云经》（《大方等无想经》）中所提的是"净光天女"，武则天为什么又自称弥勒呢？学界的观点认为真正起到教说作用的是武则天令人所作的《大云经疏》，文中将弥勒化身为武则天。《大云经疏》仅流传于武则天称帝时期，后失传。直到近代发现的敦煌文献中，重新找到了《大云经疏》的两个抄本，分别为S.2658（黄永武主编：《敦煌宝藏》第22册，台北：新文丰出版公司1982年版，第45—54页）和S.6502（同上，第47册，第498—506页）。

命称周，怀义与法明等九人并封县公，赐物有差，皆赐紫袈裟、银龟袋。其伪《大云经》颁于天下，寺各藏一本，令升高座讲说。"（《旧唐书》卷一八三）因此，自己当皇帝是"君权神授"，理所当然的。天授元年（690），武则天称帝，改国号为周，定都洛阳。

第三，迎请高僧。

大足元年（701），武则天召神秀入京。"大足元年召入东都，随驾往来二京教授，躬为帝师。则天大圣皇后问神秀禅师，曰：所传之法，谁家宗旨？答曰：禀蕲州'东山法门'。"① 这段话虽然简短，但从侧面反映出武则天对佛教宗派的重视，"谁家"说明当时派别林立，武则天利用佛教宗派的作用，来影响民众。

第四，兴建庙宇。

武则天为亡母荣国夫人建造佛塔、佛像。"荣国卒，后出珍币，建佛图缴福。"（《新唐书·武士彟传》）"荣国夫人卒，武后出大内瑞锦为之造佛像追福。"（《旧唐书·武承嗣传》）"于明堂后造天堂，以安佛像，高百余尺。始起建构，为大风振倒。俄又重营，其功未毕"（《旧唐书》卷二十二）武则天还造堂安放高达百余尺的佛像，由此可见武则天对佛教的态度。

第五，翻译佛经。

武则天御制《金刚般若经序》及《妙法莲华经序》，《大乘入楞伽经》就是武则天诏令实叉难陀翻译的。

上面的论述表明武则天在当政时期，为佛教的发展创造了良好的政治环境，佛教的发展处在了历史的机遇期，不过到了武则天执政的末期，据相关文献记载，武则天对佛教的态度发生了转变，这可能是神秀以九十岁高龄进京的重要原因，后文还有介绍。

第二节　神秀生平及相关文献

据《景德传灯录》的介绍，北宗神秀禅师是开封尉氏（河南开封）人。年纪小的时候，就博览群书，对儒家十分精通。神秀为了寻师访

---

① 《楞伽师资记》，《大正藏》第85册，第1290页上、中。

道，毅然出家来到双峰山东林寺，拜弘忍为师。神秀每日发心修持，深得弘忍赏识。弘忍对神秀评价很高，认为对禅理的悟解没有人能超过神秀。武则天听到神秀的大名，将其召进东都洛阳，王宫大臣望尘拜伏，还没有见到神秀就执拜伏之礼，可见神秀当时的影响非常之大。中宗即位后，更加礼重神秀。神龙二年，神秀在东都天宫寺入灭，皇帝赐谥大通禅师。

北宗神秀禅师者，开封尉氏人也，姓李氏，少亲儒业，博综多闻。俄舍爱出家，寻师访道，至蕲州双峰东山寺，遇五祖忍师以坐禅为务，乃叹伏曰：此真吾师也！誓心苦节，以樵汲自役，而求其道。忍默识之，深加器重，谓之曰：吾度人多矣，至于悟解无及汝者。忍既示灭，秀遂住江陵当阳山。唐武后闻之召至都下，于内道场供养，特加钦礼，命于旧山置度门寺，以旌其德，时王公士庶皆望尘拜伏，暨中宗即位尤加礼重。大臣张说尝问法要，执弟子之礼，师有偈示众曰。神龙二年，于东都天宫寺入灭，赐谥大通禅师，羽仪法物送殡于龙门，帝送至桥，王公士庶皆至葬所。张说及征士卢鸿一各为碑诔，门人普寂、义福等，并为朝野所重。①

神秀弟子众多，俗家弟子著名的有张说，出家弟子有普寂、义福等。下面将神秀的生平履历通过文献比对作一整理，其中要用到唐代的年号，附在后面。

表 1-1 　　　　　　　　　　　神秀的生平年谱

《传法宝纪》	神秀十三岁出家	"年十三，属随季王世充扰乱，河南、山东饥疫，因至荥阳义仓请粮，遇善知识出家，便游东吴。"②
《大通禅师碑》	625 年受具足戒	"禅师武德八年受具于天宫寺。"③

---

① 《景德传灯录》卷4，《大正藏》第51册，第231页中。
② 《传法宝纪》，《敦煌新本六祖坛经》，杨曾文校写，宗教文化出版社2001年版，第180页。
③ 《佛祖历代通载》，《大正藏》第49册，第586页下。

续表

《传法宝纪》	神秀二十岁受具足戒	"二十受具足戒，而锐志律仪，渐修定慧。"①
《大通禅师碑》	神秀五十岁投奔弘忍	"既独鉴潜发，多闻旁施，逮知天命之年。自拔人间之世，企闻蕲州有忍禅师。"②
	神秀四十六岁投奔弘忍	"年至四十六，往东山归忍禅师。"③
	随弘忍六年	"服勤六年，不舍昼夜。"④
《传法宝纪》		"后随还適，潜为白衣，或在荆州天居寺十余年，时人不能测。"⑤
《大通禅师碑》		"于是涕辞而去，退藏于密，仪凤中始隶玉泉。"⑥
《传法宝纪》		"共举度住当阳玉泉寺……然十余年闲，尚未传法。"⑦
《大通禅师碑》	700—701 年间入洛阳	"久视年中，禅师春秋高矣，诏请而来，趺坐觐君，肩舆上殿。"⑧
《楞伽师资记》	701 年入洛阳	"后居荆州玉泉寺。大足元年，召入东都，随驾往来二京教授。"⑨
		"使迎玉泉寺僧道秀……此僧契无生至理，传东山妙法，开室岩居，年过九十。"⑩
《宋高僧传》	706 年圆寂	"秀以神龙二年卒，士庶皆来送葬，诏赐谥曰大通禅师。"⑪

① 《传法宝纪》，《敦煌新本六祖坛经》，杨曾文校写，宗教文化出版社 2001 年版，第 180 页。

② 《佛祖历代通载》，《大正藏》第 49 册，第 596 页中。

③ 《传法宝纪》，《敦煌新本六祖坛经》，杨曾文校写，宗教文化出版社 2001 年版，第 180 页。

④ 《佛祖历代通载》，《大正藏》第 49 册，第 586 页中。

⑤ 《传法宝纪》，《敦煌新本六祖坛经》，杨曾文校写，宗教文化出版社 2001 年版，第 180 页。

⑥ 《佛祖历代通载》，《大正藏》第 49 册，第 586 页下。

⑦ 《传法宝纪》，《敦煌新本六祖坛经》，杨曾文校写，宗教文化出版社 2001 年版，第 180 页。

⑧ 《佛祖历代通载》，《大正藏》第 49 册，第 586 页下。

⑨ 《楞伽师资记》，《大正藏》第 85 册，第 1290 页上。

⑩ （唐）宋之问：《为洛下诸僧请法事迎秀禅师表》，《全唐文》卷 240。

⑪ （宋）赞宁：《宋高僧传》卷 8，《大正藏》第 50 册，第 756 页上。

续表

《大通禅师碑》		"武德八年，受具于天宫寺……至是年丙午，复终于此寺，盖僧腊八十矣，生于隋末百有余岁。"①
《景德传灯录》		"神龙二年于东都天宫寺入灭，赐谥大通禅师。"②
《楞伽师资记》		"以神龙二年二月二十八日，不疾宴坐，遗嘱三字云：'屈曲直'，便终东都天宫寺，春秋一百余岁。"③
		"神龙二年二月二十八日，端坐怡然，还化于洛阳天宫寺。"④
《大通禅师碑》		"神龙二年二月二十八日夜中，顾命趺坐，泊如化域。"⑤
《大通禅师碑》	706 年赐谥大通	"神龙二年二月二十八日……三月二日册谥大通。"⑥

关于神秀生平的几个问题：

1. 神秀的出生日期。从上述的文献来看，神秀出生的日期不详，而圆寂的日期能够确定，即 706 年。如果按《楞伽师资记》所载神秀"一百余岁"，那么神秀至少出生在 606 年以前。对于丙午年的推算，766 年为丙午年，唐代宗大历元年，向前推一个甲子 60 年，为 706 年，这时僧腊 80 余岁（僧腊指僧尼受戒以后的年岁），那么就是 621—626 年之间受戒，所以神秀于 625 年受戒这个日期是能肯定的，这样神秀的僧腊年岁 = 706 − 625 = 81 岁。

对于神秀入京的时间《大通禅师碑》与《楞伽师资记》有不一致的地方，《楞伽师资记》记载神秀入京为大足元年，即 701 年，与张说记载的日期前后相差一年。碑文记载神秀于久视年中入京，应该是在

① 《佛祖历代通载》，《大正藏》第 49 册，第 586 页下。
② 《景德传灯录》卷 4，《大正藏》第 51 册，第 231 页中。
③ 《楞伽师资记》，《大正藏》第 85 册，第 1290 页中。
④ 《传法宝纪》，《敦煌新本六祖坛经》，杨曾文校写，宗教文化出版社 2001 年版，第 180 页。
⑤ 《佛祖历代通载》，《大正藏》第 49 册，第 586 页下。
⑥ 《佛祖历代通载》，《大正藏》第 49 册，第 586 页下。

700 年五月至 701 年正月之间。张说就是神秀的俗家弟子，在日期上不会出错，所以神秀进洛阳的日期应该定为 700 年更为准确，不可能为701 年。

神秀 50 岁的时候投奔弘忍（602—674），服侍六年而去。神秀 50岁的时候究竟是哪一年？"吾度人多矣，至于悟解无及汝者，忍既示灭，秀遂住江陵当阳山。"① 这句话说明神秀离开弘忍的那年，弘忍圆寂，674 – 6 = 668 年，那么神秀的年岁 = 668 – 50 = 618 年，即神秀出生于 618 年。神秀的实际年龄 = 706 – 618 = 88 岁。这种算法也有可能，神秀僧腊 81 岁，不排除 7 岁受具足戒的可能，但按《传法宝纪》的说法神秀 13 岁出家，所以 7 岁受具足戒是不可能的，不过这与神秀有百余岁的说法不同。此外，据宋之问的记载，神秀进京时已 90 岁。700 –618 = 82 岁，也与 90 岁不符。

> 僧某等言：某闻住持真教，先凭帝力，导诱将来，远属能者。伏见月日敕，遣使迎玉泉寺僧道秀。陛下载宏佛事，梦寐她纤，语程指期，朝夕诣阙。此僧契无生至理，传东山妙法，开室岩居，年过九十，形彩日茂，宏益愈深。两京学徒，群方信士，不远千里，同赴五门，衣钵鱼颉于草堂，庐雁行于邱阜，云集雾委，虚往实归。隐三楚之穷林，继一佛而扬化，栖山好远，久在荆南；与国有缘，今还豫北。九江道俗，恋之如父母；三河士女，仰之犹山岳。谓宜缁徒野宿，法事郊迎，若使轻来赴都，遐迩失望。威仪俗尚，道秀所忘，崇敬异人，和众之愿。倘得焚香以遵法王，散花而入道场，则四部衔恩，万人生喜。无任恳款之至，谨诣阙奉表，请与都城徒众将法事往龙门迎道秀以闻。轻触天威，伏深战越。②

宋之问的这份奏折中，称赞神秀的禅法是"契无生至理，传东山妙法"，并说明了当时神秀的影响力——两京学徒不远千里投奔神秀。因此，宋之问建议武则天以法事迎请神秀，尊神秀为法王，散花而入道

---

① 《景德传灯录》卷 4，《大正藏经》第 51 册，第 231 页中。
② （唐）宋之问：《为洛下诸僧请法事迎秀禅师表》，《全唐文》卷 240。

场。从宋之问对碑文的内容记载，我们断定"道秀"就是神秀。因此，神秀的出生日期＝700－90＝610年。

根据《大通禅师碑》和《传法宝纪》，神秀于625年受具足戒，时年20岁，按现在的记法应为19岁，神秀出生日期＝625－19＝606年。

现对上面所述作一总结。神秀的出生时间共有六种说法：（1）606年以前。百余岁就是600—606年之间，误差按五年算。这种说法以神秀706年圆寂，有百余岁而得，706－100＝606年。（2）618年。这是以神秀五十岁投奔弘忍，服侍六年而去，弘忍674年圆寂而算的，674－6－50＝618年。（3）610年以前。这是以宋之问记载神秀进京时九十岁而言，700－90＝610年，至少是610年，"年过九十"606—610年之间。（假定奏章的日期与迎请日期一样）（4）出生于王世充叛乱。（5）出生于隋末。其中（4）（5）年代相差太大，无法确定。（6）出生于606年。

以606年，610年为基点，向前推五年的区间为601—606年和605—610年，把这两个区间相并就是601—610年之间，神秀的出生日期最大不超过此范围。如果这两个区间相交的话就是606年，再以606年作为两个区间（以706年96岁和706年100岁）的临界点，神秀的出生日期应该605—608年之间。据此，神秀的出生日期应为606年。因为《大通禅师碑》和《传法宝纪》属于两个不同的文献，且作者不同，所以前面必须限定一个区间范围，论证起来更为准确。606年在前面605—608年的区间范围之内，更在601—610年之内，所以能够断定神秀的出生时间为606年。

2. 神秀另有别名，道秀。

僧某等言：某闻往住持真教，先凭帝力，道秀将来；远属能者，伏见日月。款遣使迎玉泉寺僧道秀，陛下载宏佛事，梦寐期人，语程指期，朝夕诣阙。此僧理契无生至理，传东山妙门……谨诣阙奉表，请舆都城徒众，将法事龙门迎道秀以闻，转触天威，伏深战越。①

---

① （唐）宋之问：《为洛下诸僧请法事迎秀禅师归表》，《全唐文》卷240。

这里的道秀即指神秀。

3. 神秀受戒后至投奔弘忍前的经历不详。

张说的《唐玉泉寺大通禅师碑》记载神秀于唐武德八年（625）在洛阳天宫寺受具足戒。《传法宝纪》也说神秀"二十受具戒，而锐志律仪，渐修定惠。""至年四十六，往东山归忍禅师。"神秀 20—46 岁之间的经历不详。

4. 神秀投奔弘忍时的年龄。神秀投奔弘忍的时间有两种说法，一是据《传法宝纪》，神秀为 45 岁。二是据《大通禅师碑》，神秀为 50 岁。

5. 神秀离开弘忍的一段经历不详。

神秀离开弘忍，退居荆州天居寺十余年不详。"后随还适，潜为白衣，或在荆州天居寺十余年，时人不能测。"①

6. 神秀在玉泉寺传法的日期不确切。神秀离开弘忍后，于仪凤中（676—679）在玉泉寺传法。

表 1-2　　　　　　　　　　　　　　　唐代年号

武德	唐高祖李渊	618 年五月至 626 年十二月
仪凤	唐高宗李治	676 年十一月至 679 年六月
久视	武周时期	700 年五月至 701 年正月
大足	武周时期	701 年正月至十月
神龙	武则天和唐中宗李显的年号	705 年正月至 707 年九月
神龙元年二月	中宗复国号唐	

关于神秀文献的介绍，大致分为三类，敦煌文献、传统史传和碑刻资料。考虑到敦煌文献的独特性，将其单列出来。

表 1-3　　　　　　　　　　　　　神秀相关的敦煌文献

《观心论》一卷	《大正藏》第 85 册，S. 2595	《禅门撮要》卷上《观心论》，敦煌本 S. 2595、　S. 5532、　P. 2460、　P. 2657、P. 3777、P. 4646、龙谷本、金泽文库本

---

① 《传法宝纪》，《敦煌新本六祖坛经》，杨曾文校写，宗教文化出版社 2001 年版，第 180 页。

《达摩大师破相论》	《大正藏》第六十五册	《观心论》的异本
《观心论》五本对校	《铃木大拙全集》别卷一	东京，岩波书店 1971 年版
《观心论》七本对校	《花园大学禅学研究》第七十四号抽印本	西口芳男，1996 年出版
《大乘无生方便门》一卷	《大正藏》第八十五册，S2503，《禅宗全书》第三十六册	P. 2270 号写本《大乘五方便（北宗）》、S735 号背面写本。（《禅宗全书》第 36 册，蓝吉富主编，台北：文殊出版社 1988 年版。）
《赞禅门诗》	《大正藏》第八十五册	《大乘无生方便门》的异本 S2503 号写本
《大乘五方便》一卷	《禅宗全书》第三十六册，P. 2270	共有 S. 735、S. 1002、S. 2503、S. 7961、S. 2058、P. 2270、P. 2836、生字 24 等八种异本
《无题》一卷	《禅宗全书》第三十六册，S. 2503	《无题》编号 S. 2503 与《大乘五方便》（北宗）编号 P. 2270 为同书异本
《大乘五方便》对校本	《铃木大拙全集》卷三	东京：岩波书店 1968 年版
（唐）净觉：《楞伽师资记》	《大正藏》第八十五册，S. 2054	又称《楞伽师资血脉记》，韩国金九经氏据胡氏本，加以校写印行
（唐）杜朏：《传法宝纪》一卷	P. 2634《大正藏》第八十五册及日人矢吹庆辉之《鸣沙余韵》	P. 2634、P. 3858、P. 3559
《传法宝纪》一卷，P. 3559	神田喜一郎《敦煌秘籍留真》，及其论文《关于传法宝纪完帙》之中《积翠先生华甲寿记念论纂》	白石虎月《续禅宗编年史》的附录。柳田圣山校订、注释，编入《初期禅宗史书的研究》（东京：法藏馆 1966 年版）和《初期的禅史 I》（东京：筑摩书房 1971 年版）
《传法宝纪》	《敦煌新本六祖坛经》	《传法宝纪》在《敦煌新本六祖坛经》附编一中，上海古籍出版社 1993 年版，杨曾文根据柳田圣山的本子进行校注
敦煌本《坛经》	法海，《大正藏》第 48 册	全名为《南宗顿教最上大乘摩诃般若波罗蜜经六祖慧能大师于韶州大梵寺施法坛经》
《圆明论》	北图敦煌写本（189）	211：7254

表 1-4　　　　　　　　　关于神秀的传统史传

《为洛下诸僧请法事迎秀禅师表》	《全唐文》卷 240
《禅源诸诠集都序》	《大正藏》第 48 册
《后唐书·神秀传》	《后唐书》卷 191
《太平广记·秀禅师》	《太平广记》卷 97
《景德传灯录·神秀传》卷四	《大正藏》第 51 册
《宋高僧传·神秀传》卷八	《大正藏》第 50 册
《佛祖历代通载》	《大正藏》第 49 册

表 1-5　　　　　　　　　关于神秀的碑刻资料

（唐）《唐中岳沙门释法如禅师行状》	《金石续编》卷 6
（唐）张说：《大通禅师碑铭》	《佛祖历代通载》，《大正藏》第 49 册；《张燕公集》卷 14
（唐）李邕：《大照禅师塔铭》	《全唐文》卷 252、《旧唐文》卷 191

学界关于《观心论》与《五方便》的作者均持不同观点，对于《观心论》与《五方便》作者非神秀，持否定观点的人为少数，认为是神秀所作，或其弟子记录、补充的学者居多。马克瑞认为《观心论》是神秀在玉泉寺时期的作品。

表 1-6　　学界关于《观心论》与《五方便》的作者的不同观点

吕澂	《中国佛学源流略讲》	《五方便》神秀作
杨曾文	《唐五代禅宗史》	《五方便》神秀述，弟子记
洪修平	《中国禅学思想史》	《五方便》神秀述，弟子记
葛兆光	《中国禅思想史》	《五方便》神秀述，弟子记
印顺	《中国禅宗史》	《五方便》神秀弟子记
方立天	《中国佛教哲学要义》	《五方便》神秀弟子记
杨惠南	《禅史与禅思》	《五方便》神秀弟子记
杜继文、魏道儒	《中国禅宗通史》	《五方便》为普寂、义福系
胡适	《楞伽宗考》	《五方便》非神秀作

蔡日新	《中国禅宗的形成》	《五方便》非神秀作
铃木大拙	《铃木大拙全集》	《观心论》达摩述，弟子记
神尾壹春	《观心论私考》	《观心论》神秀作
宇井伯寿	《禅宗史研究》	《观心论》神秀作
筱原寿雄	《敦煌佛典と禅》	《观心论》神秀作
田中良昭	《敦煌禅宗文献の研究》	《观心论》神秀作
马克瑞（John R. McRae）	《北宗禅与早期禅宗的形成》	《观心论》神秀作

对于《观心论》与《五方便》的作者问题，根据某些其他史料的佐证及典籍所反映的思想，应该是神秀的著述。如慧琳在《一切经音义》卷一百中说："《观心论》，大通神秀作。"①《观心论》版本虽多，但禅法思想上并没有很大的不同，另外《大乘五方便》《传法宝纪》以及《楞伽师资记》等敦煌文献各版本的内容都残缺不全，现在经过学者们的努力，都能够以较完整的形态呈现在我们面前，为研究神秀提供了很大的便利。除了《大乘五方便》和《观心论》还有值得一提的是《圆明论》，马克瑞认为是神秀或其他北宗禅师的作品，《圆明论》也能作为研究神秀禅法思想的参考资料。

《观心论》与《五方便》即便认为是神秀弟子的记录，仍然代表了神秀禅法的核心思想。其他历史文献如《大通禅师碑》《传法宝纪》《禅源诸诠集都序》《坛经》《宋高僧传·神秀传》《景德传灯录·神秀传》《楞伽师资记》（神秀法语）等这些能够确定是记录神秀禅法思想的文献与《观心论》《五方便》进行相互补充。

第三节　神秀的活动

神秀的生平活动分为三个阶段：东山求学、两京开化和兴盛北宗。

---

① （唐）慧琳：《一切经音义》卷100，《大正藏》第54册，第932页上。

一　东山求学——弘忍门下"东山法门，尽在秀矣"的神秀

神秀从小就博览群书，博宗多闻，根据《传法宝纪》《大通禅师碑》的记载，神秀对《周易》、道家也有相当的研究。这是《宋高僧传》《景德传灯录》所没有提到的。

表1-7　　　　　　　　　　　关于神秀的史书记载

《宋高僧传》	"释神秀俗姓李氏，今东京尉氏人也。少览经史，博综多闻。既而奋志出尘，剃染受法。"①
《景德传灯录》	"少亲儒业，博综多闻。"②
《传法宝纪》	"学究精博，采易、道、黄、老及诸经传，自三古微微赜，靡不洞习。"③
《大通禅师碑》	"少为书生游问江表，老庄玄旨，书易大义，三乘经论，四分律仪，说通训诂，音参吴晋。"④

神秀勤奋好学，为了进一步探求佛法，舍爱出家，寻访名师。《景德传灯录》记载"俄舍爱出家，寻师访道"。"其秀禅师，俗姓李，汴州尉氏人，远涉江上，寻思慕道，行至蕲州双峰山忍禅师所，受得禅法。禅灯默照，言语道断，心行处灭，不出文记，后居荆州玉泉寺。"

从这些文献的记述来看，神秀出家的动机似乎和勤奋好学密不可分，为了探寻义理，这与弘忍的出家很是不同。弘忍出家时间很早，七岁就跟随道信，而且是在年幼之时为道信所偶遇，劝说其父母让其出家，无论弘忍的根器如何，这种出家的方式似乎被动的意味更浓一些。《续高僧传》对道信出家的原因没有详细介绍，但从中还是能够发现某些端倪，"初七岁时，经事一师，戒行不纯。信每陈谏，以不见从，密怀斋检，经于五载而师不知"。道信七岁的时候就跟随老师，但老师的

---

① 《宋高僧传》卷8，《神秀传》，《大正藏》第50册，第755页下。
② 《景德传灯录》卷4，《大正藏》第51册，第231页中。
③ 《传法宝纪》，《敦煌新本六祖坛经》，杨曾文校写，宗教文化出版社2001年版，第180页。
④ 《佛祖历代通载》，《大正藏经》第49册，第586页中。（该文引自《大通禅师碑》）。

戒行不纯，所以自己持守戒律五年，其老师都不知晓。道信七岁出家，以如此小的年纪出家，对于道信来说似乎并非主动。但从后面对其老师的劝说而言，是否能够断定，道信出家是主动的。从道信对戒律的持守看，他是一位非常虔诚的宗教信仰者。

由此看出，神秀出家的动机在于勤奋好学，寻求义理，这种方式与道信、弘忍的出家原因有很大的不同，而且对于神秀精通儒家、道家的思想也很重要，唐朝以道教为众教之首（神秀研习佛教，其义理为三教中最复杂的一个），反映了神秀入世的某种性格指征，此外神秀还有潜为白衣的经历。神秀后来能够改变"东山法门"的传统——幽居山林中，实现从山野丛林向都市丛林的转变，可能和他的性格密切相关。

> 问神秀禅师曰：所传之法，谁家宗旨？答曰：禀蕲州"东山法门"。问：依何典诰？答曰：依《文殊说般若经》"一行三昧"。则天曰：若论修道，更不过"东山法门"。以秀是忍门人，便成口实也。

在神秀与武则天的问答当中，神秀称师承"东山法门"，武则天称赞若论禅修，当属"东山法门"，神秀为弘忍的弟子便成为口实。当神秀见五祖以坐禅为务而慨叹："此真吾师也。"而五祖对神秀同样"忍默识之，深加器重"[1]。五祖弘忍曾说："我与神秀，论《楞伽经》，玄理通快，必多利益。"[2] "吾度人多矣，至于悬解圆照，无先汝者。"[3] "东山之法尽在秀矣，命之洗足，引之并座。"[4]

前面分析了神秀出家的动机，现在分析神秀拜师的过程。首先，神秀是四处云游打听到弘忍，慕名而来。其次，再作观察，是否能够作为自己的老师。最后，跟随弘忍拜师。神秀云游四方的目的很明确，就是寻师访道，前往弘忍肯定有所耳闻，才去拜见，不过神秀并非只图名不图实。神秀参见弘忍时，已经五十多岁，所以寻求道果的愿望非常迫

---

① 《景德传灯录·神秀》卷4，《大正藏》第51册，第231页中。
② 《楞伽师资记》，《大正藏》第85册，第1289页下。
③ 《宋高僧传》卷8，《大正藏》第50册，第756页上。
④ 《佛祖历代通载》，《大正藏》第49册，第586页中。

切，经过观察，发现弘忍禅师成就佛道的方法就是禅修，他认为这才是自己真正的老师，发誓跟随弘忍禅师，学习禅法。神秀前往弘忍处学法是其人生的转折点，为以后北宗的发展奠定了基础。

上面的分析表明神秀是很有思想的人，跟随弘忍学习时，其实已经确定了自己的目标，成就佛道的法门有多种，神秀是经过一番选择才决定学习禅法的。

二 两京开化——被赞誉为"两京法主，三帝国师"的神秀

神秀巧妙地借助了"东山法门"的影响，和武则天"崇佛"的心理，兴盛了北宗。神秀离开弘忍后，来到荆州天居寺十余年，期间潜为白衣，曾经还俗。后来，神秀在荆州玉泉寺开法。法如临圆寂前，命门徒到玉泉寺向神秀求法。"而今已后，当往荆州玉泉寺秀禅师下谘禀。"①《传法宝纪》也记载了神秀传法之事。"仪凤中，荆楚大德数十人，共举度住当阳玉泉寺。及忍禅师临迁化，又曰先有付嘱。然十余年间，尚未传法。自如禅师灭后，学徒不远万里，归我法坛。遂开善诱，随机弘济。天下志学，莫不望会。"②

> 大足元年，召入东都，随驾往来二京教授，躬为帝师。则天大圣皇后，问神秀禅师曰：所传之法，谁家宗旨？答曰：禀蕲州"东山法门"。问：依何典诰？答曰：依《文殊说般若经》"一行三昧"。则天曰：若论修道，更不过"东山法门"。以秀是忍门人，便成口实也。应天神龙皇帝神龙元年三月十三日，敕禅师迹远俗尘，神游物外，契无相之妙理，化有结之迷途，定水内澄，戒珠外彻，弟子归心释教，载伫津梁，冀启法门，思逢道首……禅师二帝钦承，两京开化，朝野蒙益，度人无数，敕于本生大村李为置报恩寺，以神龙二年二月二十八日，不疾宴坐，遗嘱三字云："屈曲直"，便终东都天宫寺，春秋一百余岁。合城四众，广饰宫幢，礼

---

① 《唐中岳沙门释法如禅师行状》，《金石续编》卷6。

② 《传法宝纪》，《敦煌新本六祖坛经》，杨曾文校写，宗教文化出版社2001年版，第180页。

葬龙门山。①

大足元年②（701），神秀被武则天召入东都（今洛阳）传法。神秀进入洛阳后，跟随皇帝来往于长安与洛阳之间，传授禅法。武则天认为神秀是"东山法门"弘忍的传人，尤为尊重。神秀在两京开化，所度之人非常多，其禅法思想的核心是"契证般若之理"。

据《楞伽师资记》记载："唐朝荆州玉泉寺大师，讳秀……则天大圣皇后、应天神龙皇帝、太上皇，前后为三主国师也……随驾往来二京教授，躬为帝师。"③《禅源诸诠集都序》也记载："唯神秀禅师大扬渐教，为二京法主，三帝门师。"④

神秀两京开化的具体表现：1. 神秀随皇帝往来于长安与洛阳之间，被尊为皇帝的老师。"随驾往来二京教授，躬为帝师。"2. 神秀传法，度人无数。"两京开化，朝野蒙益，度人无数。"3. 神秀被尊为"两京法主，三帝门师"。

三　兴盛北宗——被普寂奉为禅宗六祖的神秀

神秀对于北宗的兴盛起了巨大作用，改变了以往"东山法门"山野丛林的传统，实现了向都市丛林的转变，尤其神秀与朝廷的合作推动了北宗的官化，使北宗的发展达到高峰。因此，普寂将神秀列为禅宗六祖。"吾受托先师，传兹密印，远自达摩菩萨导于可，可进于璨，璨钟于信，信傅于忍，忍授于大通（神秀），大通贻于吾，今七叶矣。"（《大照禅师塔铭》）从达摩传法经慧可、僧璨、道信、弘忍、神秀，到普寂已经经历七代。

神秀所传法嗣共有19人。"北宗神秀禅师法嗣一十九人：五台山巨方禅师、河中府中条山智封禅师、兖州降魔藏禅师（3）、寿州道树禅师、淮南都梁山全植禅师（按：以上五人见录）、荆州辞朗禅师、嵩山普寂禅师（46）、大佛山香育禅师、西京义福禅师（8）、忽雷澄禅师、

---

① 《楞伽师资记》，《大正藏》第 85 册，第 1290 页上—1290 页中。
② 根据张说的碑文记载，神秀于久视年中入京，应该是在 700 年 5 月—701 年正月。
③ 《楞伽师资记》，《大正藏》第 85 册，第 1290 页上。
④ （唐）宗密：《禅源诸诠集都序》，《大正藏》第 48 册，第 403 页下。

东京日禅师、太原遍净禅师、南岳元观禅师（1）、汝南杜禅师、嵩山敬禅师、京兆小福禅师（3）、晋州霍山观禅师、润州茅山崇珪禅师、安陆怀空禅师（按：以上一十四人无机缘语句不录）。"①

　　从上面的数据看出，神秀被普寂尊为六祖，一方面，神秀壮大了北宗的势力，实现了"东山法门"向北宗的转变，尤其使禅法成为官禅，教授了众多北宗的弟子，被普寂尊为六祖是在情理之中的；另一方面，普寂尊神秀六祖，间接地也抬高了自己，七祖的称号自然就顺理成章了。"洛州嵩山普寂禅师，嵩山敬贤禅师，长安兰山义福禅师，蓝田玉山惠福禅师，并同一师学法侣应行，俱承大通和上后，少小出家，清净戒行，寻师问道，远访禅门，行至荆州玉泉寺，遇大通和上讳秀，蒙授禅法，诸师等奉事大师十有余年，豁然自证。"②

　　据《楞伽师资记》记载嵩山普寂禅师，嵩山敬贤禅师，长安兰山义福禅师，蓝田玉山惠福跟随神秀学习禅法思想。普寂很小出家，遵守戒律。为寻师问道，来到荆州玉泉寺，拜神秀为师，侍奉神秀禅师有十余年，自己证悟禅理。

第四节　神秀和法如的关系分析

　　神秀和法如的关系在禅宗北宗史上是非常重要的问题，直接关系到禅宗初祖的认定问题，法如应该是禅宗北宗的最早创始人，对此能够引用碑文及相关史料作为论证。不过法如对北宗并未形成真正的影响力，因为法如的传法时间过短，也没有扩大范围和朝廷合作。禅宗北宗真正的创始人实际上是神秀，且神秀是禅宗北宗的领军人物，禅宗北宗得以和朝廷来往紧密，以致后来得到武则天的扶持，这和神秀是密不可分的，不过法如对神秀北宗也产生了重要的影响。

　　第一，法如为神秀北宗开启了禅宗谱系。

　　北宗依据"东山法门"所打下的基础得以传承，而在"东山法门"与神秀北宗中间起到桥梁作用的就是法如。《法如行状碑》是记录禅宗

----

① 《景德传灯录》卷4，《大正藏》第51册，第224页上、中。
② 《楞伽师资记》，《大正藏》第85册，第1290页下。

谱系最早的文献。"惠可传僧璨，僧璨传道信，道信传弘忍，弘忍传法如，法如及乎大通。"① 根据文献的记载，法如在禅宗谱系中，是排在神秀之前的。在印度的传承为，如来—阿难—末田地—舍那婆斯。在中国的传承为，菩提达摩—惠可—僧璨—道信—弘忍—法如—神秀。《传法宝纪》也将法如排在神秀之前"及忍、如、大通之世，则法门大启"②。

第二，法如为神秀北宗扩大了影响，奠定了人脉。法如在少林寺影响广泛。

> 垂拱二年，四海标领僧众，集少林精舍，请开禅法。始自后魏，爰降于唐，帝代有王，年将二百，而命世之德，时时间出，咸以无上大宝，贻诸后昆。今若再振玄纲，使斯闻者，光复正化。师闻请已辞对之曰：言寂则意不亡，以智则虑未灭。若顺请贤之命，用隆先圣之道，如何敢矣，犹是谦退，三让乃许焉：观乎至人之意，广矣，大矣，深矣，远矣！今唯以一法，能令圣凡同入定，勇猛当应谛受。如人出火，不容中断，众皆屈伸臂顷，便得本心。师以一印之法，密印于众意。世界不观，则是法界。此法如空中月影，出现应度者心。子勤行之，道在其中矣。而大化既敷其事，广博群机，隐变之度，毫厘不差。(《唐中岳沙门释法如禅师行状》)

上面的分析表明，法如在"东山法门"向北宗的转变过程中，起了重要作用，但法如的影响还是有限的。法如传法时间过短，是其影响远不及神秀的根本原因。但不容否认的是，在弘忍圆寂以后，而神秀又未开法（法如圆寂后，神秀才在玉泉寺开法）的这段时间中，法如起了衔接的作用，在嵩山继续扩大了"东山法门"的影响，为日后神秀受武则天召见进京，打下了基础。

---

① 《历代法宝记》，《大正藏》第 85 册，第 1291 页中。
② 《传法宝纪·神秀传》，《敦煌新本六祖坛经》，杨曾文校写，宗教文化出版社 2001 年版，第 181 页。

第五节 神秀和朝廷合作的动机分析

探究每一事件背后的历史人物的动机是非常重要的。柯林武德认为追究历史学的原因，就是追究行动后面的思想，"每一桩历史事件既是一种行为，又表现着行为者的思想。史学研究的任务就在于发掘这些思想"①。这里面就涉及柯林武德如何定义历史研究的对象，柯氏认为就是有目的的行动。所运用的方法是，"史学家在他自己的心灵里重演（reenact）他所要研究的历史事实背后的思想"②。因为，"过去之所以可知，正因为它已经被囊缩在现在之中；现在之中就包含有过去"③。根据柯林武德的方法，对研究神秀提出了新问题，如神秀为何与朝廷合作，以高龄之身进京传法呢？动机何在？前面在分析神秀所处的时代背景时，着重介绍了武则天对佛教实行扶植的态度，在政治上予以倾斜和关照，这都是对佛教发展有利的一方面。神秀当时改变"东山法门"的宗风，使禅宗演变为官禅就在于看到了这一点。不过，另一方面，佛教的发展并非真的一帆风顺，即使在武则天掌政时期，佛教也出现某些不利的因素。

神秀进京的时候是武则天执政的末期，佛教的发展出现了不利的因素。

> 唐纪二十三则天皇后久视元年（庚子，700 年）……庚申，太后欲造大像，使天下僧尼日出一钱以助其功。狄仁杰上疏谏，其略曰："今之伽蓝，制过宫阙。功不使鬼，止在役人，物不天来，终须地出，不损百姓，将何以求！"又曰："游僧皆托佛法，诖误生人；里陌动有经坊，亦立精舍。化诱所急，切于官征；法事所须，严于制敕。"又曰："梁武、简文舍施无限，及三淮沸浪，五岭腾烟，列刹盈衢，无救危亡之祸，缁衣蔽路，岂有勤王之师！"又

---

① ［英］柯林武德：《历史的观念》，何兆武、张文杰译，商务印书馆 1997 年版，第 27 页。
② ［英］柯林武德：《历史的观念》，何兆武、张文杰译，商务印书馆 1997 年版，第 29 页。
③ ［英］柯林武德：《历史的观念》，何兆武、张文杰译，商务印书馆 1997 年版，第 30 页。

曰：“虽敛僧钱，百未支一。尊容既广，不可露居，覆以百层，尚忧未遍，自余廊宇，不得全无。如来设教，以慈悲为主，岂欲劳人，以存虚饰！”又曰：“比来水旱不节，当今边境未宁，若费官财，又尽人力，一隅有难，将何以救之！”太后曰：“公教朕为善，何得相违！”遂罢其役。（《资治通鉴》卷 207）

久视元年（700），武则天想要建造大佛像，遭到狄仁杰的反对，并以梁武帝、简文帝父子为例说明建佛像的弊端，劳民伤财，不合佛教慈悲宗旨。

如何看待这种有利因素与不利因素，还要从武则天本人分析。武则天借佛教的《大云经》说明自己当皇帝天经地义，宣称“君权神授”。从这点来看，武则天对佛教的总体政策是持支持的态度，不可能完全否定佛教和打压佛教，否则就会出现自己当皇帝“名不正，言不顺”的情况，这对以儒家思想立国的封建王朝来说，是不可想象的。但由于武则天下令造像、礼佛等活动受到狄仁杰等诸多大臣的批评，她又采取了一些诏令限制佛教。上述表明，武则天无论是支持佛教，还是限制佛教都是出于对自己统治的稳定而考虑的。武则天初期，支持佛教的原因在于宣扬自己，末期抑制佛教在于争取大臣的支持，不过总体上对佛教持扶植态度。

唐朝历来尊崇道教，一旦武则天失去政权，那么对佛教肯定会有影响的，神秀入京的时期，是武后执政的末期，神秀进京以应对朝廷可能出现的变革。当时，佛教发展的形势出现了不利的情况。神秀可能看出了某种端倪，趁此机会发展壮大北宗，并进京传法以挽救“东山法门”。另外和神秀的性格也密切相关，从前面介绍神秀的文献资料来看，神秀是很有思想的人，跟随弘忍学习时，其实已经确定了自己的目标，而弘忍的性格则“性木讷沉厚，同学颇轻戏之，终默无所对”[①]。与神秀形成了鲜明的对比，性格的作用不容忽视。神秀巧妙地借助了“东山法门”的影响，和武则天“崇佛”的心理，兴盛了北宗。

① 《传法宝纪·弘忍》，收录于《敦煌新本六祖坛经》，杨曾文校写，宗教文化出版社2001 年版，第 179 页。

第二章　神秀禅法思想渊源

第一节　刘宋译《楞伽经》对神秀
禅法思想的影响

在净觉的《楞伽师资记》中，虽然称求那跋陀罗到神秀的传承经典是《楞伽经》，但实际上神秀对《楞伽经》的思想已经作了改造，其表现为：第一，概念。在《楞伽经》中，如来藏与阿黎耶识混同使用，而在神秀的《观心论》当中，已用"净心"与"自心"的范畴进行了区分。第二，方法。用"观心离念"的修持方法使"唯心直进"具体化。此外，对"渐净非顿"作了改造，加入了更为具体的"一念净心，顿超佛地"的顿悟思想。第三，果位。在成佛的果位上吸收了《楞伽经》的"涅槃"和"菩提"，通过转意成"智"的修持，作为返本果位的"净心"同具"涅槃"义与"菩提"义。

一　刘宋译《楞伽经》与神秀

神秀所提到的《楞伽经》是求那跋陀罗所译，全名为《楞伽阿跋多罗宝经》，收录于《大正藏》第十六册，为四卷本。神秀吸收了四卷《楞伽经》的禅法思想，理由如下。

第一，神秀和《楞伽经》关系密切。神秀与人问答，皆以《楞伽经》为首要。

"我与神秀论《楞伽经》，玄理通快。"[1]　神秀传普寂禅法时也提到《楞伽经》。张说提到神秀的禅法是持奉《楞伽经》的，"则忘（妄）

---

① 《楞伽师资记》，《大正藏》第 85 册，第 1289 页下。

念以息想，极力以摄心。其人也，品均凡圣；其到也，行无前后。趣定之前，万缘尽闭；发慧之后，一切皆如。持奉《楞伽经》，递为心要；过此以往，未之或知"①。神秀对普寂说："此两部经，禅学所宗要者。"（李邕：《大照禅师碑铭》）此两部经指《思益经》和《楞伽经》，神秀在《思益经》中吸收的是般若空和中道思想，《楞伽经》中吸收的是清净心性和心识转变。

第二，神秀用的是四卷本《楞伽经》。《楞伽经》有刘宋本、魏本、唐本，那么神秀又用的是哪一版本呢？神秀用的是刘宋译本，唐本时间不符排除在外。

首先，在楞伽师的传承中，奉求那跋陀罗为初祖，也就是四卷《楞伽经》的译者，根据师承采用刘宋版本更为可信。《楞伽师资记》记载："第一，宋朝求那跋陀罗三藏，中天竺国人，大乘学时号摩诃衍。元嘉年随船至广州，宋太祖迎于丹阳郡，译出《楞伽经》，王公道俗请开禅训，跋陀未善宋言有愧，即多梦人以剑易首，于是就开禅训……自宋朝以来，大德禅师，代代相承，起自宋求那跋陀罗三藏，历代传灯。"② 其次，在实际的传承中，也是以此经传授。达摩传慧可的就是《楞伽阿跋多罗宝经》，"初达摩禅师以四卷《楞伽》授可曰：我观汉地惟有此经，仁者依行自得度世"③。

"师《按：指达摩》又曰：吾有《楞伽》四卷，亦用付汝，即是如来心地要门，令诸众生，开示悟入。吾到此地，凡五度中毒，常自出入试之，置石石裂。缘吾本离南印，来此东土，见赤县神州有大乘气象，遂逾海越漠，为法求人，际会未谐，如愚若纳，今得汝传授，吾意已终。"④ 达摩对慧可传授的也是四卷《楞伽经》，"吾有《楞伽经》四卷，亦用付汝，即是如来心地要门，令诸众生开示悟入"⑤。这句话与灯录中的话完全相同，说明《五灯会元》（成书于南宋末年）采用了《景德传灯录》中的一些资料。

① 《佛祖历代通载》卷12，《大正藏》第49册，第586页下。
② 《楞伽师资记》，《大正藏》第85册，第1283页下。
③ 《续高僧传》卷16，《大正藏》第50册，第552页中。
④ 《景德传灯录》卷3，《大正藏》第51册，第219页下。
⑤ 《五灯会元》卷1，《卍续藏经》第80册，第43页上。

最后，神秀的禅法思想中，也有直接来自四卷《楞伽经》的思想。"身是菩提树，心如明镜台。时时勤拂拭，勿使惹尘埃。"① 这是著名的神秀偈，其中的思想在四卷《楞伽经》中也有出现。"此如来藏识藏，一切声闻、缘觉心想所见。虽自性净，客尘所覆故，犹见不净，非诸如来。"② 如来藏虽然自性清净，但被客尘所覆，所以不净，这是"心性本净，客尘所染"的思想，显然对神秀禅法思想产生了影响。

二　"如来藏"与"净心"

在刘宋译《楞伽经》中，首先要区别几个范畴，真如、如来藏、阿黎耶识（藏识）。真如的真是真实不虚，如是如常不变。如来藏，指真如在烦恼中，含藏有如来果地上的功德和真如法身之理。阿黎耶识，梵语称为 ālaya，也就是藏识，含藏善恶诸法的种子。成佛的与否取决于心的染、净，换言之也就是心性本净和本不净，在心性的染、净上，法相宗和法性宗的理解完全不同，法相宗认为的心是阿赖耶识，而法性宗认为的心是如来藏自性清净心。在刘宋译《楞伽经》中，把如来藏、藏识混用，就带有了染、净二元论的意味。"为无始虚伪恶习所熏，名为藏识。"不过，这对性宗与相宗起到贯通的作用，而如来藏藏识的思想对神秀的自心、净心等心性范畴也产生了深远影响。

神秀的思想肯定是法性宗的，但是以往总以真如缘起来解释，实际上不太确切，自性清净的如来藏如何能够引起染法呢？依据神秀《观心论》上的文本，我们认为应该从两方面来看待，从认识发生论（神秀的"自心缘起论"）上来讲，神秀是心性本不净的思想，因为有染心的存在；而从本体论的角度来看，神秀的心性思想是本净的，其中作为发生论的自心范畴就深受如来藏藏识的影响，成为染净二元的心性范畴。

那么《楞伽经》的如来藏到底指的是净还是染呢？《楞伽经》的晦涩难懂就在这里，经中把如来藏和阿赖耶识连起来用，有"如来藏识藏""识藏如来藏""如来藏名识藏""如来藏及识藏"等说法。

① 《六祖大师法宝坛经》，《大正藏》第 48 册，第 348 页中。
② 《楞伽阿跋多罗宝经》卷 4，《大正藏》第 16 册，510 页下。

关于"如来藏""识藏"和"藏识"的提法如下。1."如来藏"。"如来藏自性清净"①（净的一面）"何等为八？谓如来藏名识藏"②（染的一面）"以种种智慧，善巧方便，或说如来藏，或说无我，以是因缘故，说如来藏"③（方便之说）2."识藏"。"为无始虚伪恶习所熏，名为识藏，生无明住地与七识俱"④"识藏现众生"⑤ 3."藏识"。"藏识非因，若不异者，转识灭，藏识亦应灭，而自真相实不灭"⑥"藏识海常住，境界风所动"⑦，"谓彼藏识处，种种诸识转"⑧ "藏识摄所摄相转"⑨"譬如藏识，顿分别知自心现及身安立受用境界"⑩

关于"如来藏"与"识藏""藏识"合用的提法如下。1."如来藏识藏"。"不离不转名如来藏识藏，七识流转不灭。"⑪ 2."识藏如来藏"。"刹那者，名识藏如来藏意俱。"⑫ 3."如来藏及识藏"。"如来藏及识藏名与七识俱生。"⑬ 4."如来藏及藏识"。"当净如来藏及藏识名。大慧，若无识藏名，如来藏者则无生灭。"⑭（此处藏识与识藏相同）

这里有两个问题：第一个问题，阿赖耶梵语为 ālaya，在《楞伽经》中的翻译是什么？

刘宋译《楞伽经》将阿赖耶译为"真识""自相真识""现识""识藏""藏识"。对于"现识""识藏""藏识"比较好理解，根据文义就可判定为阿赖耶识。不过"真识"为什么也是八识呢？其根据就在于与其他两本《楞伽经》的文本对照，此处的三种译本都在解释什么是"相灭"。八识灭，虚妄分别的种子亦灭，因此，现行识自然也不

---

① 刘宋译《楞伽经》卷2，《大正藏》第16册，第489页上。
② 刘宋译《楞伽经》卷4，《大正藏》第16册，第512页中。
③ 刘宋译《楞伽经》卷2，《大正藏》第16册，第489页中。
④ 刘宋译《楞伽经》卷4，《大正藏》第16册，第510页中。
⑤ 刘宋译《楞伽经》卷1，《大正藏》第16册，第485页中。
⑥ 刘宋译《楞伽经》卷1，《大正藏》第16册，第483页中。
⑦ 刘宋译《楞伽经》卷1，《大正藏》第16册，第484页中。
⑧ 刘宋译《楞伽经》卷1，《大正藏》第16册，第484页中。
⑨ 刘宋译《楞伽经》卷1，《大正藏》第16册，第487页上。
⑩ 刘宋译《楞伽经》卷1，《大正藏》第16册，第486页上。
⑪ 刘宋译《楞伽经》卷4，《大正藏》第16册，第510页中。
⑫ 刘宋译《楞伽经》卷4，《大正藏》第16册，第512页中。
⑬ 刘宋译《楞伽经》卷4，《大正藏》第16册，第510页下。
⑭ 刘宋译《楞伽经》卷4，《大正藏》第16册，第510页中。

会生起，这就是相灭。

刘宋译《楞伽经》的"真识"。"大慧，若覆彼真识，种种不实，诸虚妄灭，则一切根识灭。大慧，是名相灭。"①

魏译《楞伽经》的"阿黎耶识"。"阿黎耶识虚妄分别，种种熏灭，诸根亦灭。大慧，是名相灭。"②

唐译《楞伽经》的"阿赖耶识"。"阿赖耶识虚妄分别，种种习气灭，即一切根识灭，是名相灭。"③

"覆彼真识"对应阿赖耶，这里面有个问题"覆"是回复还是遮蔽的意思？我认为应解为遮蔽，遮蔽真识的虚妄识灭了，根识亦灭。对于此处"真识"的理解亦为关键，"在缠真如""清净如来藏"由此而来。"大慧，略说有三种识，广说有八相。何等为三？谓真识、现识及分别事识。"现识指的是阿赖耶识染的一面，与"识藏""藏识"相同，则强调含藏善恶的种子。阿赖耶识既有净的一面，也有染的一面，"真识"更侧重于强调净的一面。

第二个问题，以往对《楞伽经》中的如来藏及阿赖耶合称为"如来藏藏识"，通过整理发现实际的称谓为"如来藏识藏"，那么"藏识"和"识藏"是否等同呢？

"藏识"和"识藏"还是有点区别的。如来藏处于染位的名称即为"识藏"，"识藏"就是"如来藏"，强调在缠的"如在藏"。而"藏识"更强调其所具有的作用。"藏识摄所摄相转"，比"识藏"的范围更大，更广。"藏识"就是第八识阿赖耶识。

如果如来藏与阿赖耶识相同（"如来藏名识藏"），如来藏实际上是处在了因位上。如果如来藏与真如相同，那么如来藏又是处在了果位上。而在神秀北宗的禅法思想中，净心实则也有因位（相当于在缠真如）、果位（相当于出缠真如）的区分，只不过神秀没有具体的说明。处于因位的净心是因为自心起用的缘故，人在修持中实际上就是心性从发生论（自心发生论）向本体论（净心成佛论）转化的过程。这里的

① 刘宋译《楞伽经》卷1，《大正藏》第16册，第483页上。
② 魏译《楞伽经》卷2，《大正藏》第16册，第522页上。
③ 唐译《楞伽经》卷1，《大正藏》第16册，第593页中。

关键是，自心起用，分成净、染二心，净心实际上是超验的一面，在还未显现时，只表明一种可能。发生论意义上的净心，表明人人都具有佛性，说明成佛的可能性。"一念净心，顿超佛地"表明"成佛的果位"，这种成佛的说法对于神秀来说只是返本见性而已。实际上因位净心在经验层面所反映出来的就是觉性，恰恰是通过觉性实现了净心果位上的实现，相当于从在缠真如返回到出缠真如。与如来藏不同的是，净心既没有和自心等同，也没有和染心等同，改变了刘宋译《楞伽经》中把如来藏与藏识相混同的说法。

杂染的阿黎耶识实际上是从人的认识发生论上来说，和人的经验意识相关，侧重于人的精神方面，而如来藏心是从本体论的角度来讲，是成佛的终极根据，两者的本质显然是不同的，《楞伽经》实际上也表达出这方面的意思。不过如来藏在经中的表述，既有清净的一面，也有杂染的一面。如果从哲学的层面进行分析其关键之处就在于超验的如来藏清净心如何随缘起用而落到了经验的层面，对于真如随缘起用之说，真如因无明而染，我们认为首先解释的落脚点都应该落实到人的层面，脱离人，一切都是没有根基的。成佛实际上就是由个别打通一般，超验的佛性在人身当中就能实现，用现象学的解释就是一般可以在个别中显现，阿黎耶识是人的精神，人的经验层面，一出生就为所染，虽然无明的烦恼是先天的，但是能够断除。如来藏心是超验的，是能实现的。《楞伽经》说明形上与形下在八识上可以沟通，经文所表述的思想就在于成佛不是遥不可及的。①

在《楞伽经》中，如来藏有以下几点重要意义。

1. 如来藏是善不善因。这实际上说明了如来藏是染、净缘起之因。如来藏为第八识是根本识，内含有漏的种子是染法的原因，又内含无漏的种子是净法的原因，众生的生死和解脱的终极原因都在如来藏。"如来之藏是善不善因，能遍兴造一切（五）趣（四）生。"② 对因有两种

---

① 值得深思的是对于神秀禅法从自心缘起—渐悟修持—净心成佛的修持理路，如果把人性与佛性相沟通的是渐悟（觉性）的话，那潜在的还隐含着另外一条逻辑，即心性本净—无明所覆—起用随染，这是人从先验的佛性如何到经验的人性的逻辑，这两个逻辑是交互辉映的，所以才会有从因位净心到果位净心（返本）的结果。

② 刘宋译《楞伽阿跋多罗宝经》卷4，《大正藏》第16册，第510页中。

理解：一种是把遍造理解为生成论，变现一切现象；另一种是所依持，是世界的根本。作为本体的如来藏如何能变现所有现象，这只能由阿黎耶识来完成，清净的如来藏被无明所覆，由清净的如来藏转变为被无明所覆的如来藏也就是藏识，转为众生，从而成为世界有为法的善与不善因。以发生论的角度来看，变现万象的如来藏是被无明所覆的如来藏。

2. 如来藏自性清净。说明成佛的内在理论根据，是成佛的精神境界。"此如来藏识藏，一切声闻、缘觉心想所见。虽自性净，客尘所覆故，犹见不净，非诸如来。"① 这一点很重要，说明了如来藏和藏识的性质的根本不同，藏识是出于染位，含有趋向于净、染的可能，而如来藏的自性清净表明了如来藏所具有的本体性质，所以和藏识本质是不同的，是出世间法，只有破除无明以后才能显现。正因为众生执着，清净的如来藏才成为藏识，所以修持的过程就是回复的过程，由被无明所覆盖的清净如来藏回到本有的清净如来藏。在神秀那里实际上就是指的是净心，澄清了如来藏的性质。

3. 如来藏同于藏识。如来藏和藏识是一样的，名称虽然不同，实质上并没有什么差别。这里面其实要表明的是如来藏属于因，而不是属于果，处于染位上。当清净如来藏为无明所染，就成为藏识。"修行者，作解脱想，不离不转，名如来藏识藏。七识流转不灭，所以者何？彼因攀缘诸识生故，非声闻、缘觉修行境界，不觉无我，自共相摄受，生阴界入。"② "谓如来藏，名识藏。"③ "为无始虚伪恶习所熏，名为识藏，生无明住地，与七识俱，如海浪身，常生不断。离无常过，离于我论，自性无垢，毕竟清净。其诸余识，有生有灭。意、意识等念念有七。"④ 这是把如来藏等同于阿黎耶识，如来藏受无明烦恼所熏习，故称为阿黎耶识，也就是杂染了的如来藏。这是从认识发生论方面来说的，具有杂染的意义。

"若无藏识，名如来藏者，则无生灭……此如来藏识藏，一切声

---

① 刘宋译《楞伽阿跋多罗宝经》卷4，《大正藏》第16册，第510页下。
② 刘宋译《楞伽阿跋多罗宝经》卷4，《大正藏》第16册，第510页中。
③ 刘宋译《楞伽阿跋多罗宝经》卷4，《大正藏》第16册，第512页中。
④ 刘宋译《楞伽阿跋多罗宝经》卷4，《大正藏》第16册，第510页中。

闻、缘觉心想所见。虽自性净，客尘所覆故，犹见不净，非诸如来。"①
生灭的原因在于有如来藏藏识，虽然自性清净，但被无明所染。

"大慧！善不善者，谓八识。何等为八？谓如来藏名识藏心、意、意识，及五识身。"②"藏识为水，七识为波"八识分别为如来藏藏识、意、意识、眼、耳、鼻、舌、身，前七识是生灭的，藏识是否生灭，没有明确说明，能够明确的是藏识是水，七识为波，藏识为七识所依。

4. 众生皆含如来藏。众生因为都有佛性，所以都能成佛。"如来藏自性清净，转三十二相，入于一切众生身中，如大价宝，垢衣所缠。如来之藏常住不变，亦复如是。"③ 这段话说明众生皆有如来藏，而且是本有的，只不过被烦恼所覆，如来之藏藏住不变，说明不但本有而且自性清净。

1 和 3 实际上说的一样。3 说明如来藏在经验层面的杂染性，是变现世界的原因，1 说明经验层面的如来藏变现世界的结果，"能遍造一切趣生"。神秀对 2 和 4 进行了继承，而对 1 和 3 作了改造。

《楞伽经》的心性范畴。如来藏，1. 善不善因（生死、涅槃的依据）。2. 自性清净（果，成佛，真如）。3. 八识（因位）——藏识（转）4. 众生含如来藏（成佛依据）。神秀的心性范畴中，净心、染心、自心、觉性有的就与《楞伽经》中如来藏的思想相近。净心是善因，说明众生心性本净。染心是不善因。自心说明"万法唯心"。觉性有本觉、究竟觉。

"如来藏"与"自心"的比较：如来藏有因位和果位上的两层含义，因位——无明所染（藏识），果位——自性清净（出缠真如）。神秀的自心分为净（因位，本觉，始觉）、染二心，处于因位的净心（为染所覆）应转向果位上的净心，净心（果位，返本）——究竟觉。

刘宋译《楞伽经》的修持过程就是去染显净的过程，藏识不灭，由杂染的藏识，通过离染显净，转为清净的藏识。神秀的禅法思想是通过观心离念，显现真心，把处于可能性、应然性、潜在性、因位上的净

① 刘宋译《楞伽阿跋多罗宝经》卷 4，《大正藏》第 16 册，第 510 页中、下。
② 刘宋译《楞伽阿跋多罗宝经》卷 4，《大正藏》第 16 册，第 512 页中。
③ 刘宋译《楞伽阿跋多罗宝经》卷 2，《大正藏》第 16 册，第 489 页上。

心通过觉性一步步引向最后处于现实性、实然性、果位上的净心，这其中的变化是通过觉性来得以体现的，最后体现果位净心的就是究竟觉。显然净心有因位与果位上的区分，因位上的净心实则具有种子义，与果位上的净心性质上是相同的，但在相上有所差别，也就是显隐的状态不同。果位上的净心就是真如，法身佛，"真如者，自是金刚不坏，无漏法身。"① "为因中修戒定慧，破得身中无明重迭厚障，成就智慧大光明，是法身佛。"② 法身是破除无明的智慧智体，果位上的净心也即是智体。那么因位上的净心和果位上的净心的连接纽带是什么，也就是共通性是什么？我们认为是觉性。"法界一相，即是如来平等法身，于此法身说名本觉，觉心初起，心无初相，远离微细念。"③ "知六根本不动，觉性顿圆，光明遍照，是报身佛。"④ 法身佛尽管破得无明，但显现还是通过报身佛，具体的体现就是觉性顿照。这里吸收了《大乘起信论》的思想，在另一章有详述。

　　由此看出，神秀的净心在果位上的法身就是破除无明的具有觉照之义的智慧。从涅槃空性和觉照之智，来说明如何"一念净心，顿超佛地"之净心成佛之因。因此，心性本净的涅槃空性和觉照之智构成了净心的应有之义。二者的结合之处就是通过觉性在各个阶段（由"自心缘起论"走向"净心成佛论"的过程）所体现的不同相，这也是神秀渐修当中的应有之义，但到返本净心时，涅槃与菩提便结合在了一起。

　　神秀对《楞伽经》的心性思想作了改造，以自心说明阿黎耶识，以净心说明如来藏，对如来藏与阿黎耶识的混同使用作了区分，这是神秀的创新之举。

　　《楞伽经》的心性论：清净如来藏（先验）—无明所染—如来藏藏识（形上→形下）；如来藏藏识（经验）—断除无明—清净如来藏（形下→形上）。

　　神秀的心性论：自心缘起—渐悟修持—净心成佛（形下→形上　中

---

① 《达摩大师破相论》，《卍续藏经》第63册，第10页上。
② 《大乘无生方便门》，《大正藏》第85册，第1274页中。
③ 《大乘无生方便门》，《大正藏》第85册，第1273页下。
④ 《大乘无生方便门》，《大正藏》第85册，第1274页中。

介：觉）；心性本净—无明所覆—起用随染（形上→形下 中介：无明）

神秀的禅法思想为发生论（自心缘起）、修持论（渐悟修持）和本体论（净心成佛）三个方面，禅法的修持过程就是通过修持论，从发生论转向本体论的过程，而自心发生论的思想和《楞伽经》中如来藏藏识变现万物的思想是一致的，八识内含前七识种子（种子就是功能，众生既有向善的方面也有向恶的方面），通过七识而现起，现起后的七识又熏习八识，使众生不得解脱。

三 "唯心直进"与"观心离念"

《楞伽经》把外在的修持转到内心的修持上，通过远离心念的方法，得到般若智慧，进入如来无生境地，再得圣智，化度众生。

> 彼一切众生界，皆悉如幻，不勤因缘，远离内外境界，心外无所见。次第随入无相处，次第随入从地至地三昧境界，解三界如幻，分别观察，当得如幻三昧。度自心现无所有，得住般若波罗蜜，舍离彼生所作方便。金刚喻三摩提，随入如来身，随入如如化，神通自在，慈悲方便，具足庄严，等入一切佛刹、外道入处。离心、意、意识，是菩萨渐次转身，得如来身。大慧！是故欲得如来随入身者，当远离阴界入心、因缘所作方便、生住灭妄想虚伪。唯心直进，观察无始虚伪过、妄想习气因、三有。思惟无所有，佛地无生，到自觉圣趣。自心自在，到无开发行，如随众色摩尼，随入众生微细之心，而以化身随心量度，诸地渐次相续建立。①

众生界都是虚幻的，应该心无所见，远离主客观的因素，就能达到菩萨境界。那么主客观因素是什么呢？虚妄以分别心为主观，以名相为客观。

当认识到欲界、色界、无色界都是虚幻，如果能做到自心的心念不起，就能入如来境地。脱离心的意念，唯心修证，让思惟不起，由佛地

---

① 刘宋译《楞伽阿跋多罗宝经》卷1，《大正藏》第16册，第483页下—484页上。

无生的境界到自觉圣趣，从而化度众生。这段经文反复强调的核心观点就是要求我们"唯心直进"，通过唯心修证，认识到内外不实，三界虚幻，所以心中不应执着，做到心不起念，远离心意意识，就能达到如来境地，化度众生。

如果借用主客角度说明的话，没有破除名相之前，作为主观的分别心与作为客观的名、相对应。而破除名相之后，实际上是作为主观的成自性对照客观的涅槃空性，修持也就是这样一个从迷转悟的过程。作为分别名相的心具有先验性，是人们陷入错误认识的根源。

神秀在这里显然也吸收了《楞伽经》"唯心直进"的思想。"离念相者，等虚空界无所不遍。问：是没是等虚空界无所不遍？是没是遍不遍？答：虚空无心。离念无心，无心则等虚空无所不遍。有念即不遍，离念即遍。法界一相，则是如来平等法身。"① 离念就是尽虚空的看，一物没有，这就是等虚空界无所不遍，有念就不遍。神秀强调的是观心看净，让净心直接显现，通过观空，把握万物空寂的本质，所以一物不可得，从而再到观心离念，让净心显现，这是逐步的渐修过程。

四　"渐净非顿"与"顿超佛地"

刘宋译《楞伽经》既有顿悟的思想也有渐修的思想，其中顿悟的思想是见道。在渐修的思想上，刘宋译《楞伽经》列出了三个比喻，植物的开花结果是渐进的过程，陶匠做陶瓷、人们学习书画都是逐渐的过程，这里指的是修道。

> 尔时大慧菩萨，为净除自心现流故，复请如来。白佛言：世尊！云何净除一切众生自心现流？为顿为渐耶？佛告大慧：渐净非顿。如庵罗果，渐熟非顿；如来净除一切众生自心现流，亦复如是，渐净非顿。譬如陶家造作诸器，渐成非顿；如来净除一切众生自心现流，亦复如是，渐净非顿。譬如大地渐生万物，非顿生也；如来净除一切众生自心现流，亦复如是，渐净非顿。譬如人学音乐、书、画，种种技术，渐成非顿；如来净除一切众生自心现流，

---

① 《大乘无生方便门》，《大正藏》第 85 册，第 1274 页上。

亦复如是，渐净非顿。①

大慧菩萨问如来如何除去自心的妄识流转如注，是顿悟还是渐修，佛告大慧：是渐修非顿悟，这就好像庵罗果实一样，是渐熟非立即成熟，如来净除众生的自心妄识也是如此。接下来经文用陶家制器，人们学习音乐书画作比喻，说明净除众生妄念都是渐净非顿的。渐修是逐渐的过程，在《楞伽经》的具体说明上，就是破我执、法执，枝末无明，再到究竟空，破无始无明。

> 大慧，菩萨摩诃萨住如如者，得无所有境界故，得菩萨欢喜地。得菩萨欢喜地已，永离一切外道恶趣，正住出世间趣，法相成熟，分别幻等一切法，自觉法趣相，离诸妄见怪异相，次第乃到去云地，于其中间三昧力自在，神通开敷，得如来地已。②
>
> 如是菩萨摩诃萨，得无生法忍，住第八菩萨地，转舍心、意、意识、五法、自性、二无我相身，及得意生身，得自觉圣智善乐。是名菩萨摩诃萨，成就四法，得修行者大方便。③

从初地到如来地是次第的过程。十地说明菩萨的修行阶次，逐渐断除烦恼，以最终成佛为目的。其中三自性中的成自性，为佛的果地境界。在此阶次中，需要破除我执和法执。我执是七识末那识（外缘六识，内缘第八识）执着八识藏识而起的，所以藏识的种子（功能）现起。法执是藏识中的无明所起，从而执着名相，执着第六识为我所。破我执证得正智，破法执证得如如。藏识的种子现起，使前七识现行，八识、六识产生的第七识执着第八识为我。六识执着境界现起，反过来的习气染著八识种子。七识灭破的是我执，证入空性涅槃。本有（"俱生我执"）是末那识、意识，新熏（"分别我执"）是意识。当然，《楞伽经》中也谈到了顿悟的思想：

① 刘宋译《楞伽阿跋多罗宝经》卷1，《大正藏》第16册，第485页下—486页上。
② 刘宋译《楞伽阿跋多罗宝经》卷4，《大正藏》第16册，第511页上。
③ 刘宋译《楞伽阿跋多罗宝经》卷2，《大正藏》第16册，第489页下—490页上。

> 譬如明镜，顿现一切无相色像。如来净除一切众生自心现流，亦复如是，顿现无相、无有所有清净境界。如日月轮，顿照显示一切色像。如来为离自心现习气过患众生，亦复如是，顿为显示不思议智最胜境界。譬如藏识，顿分别知自心现，及身安立受用境界。彼诸依佛，亦复如是，顿熟众生所处境界。以修行者，安处于彼色究竟天。譬如法佛，所作依佛，光明照耀。自觉圣趣，亦复如是，彼于法相有性、无性恶见妄想，照令除灭。①

这就好像明镜，顿时显现一切色相，如来净除众生的自心妄识现流也是如此。顿时显现无相、无所有的清净境界，好像日月，顿照一切色像。如来为众生脱离自心妄识也是如此，顿时显示不思议智最胜境界。好像藏识，立即分别自心现流，安立定受用境界。对于修行的自觉圣趣者，顿时灭除恶见妄想。那么"净除"和"顿现"是什么区别呢？"渐净非顿，如来净除一切众生自心现流亦复如是，渐净非顿。"神秀的偈子也提出了渐净思想，"身是菩提树，心如明镜台。时时勤拂拭，勿使惹尘埃"②。"净除"属修道，"顿净"属悟道，见道。

神秀的顿悟思想从两方面来解释：

1. 从心的状态上界定。离念即是解脱，神秀认为达到不起心思议的境界即是解脱。"问：是没是住不可思议解脱法门？答：起心思议是缚，不得解脱；不起心思议，则离系缚，即得解脱。心不思，心如，是智；口不议，色如，是慧；是名不思议智慧解脱法门。"③"佛子！诸佛如来有入道大方便，一念净心，顿超佛地。"④"悟则朝凡暮圣，不悟永劫常迷。"⑤

2. 从修持的时间上界定。缩短成佛的历程，除掉三毒之心，让本有的净心显现，用禅宗的话说就是顿悟"见性"，可抵三大阿僧祇劫的修行。

---

① 刘宋译《楞伽阿跋多罗宝经》卷1，《大正藏》第16册，第486页上。

② 《六祖大师法宝坛经》，《大正藏》第48册，第348页中。

③ 《大乘无生方便门》，《大正藏》第85册，第1277页中。

④ 《大乘无生方便门》，《大正藏》第85册，第1273页下。

⑤ 《无题》，《禅宗全书》第36册，蓝吉富主编，台北：文殊出版社1988年版，第225页。

又问：如佛所说，我于三大阿僧祇劫无量勤苦，乃成佛道，云何今说唯除三毒即名解脱？答曰：佛所说言三大阿僧祇劫者，即三毒心也。胡言阿僧祇，汉言不可数。此三毒心于一念中皆为一切，恒河沙者，不可数也。真如之性既被三毒之所覆障，若不超越彼三恒河沙毒恶之念，云何名得解脱也。今者能除贪镇痴等三种毒心，是则名为度得三大阿僧祇劫。末世众生愚痴钝根，不解如来三种阿僧祇秘密之说，遂言成历劫。①

五 "净心"同具"涅槃"义与"菩提"义②

大乘佛教认为生死即涅槃，烦恼即菩提。在大乘佛教里，涅槃指的是无住涅槃，自性清净心涅槃。涅槃实际上对应的是般若空观，菩提对应的是转识成智。神秀的禅法思想说明了从自心缘起经过渐悟修持到净心成佛的修持过程，其理路为从发生论到本体论。净心本体既有观照空性的般若之智，又有唯识中的转识成智。神秀所指的佛不是真正意义上的成佛，而是"返本"，即禅宗常说的"明心见性"。

在返本的过程中，神秀吸收了般若与唯识宗的思想。其中般若空观走的是如来藏清净心的返本思想，同时转意成智走的是唯识转识成智的思想（成就的是功德），这也是本体论意义上的心性本净与发生论意义上的心性本不净所修持到果位上的应有之义。

《楞伽经》所谈到的是八识，第八识为如来藏藏识，自性清净的如来藏被无明所覆，所以转为藏识，成佛的过程是除掉无明。果位（返本）上的含义有两部分，即涅槃和菩提，破除"我所的法执"和"能的我执"，这是本有的智。涅槃在《大涅槃经》中的意思是指佛的法身

---

① 《观心论》，《大正藏》第 85 册，第 1271 页上。

② 在刘宋译《楞伽经》中，成就涅槃的途径是"妄想识灭"，"妄想识灭，名为涅槃"妄想识灭就等同于涅槃，而经中又说离先妄想，逮得圣智，这里面明显有一先后过程，"妄想不生，不起不灭，我说涅槃。大慧，涅槃者，如真实义见，离先妄想心心数法。逮得如来自觉圣智，我说是涅槃"。可见，涅槃着重从状态上来说的，先有离先妄想，而后才有自觉圣智，这是一过程，而在神秀的"转意成智"中，将涅槃与菩提结合在了一起，体用相即，"身心俱离念，即是圆满菩提"，"菩提是用，涅槃是体"，在先后关系上与刘宋译《楞伽经》也明显不同，是依靠菩提之智而离妄，与《涅槃经》中，先离妄在逮得自觉圣智截然不同，从这一点，已明显看出神秀禅法中所含的顿悟思想。

恒常，具有四德"常、乐、我、净"，其根据在于佛性，众生都有佛性，佛性就是能够证明空性的智慧，这样涅槃把能（我）与所相结合，此基本含义在《楞伽经》中没有改变。在《楞伽经》中，成就涅槃的方法，就是妄想识灭，妄想识灭与涅槃的含义是相等同的，证显寂灭无为。涅槃的含义如下：

第一，妄想识灭。妄想心识已灭就是涅槃，从心性上讲，是远离意识。"大慧！我所说者，妄想识灭，名为涅槃。"① "妄想不生，不起不灭，我说涅槃。大慧，涅槃者，如真实义见，离先妄想心心数法。逮得如来自觉圣智，我说是涅槃。"② 妄想识灭，妄想不生不起就是涅槃，妄识不生的方法就是离心、意、意识。"如是识种子，动转见境界，离心、意、意识，说名涅槃。"③ "心名采集业，意名广采集，诸识识所识，现等境说五。"④ 心是藏识，阿赖耶识，意是七识末那识，意识是第六识。虽然经文中所说的是离心、意、意识，实际上主要是离的第六识意识，那么妄想识主要是第六意识。

　　大慧白佛言：世尊！不建立八识耶？佛言：建立。大慧白佛言：若建立者，云何离意识，非七识？佛告大慧：彼因及彼攀缘故，七识不生。意识者，境界分段计着生，习气长养，藏识意俱，我、我所计执着，思惟因缘生。不坏身相，藏识因攀缘，自心现境界，计著心聚生，展转相因。譬如海浪，自心现境界风吹，若生、若灭，亦如是。是故意识灭，七识亦灭。⑤

大慧问佛，为什么不建立八识？佛说建立。大慧问，如果建立，为什么是离意识，而不是七识？佛说，意识具有攀缘的特性，是其他七识之因，意识对五识执着所以产生习气，然后习气又反熏藏识，计着我、我所，因此产生思惟。藏识攀缘自心，而现境界，执着心俱生辗转互为

---

① 刘宋译《楞伽阿跋多罗宝经》卷2，《大正藏》第16册，第496页上。
② 刘宋译《楞伽阿跋多罗宝经》卷4，《大正藏》第16册，第507页中。
③ 刘宋译《楞伽阿跋多罗宝经》卷3，《大正藏》第16册，第505页上。
④ 刘宋译《楞伽阿跋多罗宝经》卷1，《大正藏》第16册，第484页中。
⑤ 刘宋译《楞伽阿跋多罗宝经》卷2，《大正藏》第16册，第496页上。

原因。这就好像海浪，自心现境界是因为妄识风吹，风灭浪停，所以意识灭，则七识亦灭。"如水大流尽，波浪则不起，如是意识灭，种种识不生。"① 经文又用了个比喻说明意识是源泉就好像水，无水则无波浪。

第二，藏意识转变。这刚好说明了上面的第一点，并非意识灭，七识亦灭，而是发生转变，即转识成智。"谓为涅槃？佛告大慧：一切自性习气，藏意识见习转变，名为涅槃。诸佛及我涅槃，自性空事境界。"② 这里面体现了涅槃是一个转依的思想。"转舍本来杂染识种，转得始起清净种识。"③

第三，自觉圣智。自觉圣智离断妄想，"复次，大慧！涅槃者，圣智自觉境界，离断、常妄想性非性。"④

上述表明涅槃在佛理上是自性空的境界，在菩提智慧上是自觉圣智的智慧，这两者是相通的，"一切法无生无灭，本来寂静，自性涅槃"⑤。自性涅槃就是自性本来空寂，本身就是涅槃。作为证得空性境界的菩提智慧是存在的，妄想识灭所破的是相无自性的遍计所执性，存的是"圣义无自性性"的圣智。总结一点，涅槃就是离断妄想的自觉圣智，只有妄想识灭才能成就涅槃，这也是大乘佛教的"实相涅槃"。

菩提是佛所证得的智慧，是无分别的，作为悟界的智所观的真如也是没有分别，智与真如，是能知与所知的一种主客关系。刘宋译《楞伽经》中智的含义如下。

第一，不生不灭是智。佛告诉大慧普萨，有生有灭的叫作识，无生无灭的称为智。"大慧，彼生灭者是识，不生不灭者是智。"⑥ 识起的是了别的作用，正因为对外境有所分别，才会产生执着。"识谓了别，诠有内心，以显境空心有，故合名唯识。"⑦ 智有两个作用，一是断烦恼，

① 刘宋译《楞伽阿跋多罗宝经》卷2，《大正藏》第16册，第496页中。
② 刘宋译《楞伽阿跋多罗宝经》卷2，《大正藏》第16册，第492页中。
③ 《成唯识论》卷8，《大正藏》第31册，第45页下。
④ 刘宋译《楞伽阿跋多罗宝经》卷2，《大正藏》第16册，第492页中。
⑤ 《瑜伽师地论》卷73，《大正藏》第30册，第702页下。
⑥ 刘宋译《楞伽阿跋多罗宝经》卷3，《大正藏》第16册，第500页下—501页上。
⑦ 《成唯识论俗诠》卷1，《卍续藏经》第50册，第516页中。

二是能够断定事物的是非。如果烦恼已断，还需用无漏智修道。

第二，清净。"自觉智及净，此则是我地。自在最胜处，清净妙庄严。"①

第三，自觉圣智，如来藏心。这里面的关系是这样的，智慧是自觉圣趣的境界，是般若波罗蜜，而成自性就是脱离名相、妄想，所得的自觉圣趣智的境界，也就是成自性，如来藏心。"戒、忍、精进、禅定、智慧，亦如是。自心妄想非性，智慧观察，不堕二边，先身转胜而不可坏，得自觉圣趣，是般若波罗蜜。"②"云何成自性？谓离名相、事相妄想，圣智所得，及自觉圣智趣所行境界，是名成自性，如来藏心。"③

《楞伽经》里常常讲到三性，"遍计所执性"是一种观念的存在，即名相概念。另外，当阿赖耶识变现的外境被诸识所执着，也是"遍计所执性"。依他起性是一种现实的外境，由阿赖耶识内的种子异熟现行而产生，这种产生也依赖于因缘。圆成实性在唯识宗的意思是依靠根本智观照"依他起性"。成自性也就是自觉圣智，如来藏心，也可认为成自性是圆成实性。据《摄大乘论》记载，"云何应知圆成实自性？应知宣说四清静法。何等名为四清净法？一者自性清静，谓真如空实际无相胜义法界。二者离垢清静，谓即此离一切障垢。三者得此道清静，谓一切菩提分法波罗蜜多等。四者生此境清静，谓诸大乘妙正法教由此法教清净缘故。"④ 得此道清静，是在因位的修持，是不圆满的。自性清静是因，离垢清静是果，中间的修持过程是得此道清静，生此道清静。从成自性来看，这是由因到果的过程。《楞伽经》中的成自性显然指的是离垢清静，而神秀也强调了离垢的一面，但从修持来看就是从因位到果位的过程。

在《楞伽经》中，将"涅槃"与"般若"、"空"与"有"、"寂静空法"与"唯识理"统一在了一起。"今其闻已不生恐怖，能如实证寂静空法，离惑乱相，入唯识理，知其所见无有外法，悟三脱门获如实

① 刘宋译《楞伽阿跋多罗宝经》卷4，《大正藏》第16册，第509页下。
② 刘宋译《楞伽阿跋多罗宝经》卷4，《大正藏》第16册，第512页下。
③ 刘宋译《楞伽阿跋多罗宝经》卷1，《大正藏》第16册，第487页下。
④ 《摄大乘论》卷中，《大正藏》第31册，第140页中。

印，见法自性，了圣境界，远离有无一切诸著。"① 智所缘的就是真如。

神秀的离念净心成就的是涅槃。神秀的涅槃是区分了二乘涅槃和菩萨涅槃，二乘涅槃的思想是吸收了《楞伽经》中的思想，灭掉六识，这样六识不能够再通过末那识反熏第八识，从而通过灭六识而证得空寂。但这并不是究竟义，菩萨的涅槃常闻、常顺不动修行，因此而得正定，是大涅槃。"常闻常顺"就是不执相，并不是畏动，而执着不动。

"畏动，执不动，灭六识证空寂涅槃。有声、无声、声落谢不闻，不闻贪著禅味，堕二乘涅槃。"②"六根清净，六根离障，一切无碍是即解脱。"③"菩萨开得慧门，闻是慧，于耳根边证得闻慧，知六根本来不动，有声、无声，声落谢，常闻、常顺不动修行，以得此方便正定，即得圆寂，是大涅槃。"④

这种不执着不动的正定才是大涅槃，因此也就是智，实际上是一种性相不二的境界。神秀称此为"真空妙有"，"云何'真空妙有'？答：心不起是'真空'，见闻觉知是'妙有'"⑤。"不执相是智"⑥ 菩提智慧并没有灭掉身心，而是灭的名相。吕澂说："'性寂'一语，在汉译的佛典里通常作'自性涅槃'。涅槃的意译即寂灭、寂静。"⑦ 准确地说，神秀的涅槃是自性涅槃，心本来寂静。在智慧上面，"菩提不可以心身得寂灭，是菩提灭诸相故"⑧，"身心俱不动，即寂灭，是菩提灭诸相故。又身心俱离念，即是圆满菩提"⑨。

神秀改造了唯识转识成智的思想而转意成智。"问：是没是智门？意根为智门。作没生开智门？意根不动是开智门。作没生转意成智即得智？是名开智慧门。与汝开智慧门竟？有力度众生。"⑩ "有思求心不能知。作没生即得知？无思求心即得知。问：将思求何用？答：将思意中

① （唐）实叉难陀译：《大乘入楞伽经》，《大正藏》第 16 册，第 611 页中。
② 《大乘无生方便门》，《大正藏》第 85 册，第 1273 页下。
③ 《大乘无生方便门》，《大正藏》第 85 册，第 1273 页下。
④ 《大乘无生方便门》，《大正藏》第 85 册，第 1274 页下。
⑤ 《无题》，《禅宗全书》第 36 册，蓝吉富主编，台北：文殊出版社 1988 年版，第 218 页。
⑥ 《大乘无生方便门》，《大正藏》第 85 册，第 1277 页上。
⑦ 吕澂：《吕澂佛学论著选集》卷 3，齐鲁书社 1991 年版，第 1423 页。
⑧ 《大乘无生方便门》，《大正藏》第 85 册，第 1275 页上。
⑨ 《大乘无生方便门》，《大正藏》第 85 册，第 1275 页中。
⑩ 《大乘无生方便门》，《大正藏》第 85 册，第 1274 页下。

转思成智。"① 神秀的转意成智的过程成就的是菩提，有力度众生，以无漏智修道。所以，神秀禅法思想的修持重点是以第六识，意识为根本的，意根是智门。②

在神秀的"净心成佛"不但要证涅槃空寂，还要回复清净本心，从发生论向本体论转变。另外是所证得的菩提智慧，这种智慧不同于二乘，"有力度众生"，是"见道"以后修道的阶段，这是大乘与小乘的区别。小乘只是证得自己的空性，断掉自己的烦恼，但并未断掉自己的私欲，而大乘的普度众生则彻底断除了自己的私欲，证得菩提之智。涅槃回复清净本心的过程，逻辑上必然会承认心性本净的观点。印顺认为心性本净是心空、不可得的意思，不是心为清净，如此说来，菩提正是通过转意成智得来的。印顺说：

> 唐玄奘所译的，就有五部（《大般若经》的前五分）。无论是梵本、汉译本等，文字上有些出入，而以"本性净"来证成"是心非心"，是没有实质差异的……《般若经》所说的"非心"，是心空、心不可得的意思。心性 cittatā 寂灭不可得，所以说"心（的）本性情净"……一、"是心非心"，不要以为有一非心的心（这是常情的意解），因为既然"非心"，不应该再问是有是没有。"非心"是超越了有与无的概念，不能说是有是无的。二、"非心"——心不可得，是说不坏 avikāra、不分别 avikalpa。没有变异（坏），没有差别（玄奘所译的前三分，作"无二、无二分"；或"无分、无别"），就是（真）如 tathatā，不是世间分别心所分别那样的。对于"心性本净"，《般若经》从胜义 Paramārtha 体悟的立场，纠正以心为清净的见解。③

---

① 《大乘无生方便门》，《大正藏》第 85 册，第 1276 页中。

② 神秀的转意成智，意显然指的是第六识意识，不像唯识那样八识转四智那样，神秀禅法思想包括整个禅宗都是侧重于修持，一方面对意识之上的意识没有具体探讨，而以净心代之；另一方面侧重于意识也有助于真正的修持。但如果从唯识的角度来看意根的不动，实际上是以六识统摄其余五识，阻止六识种子反熏八识，从而破执，获智。同样的道理，神秀通过对第六识意识分别识的把握，阻断了染心，即所说的离染、离念，从而达到净心的境地。

③ 印顺：《如来藏之研究》，台北：正闻出版社 1992 年版，第 81、82 页。

神秀的净心对应刘宋译《楞伽经》中的空如来藏，涅槃。神秀的智慧门对应刘宋译《楞伽经》的不空如来藏，菩提。

在神秀那里涅槃与菩提并非截然分离，涅槃的空寂本性也就是真如，是不变的，是体，而菩提智慧是用，力度众生是靠的这个菩提之智，二乘只是烦恼不起，大乘的菩提与力度众生的功德能任用而起，这是凡夫、二乘所达不到的。

> 菩提是涅槃寂用，知见是用，智慧是体，菩提是用。涅槃是体（体用分明）经云：菩提不可以心身得寂灭，是菩提灭诸相故。①

"一念净心，顿超佛地"的净心实际上包含了两方面的含义，一方面是清净本心的涅槃空寂本质，这是法性，另一方面是破除名相，普度众生的菩提之智。涅槃就是所显得，本性清净的含义，菩提就是所生得，破除名相后所得之智。"四所转得，此复有二"：一所显得，谓大涅槃。此虽本来清净，而由客障覆令不显……二所生得，谓大菩提，此虽本来有能生种，而所知障故不生。由圣道力断彼障故，令从种起名得菩提。②

从上述的分析来看，神秀的禅法思想理论和刘宋译《楞伽经》关系密切，这种返本的思想，即是去掉妄心，此为自性涅槃。断烦恼需要智慧，此为"转意成智"，所以涅槃与菩提是不离的。智慧——断烦恼——证空寂，这是同时的过程，但这一过程，也只是见道，"理则顿悟，乘悟并消，事非顿除，非次第尽"③。理（性）是刹那间顿悟的，三乘教法和悟随着顿悟一起归灭，而事（相）需要渐行，逐渐除掉习气。禅宗这句话的出处在"此五阴元重叠生起，生因识有，灭从色除，理则顿悟，乘悟并销（消）；事非顿除，因次第尽。我已示汝劫波巾结，何所不明再此询问？汝应将此妄想根元心得开通，传示将来末法之中诸修行者，令识虚妄，深厌自生，知有涅槃不恋三界"④。《大佛顶首

---

① 《大乘无生方便门》，《大正藏》第85册，第1275页上。
② 《成唯识论》卷10，《大正藏》第31册，第55页中—56页上。
③ 《宗镜录》卷88，《大正藏》第48册，第898页中。
④ 《大佛顶万行首楞严经》卷10，《大正藏》第19册，第155页上。

楞严经》说顿悟也需要前面的渐悟积累才行。

自心缘起—渐悟修持—净心成佛，说明返本见道，断除妄念攀缘之心。六根虽然清净，但不能恒常，因为还有习气。

菩提在神秀那里也就是觉性，即"觉是菩提主"①。如何成就菩提，就要依靠渐悟修持。神秀的渐悟修持思想是回复的过程，由觉到不觉而生烦恼，通过修持再由不觉回复到觉。在这个过程当中，神秀认为智不需要三大阿僧祇劫就能达到，其实所得的结果是一样的，并没有和唯识有什么区别，菩提是所悟之智，涅槃是所悟之理，"转意成智"相当于转第八识为大圆镜智，神秀的见性成佛在境界上同大圆镜智的境界是等同的。

第二节　求那跋陀罗、达摩、慧可、僧璨对神秀禅法思想的影响

《楞伽师资记》为敦煌出土的文献，说明了北宗神秀一系的传承情况，我们以该文献作为参照，来说明神秀禅法在师承上面的关系。按照《楞伽师资记》的记载，楞伽师的传承为，宋求那跋陀罗—魏菩提达摩—齐惠可—隋僧璨—唐道信—唐弘忍—唐神秀—唐普寂。张说的《大通禅师碑》所记载的传承为从达摩至神秀，没有提到求那跋陀罗，这可能是出于宗派的考虑，如果单从楞伽师的传承来看，加上求那跋陀罗就显得更完整了。我们发现《楞伽师资记》始终贯穿了一条主线，就是"藉教悟宗"的思想，在楞伽师的传承中，每一位楞伽师都突出了某几部佛教经典。神秀的《五方便》实际上对前面楞伽师们所提到的佛教经典进行了综合，其中最突出的特点是，对于《楞伽经》《涅槃经》《华严经》等都突出了"心性"的作用，对于这个特点，我们将放到各个楞伽师中具体分析。

净觉所记述的《楞伽师资记》整体的思路都显出了藉教悟宗的思想，而到了神秀的《五方便》，更是把楞伽师所依据的经典都结合了起来，第一，总彰佛体引用《大乘起信论》，第二，开智慧门引用《法华

---

① 《无题》，《禅宗全书》第36册，蓝吉富主编，台北：文殊出版社1988年版，第211页。

经》，第三，显示不思议法引用《维摩诘经》，第四，明诸法正性引用《思益梵天所问经》，第五，自然无碍解脱道引用《华严经》。值得注意的是《大乘五方便》（《大乘无生方便门》），出现了《金刚经》，这是在神秀以前的楞伽师中所没有的。

这些经典组成了神秀禅法思想的理论架构，神秀乃是楞伽师传承的极大承者，《五方便》的出现恰恰说明楞伽师的传承到神秀发展的顶峰，于是便合乎逻辑的出现了禅宗北宗。尽管神秀所处的当时环境并没有这样的称谓，但后世对神秀作为禅宗北宗的代表人物是不无根据的，其中的潜台词就是楞伽师继承到神秀这里，无论从禅法思想上，还是从传法规模上都超越了前人，具备了成为官禅的特质，楞伽师的传承发生了由量变到质变的飞跃，一举奠定了北宗的官禅地位，在禅宗发展的初期，神秀的禅法思想成为主流。

此处只讨论求那跋陀罗到僧璨的禅法思想同神秀的关系，对于道信与弘忍的禅法思想单独提出来与神秀比较，这基于以下三点的考虑：第一，道信、弘忍所代表的禅法思想称为"东山法门"，所传的禅法无论从传法规模上还是从思想上都与以前的楞伽师有了差别；第二，道信所传禅法中，其中突出的一个就是"一行三昧"。"一行三昧"的念佛思想在以前的楞伽师中是没有提到过的。第三，神秀与道信、弘忍所传的"东山法门"关系密切。在神秀与武则天的对答中，神秀称自己所传为"东山法门"，武则天也对"东山法门"大加赞赏。所以此处主要探讨求那跋陀罗至僧璨的禅法思想同神秀之间的关系。

一 求那跋陀罗"诸佛心第一"与神秀"心者万法之根本"

据《楞伽师资记》的记载，求那跋陀罗（意译为功德贤）为中天竺国人，本为婆罗门。他精通大乘佛法，被尊称为摩诃衍。刘宋元嘉十二年（435），乘船到广州，宋太祖亲自迎接至丹阳郡，翻译出《楞伽经》。

> 求那跋陀罗，此云功德贤，中天竺人。以大乘学故世号摩诃衍，本婆罗门种……元嘉十二年至广州，刺史车朗表闻，宋太祖遣

使迎接。①

　　宋朝求那跋陀罗三藏，中天竺国人，大乘学时号摩诃衍。元嘉年，随船至广州。宋太祖迎于丹阳郡，译出《楞伽经》。②

　　求那跋陀罗对神秀禅法思想的影响，主要来自其所译的《楞伽经》。其中可以从两个方面说明。

　　1."明镜喻"与神秀偈。神秀的偈子出处来源于刘宋译《楞伽经》，"亦如磨铜镜，镜面上尘落尽，镜自明净"③。镜面比喻本来明净的心性，尘埃比喻烦恼，众生解脱的方法是离染显净。

　　2."诸佛心第一"与神秀的"心者万法之根本"。神秀禅法思想主要体现在心性论上。

　　《楞伽经》云：诸佛心第一。教授法时，心不起处是也。此法超度三乘，越过十地，究竟佛果处，只可默心自知。无心养神，无念安身，闲居净坐，守本归真。我法秘默，不为凡愚浅识所传，要是福德厚人，乃能受行。若不解处，六有七八。若解处，八无六七。拟作佛者，先学安心。心未安时，善尚非善，何况其恶。心得安静时，善恶俱无。依《华严经》云：法法不相知。④

　　此处的说明，非常重要，对"《楞伽经》云：诸佛心第一"进行了解释，并说明从心性入手，如何修持禅法及其所起的功用。方法上，要求"安心"，只有安心才能善恶俱无。什么叫作"安心"呢？求那跋陀罗又进行了解释。

　　今言安心者，略有四种：一者背理心。谓一向凡夫心也；二者向理心。谓厌恶生死。以求涅槃，趣向寂静，名声闻心也；三者入理心。谓虽复断障显理，能所未亡是菩萨心也；四者理心。谓非理

---

① 《高僧传》卷3，《大正藏》第50册，第344页上。
② 《楞伽师资记》，《大正藏》第85册，第1283页下。
③ 《楞伽师资记》，《大正藏》第85册，第1284页中。
④ 《楞伽师资记》，《大正藏》第85册，第1284页上。

外理，非心外心。理即是心，心能平等，名之为理。理照能明，名之为心。心理平等，名之为佛心。会实性者不见生死涅槃有别。凡圣为异，境智无二，理事俱融，真俗齐观。①

"安心"的作用能够"越过十地"，至"究竟佛果处"，这与"一念净心，顿超佛地"的本质并无不同。"安心"的境界是"境智无二"，"安心"的作用是"超度三乘，越过十地"，"安心"的方法是"无念安身"，"守本归真"。"心不起处是也，此法超度三乘，越过十地，究竟佛果处。只可默心自知，无心养神，无念安身，闲居净坐，守本归真。"②

神秀在《观心论》中所谈论的思想亦与求那跋陀罗的思想如出一辙。"心者万法之根本，一切诸法唯心所生；若能了心，则万法俱备。"③说明观心一法乃是解脱生死的根本。求那跋陀罗所说的十地和神秀所提的三大阿僧祇的思想是一样的，都说明了观心一法的重要作用。

佛所说言，无虚妄也。阿僧祇劫者，即三毒心也。胡言阿僧祇，汉名不可数。此三毒心，于中有恒沙恶念。于一一念中，皆为一劫。如是恒沙不可数也，故言三大阿僧祇。真如之性，既被三毒之所覆盖，若不超彼三大恒沙毒恶之心。云何名为解脱？今若能转贪瞋痴等三毒心，为三解脱，是则名为得度三大阿僧祇劫。末世众生，愚痴钝根，不解如来三大阿僧祇秘密之说，遂言成佛尘劫未期，岂不疑误行人退菩提道。④

无论是求那跋陀罗的"诸佛心第一"，还是神秀的"心者万法之根本"，都把修心放到了重要的地位，缩短了修持的时间。无论是以往修持所历经的"十地"，还是"三大阿僧祇劫"，修心一法都比以往来得

---

① 《楞伽师资记》，《大正藏》第85册，第1284页上、中。
② 《楞伽师资记》，《大正藏》第85册，第1284页上。
③ 《达摩大师破相论》，《卍续藏经》第63册，第8页下。
④ 《达摩大师破相论》，《卍续藏经》第63册，第9页中。

简便，而且更能依此法得以解脱。

二　达摩的"圣凡同一真性"与神秀的"品均凡圣"

记录菩提达摩的历史文献有，杨炫之的《洛阳伽蓝记》《续高僧传》《楞伽师资记》《传法宝纪》《景德传灯录》。菩提达摩为南印度人，是大婆罗门国王的第三个儿子，北魏年间来到中国，在洛阳、嵩山一带传法，是继求那跋陀罗后的禅师。其弟子道育、惠可跟随菩提达摩有五年之久，深受菩提达摩真传。

> 魏朝三藏法师菩提达摩，承求那跋陀罗三藏后。其达摩禅师志阐大乘，泛海吴越游洛至邺，沙门道育、惠可奉事五年。方海四行。谓可曰：有《楞伽经》四卷，仁者依行自然度脱。余度如《续高师传》所明：《略辨大乘入道四行》，弟子昙林序。法师者，西域南天竺国，是大婆罗门国王第三之子。神惠疏朗，闻皆晓晤，志存磨诃衍道。故舍素从缁，绍隆圣，冥心虚寂，通鉴世事。内外俱明，德超世表，悲悔边隅，正教陵替。遂能远涉山海，游化汉魏，亡心寂默之士，莫不归信。取相存见之流，乃生讥谤。于时唯有道育、惠可。此二沙门，年虽后生，携志高远，幸逢法师。事之数载，虔恭咨启，善蒙师意，法师感其精成，诲以真道。[1]

菩提达摩的思想主要是"二入四行"，《略辨大乘入道四行》，其弟子昙林作序，载于《楞伽师资记》。

> 理入者，谓藉教悟宗。深信含生，凡圣同一真性，但为客尘妄覆，不能显了。若也舍妄归真，凝住辟（壁）观，自他凡圣等一，坚住不移，更不随于言教。此即与真理冥状，无有分别。[2]

---

① 《楞伽师资记》，《大正藏》第85册，第1284页下—1285页上。
② 《楞伽师资记》，《大正藏》第85册，第1285页上。

"理入"具体的步骤，深信—凝住壁观—无有分别。那么"理入"和"四行"是个什么样的关系？"一者报怨行，二者随缘行，三者无所求行，四称法行。"① "性净之理，因之为法。理此众相斯空，无染无著，无此无彼。经云：法无众生，离众生垢故。法无有我，离我垢故。智若能信解此理，应当称法而行。"② 四行是逐渐悟入的过程，其最高处就是"无染无著，无此无彼"。

菩提达摩提出了"凡圣同一真性"，神秀也说"其入也，品均凡圣"③。此句出自张说《大通禅师碑》，被《佛祖历代通载》所引用"慧念以息想，极及以摄心。其入也，品均凡圣；其到也，行无前后。趣定之前，万缘尽闭；发慧之后，一切皆如。持奉《楞伽经》，近为心要；过此以往，未之或知"④。

达摩与神秀吸收了《涅槃经》众生都有佛性的思想，佛的法身常存，具有常、乐、我、净四德，在《涅槃经》后分中把智慧（能）与所证（法性）结合起来称为佛性。达摩与神秀认为，心是生佛平等的不二法门，通过心性的修持，众生就能得到解脱。这种修持理路，是通过智慧了证"我空""法空"之理。

三 慧可的"妄尽而真现"与神秀的"离染显净"

关于慧可（惠可）的文献有《楞伽师资记·惠可传》《续高僧传·僧可传》（僧可即慧可）、《传法宝纪·惠可传》。慧可俗姓姬，武牢人。十四岁的时候，偶遇达摩游化于嵩洛，跟随达摩有六年，颇有成就，明心见性，证悟佛果。

> 齐朝邺中沙门惠可，承达摩禅师后。其可禅师，俗姓姬，武牢人。年十四，遇达摩禅游化嵩洛，奉事六载。精究一乘，附于玄

① 《楞伽师资记》，《大正藏》第 85 册，第 1285 页上。
② 《楞伽师资记》，《大正藏》第 85 册，第 1285 页中。
③ 《佛祖历代通载》卷 10，《大正藏》第 49 册，第 586 页下。
④ 《佛祖历代通载》，《大正藏》第 49 册，第 586 页下。

理，略说修道，明心要法，真登佛果。①

慧可认为"妄尽而真现，即心海澄清，法身空净也"②。"妄尽而真现"来自《十地经》的思想，慧可的心性思想实际上是秉承"心性本净，客尘所染"的思想，《楞伽师资记》在叙述慧可的禅法思想时说："《十地经》云：众生身中有金刚佛，犹如日轮。体明圆满，庆（广）大无边。只为五荫（阴），重云覆障。众生不见，若逢智风，飘荡五荫（阴）。重云灭尽，佛性圆照，焕然明净。"

《十地经》在神秀的《观心论》中也同样被引用，"故《十地经》云：众生身中有金刚佛性。犹如日轮。体明圆满，广大无边。只为五阴重云所覆，如瓶内灯光，不能显现"。

同时在慧可的禅法思想中也包含《华严经》的思想。

> 《华严经》第七卷中说……一切毛孔三昧起，一切毛孔入正受。一毛端头三昧起，一毛端入正受。一切毛端三昧起，一切毛端入正受。一微尘中三昧起，一微尘中入正受。一切微尘三昧起。大海水入正受，于大盛火三昧起。一身能作无量身，以无量作一身。解斯举一千从，万物皆然也。③

神秀禅法中也有《华严经》思想。"芥子入须弥，须弥入芥子也。"④"一切法如如平等，须弥芥子平等，大海毛孔平等，长短自他平等，由一切法平等故，现一切法正性。"⑤《华严经》认为众生与佛理性平等，可以互即，不过，众生虽有如来智能，但也有杂染之身。众生如果迷妄执着，就会陷入轮回，如果能离此迷执，了悟自己的本觉真心，则与佛无异。法藏："唯依妄念而有差别，若离妄念，唯一真如。"⑥ 澄

---

① 《楞伽师资记》，《大正藏》第85册，第1285页中。
② 《楞伽师资记》，《大正藏》第85册，第1285页下。
③ 《楞伽师资记》，《大正藏》第85册，第1286页上、中。
④ 《楞伽师资记》，《大正藏》第85册，第1290页下。
⑤ 《无题》，《禅宗全书》第36册，蓝吉富主编，台北：文殊出版社1988年版，第213页。
⑥ （唐）法藏：《修华严奥旨妄尽还源观》，《大正藏》第45册，第637页中。

观说："夫真源莫二，妙旨常均，特由迷悟不同，遂有众生及佛。迷真起妄，假号众生；体妄即真，故称为佛。"①

法藏说："众生及尘毛等，全以佛菩提之理成众生故。所以于菩提身中，见佛发菩提心、修菩萨行，当知佛菩提，更无异见。今佛教化尘内众生，众生复受尘内佛教化，是故佛即众生之佛，众生即佛之众生，纵有开合，终无差别。"② 可见，神秀的禅法思想中也吸收了《华严经》圆融无碍的思想。

四 僧璨"三昧制心"与神秀"持心戒"

关于僧璨的历史文献有，《楞伽师资记》《景德传灯录·僧璨传》《三祖璨大师信心铭》（《景德传灯录》）、独孤及撰《舒州山谷寺觉寂塔隋故镜智禅师碑铭》（《全唐文》卷 390）、《舒州山谷寺上方禅门第三祖璨大师塔铭》（《全唐文》卷 392）。继承慧可禅法思想的是僧璨禅师，生活在隋代，住在舒州思空山，现在属安徽省岳西县。据《续高僧传》的记载，僧璨隐居于思空山，萧然净坐，不出文记，道信在僧璨身边十二年，为其传法弟子。

> 隋朝舒州思空山璨禅师，承可禅师后。其璨禅师，罔知姓位。不测所生。按《续高僧传》曰：可后璨禅师，隐思空山，萧然净坐，不出文记，秘不传法。唯僧道信，奉事璨十二年，写器传灯，灯成就，璨印道信了了见佛性处。③

僧璨禅法思想"三昧制心"有两个作用：1. 持戒。对戒律格外强调，其思想的核心就是以心为戒，通过三昧制心就是持戒。僧璨说："如猴着锁而停躁，蛇入筒而改曲。涉旷海以戒船，晓车幽以惠烛。注云：猴着锁喻戒制心，蛇入筒喻定自乱。智度论云：蛇行性曲，入筒即直。三昧制心，亦复如是。"神秀也有这样的说法，"遗嘱三字云：'屈

---

① （唐）澄观：《大华严经略策》，《大正藏》第 36 册，第 704 页。
② （唐）法藏：《华严经义海百门》，《大正藏》，第 45 册，第 628 页上。
③ （唐）净觉：《楞伽师资记》，《大正藏》第 85 册，第 1286 页中。

曲直’”①。“是故求解脱者，以身为炉，以法为火，智慧为工匠，三聚净戒、六波罗蜜以为画样，镕炼身心真如佛性，遍入一切戒律模中。如教奉行，以无缺漏，自然成就真容之像。”②

2. 解脱。舒州刺史独孤及撰《舒州山谷寺觉寂塔隋故镜智禅师碑铭》（《全唐文》卷390，《佛祖历代通载》卷十四）、《舒州山谷寺上方禅门第三祖璨大师塔铭》（《全唐文》卷392）。“禅师号僧璨，不知何许人。出见于周隋间，传教于惠可大师，抠衣邺中，得道于司空山。谓身相非真，故示有疮疾；谓法无我，故居不择地。以众生病为病，故所至必说法度人；以一相不在内外、中间，故必言不以文字。其教大略以‘寂照妙用’摄群品，‘流注生灭’观四维上下，不见法，不见身，不见心，乃至心离名字，身等空界，法同梦幻，无得无证，然后谓之解脱。”③僧璨强调“三昧”的重要性，亦能制心，亦能解脱，“寂照”即为修定，其妙用在于制心、解脱。僧璨这种“寂照妙用”的思想对神秀的修定思想是影响深远的。

除“三昧制心”的思想外，僧璨同样强调华严思想，“一即一切，一切即一，但能如是，何虑不毕”④，“一即一切”说明体用相融而不二，从哲学的角度来看，一般与个别，整体与部分都是相即的关系。“一即一切”在心性修持上的意义，即“心外无境”“境外无心”“心境无二”的思想。

五　求那跋陀罗、达摩、慧可、僧璨与神秀禅法思想的共同点

通过《楞伽师资记》的描述，从求那跋陀罗、达摩、慧可、到僧璨，我们发现每一个人都或多或少地强调了某部经典，从《楞伽师资记》的记述中看出，求那跋陀罗提到《楞伽经》、达摩提到《涅槃经》，慧可提到《华严经》，僧璨提到《法华经》，道信、弘忍提到《文殊说般若经》。

---

① 《楞伽师资记》，《大正藏》第85册，第1290页中。
② 《观心论》，《大正藏》第85册，第1271页下。
③ 《佛祖历代通载》卷14，《大正藏》第49册，第603页上至中。
④ 《三祖僧璨大师信心铭》，《景德传灯录》卷30，《大正藏》第51册，第457页中。

到了道信、神秀出现了"五方便"的安心法门，把楞伽师在传承中，所提到的经典都综合起来为自己的禅法思想所用。

1. 禅法修持的核心。都把"安心"放到了第一位。求那"安心"，达摩的"安心"清净心。代表了禅修的核心，修心。从求那跋陀罗到僧璨，皆以心为核心，"先学安心"—"安心无为"—"了心源清净"—"三昧制心"。

神秀在《观心论》中说："若复有人志求佛道者，当修何法最为省要？答曰：唯观心一法，总摄诸法，最为省要。问曰：何一法能摄诸法？答曰：心者万法之根本，一切诸法唯心所生；若能了心，则万法俱备。"①

2. "心性论"的理论根据。"心理平等""理事相融""心性本净，客尘所染"。引用《十地经》《华严经》的思想，说明了心性修持的根据。"心理平等，名之为佛心"—"凡圣同一真性""舍妄归真"—"妄尽而真现"。其中更是吸收了《涅槃经》的思想，众生皆有佛性，生佛不二，"心理平等""生佛不二"提供了众生成佛的根据，"理事相融"提供了成佛的途径。

3. "三昧制心"。修心的方法是三昧制心，神秀的"持心戒"以心为戒，将散心通过心戒转为定心。神秀说："镕练身心真如佛性，遍入一切戒律模中"②，小乘戒的根本目的是修的出离心，而大乘戒的目的是"上求佛道，下化众生"，强调"三聚净戒"，因此这种受戒的根本不是侧重于外界的形式，而是内心的持守，戒律的持守在于以"三昧制心"。

从求那跋陀罗到僧璨的传承，其禅法思想奠定了神秀，包括道信、弘忍在内的心性论的根据，从禅修的重点上，突出了心性的重要性，"安心"放到了禅修的第一位，其根本目的就是要"了心源清净""心性本净客尘所染""心理平等""理事相融"提供了成佛根据和途径，"三昧制心"强调了"寂照妙用"的思想，既可持戒，又可解脱，戒律

---

① 《达摩大师破相论》，《卍续藏经》第63册，第8页下。
② 《观心论》，《大正藏》第85册，第1271页下。

的持守不在外，而在内，当然解脱才是最终的目的。这些思想对神秀的禅法产生了深远影响。

表2－1　　《大乘无生方便门》与《维摩诘所说经》文本比对

神秀：《大乘无生方便门》	《维摩诘所说经》
又以四大海水入于毛孔，不娆鱼、鳖、鼋、陀（鼉），水性之属，而彼大海本相如故。诸龙、鬼、神、阿修罗等不觉不知己之所入，于此众生亦无所娆。①	又以四大海水入一毛孔，不娆鱼、鳖、鼋、鼉，水性之属，而彼大海本相如故。诸龙、鬼、神、阿修罗等不觉不知己（已）之所入，于此众生亦无所娆。②

神秀还引用了《维摩诘经》的思想。在《五方便》中，神秀通过藉教悟宗的方法更是把楞伽师历来强调的重点融入自己的禅法思想当中，奠定了北宗禅法思想的基石，具有极其重要的意义。

第三节　道信、弘忍禅法对神秀北宗的影响

道信、弘忍、神秀的禅法思想中，有很多共同点，所以，禅法在传承上相一致之处有其必然性。神秀是弘忍的上座弟子，又是北宗禅法思想的代表人物，其禅法思想不但和"东山法门"的思想密切相关，而且和达摩的传统一脉相承。"东山法门"可以称为禅宗的早期名称，在《宋高僧传》中提到了"东山法门"，"以法付慧可，可付璨，璨付道信，信付忍，忍与信俱住东山，故谓其法为'东山法门'。秀既事忍，忍默识之，深加器重"③。"既受付嘱，令望所归，裾褛凑门，日增其倍，十余年间，道俗受学者，天下十八九。自东夏禅匠传化，乃莫之过。"④ 当时跟随道信、弘忍学习禅法的，人数众多，日增其倍，在十余年间，"东山法门"初具规模。在《楞伽师资记》中还提到了"东山

———————

① 《大乘无生方便门》，《大正藏》第85册，第1277页中。

② 《维摩诘所说经》卷中，《大正藏》第14册，第546页下。

③ 《唐蕲州东山弘忍传》，《宋高僧传》卷8，《大正藏》第50册，第756页上。

④ 《传法宝纪·弘忍》，《敦煌新本六祖坛经》，杨曾文校写，宗教文化出版社2001年版，第179页。

净门"这个称谓。"唐朝蕲州双峰山幽居寺大师，讳弘忍，承信禅师后，忍传法，妙法人尊，时号为'东山净门'。又缘京洛道俗称叹，蕲州东山多有得果人，故谓'东山法门'也。"① 此外，唐代刘禹锡提到了"东山宗"，"又三传至双峰信公。双峰广其道而歧之，一为'东山宗'"②。

由上面的文献，总结出早期禅宗关于"东山"的名称至少有三个："东山净门""东山法门"和"东山宗"。"东山法门"代表了道信、弘忍一派的禅法思想，和神秀北宗的禅法思想有着紧密的渊源。《楞伽师资记》记载："则天大圣皇后问神秀禅师曰：所传之法，谁家宗旨？答曰：禀蕲州'东山法门'。问：依何典诰？答曰：依《文殊说般若经》'一行三昧'。则天曰：若论修道，更不过'东山法门'。"③ 由此可见"东山法门"在当时的影响非常之大。

一　道信生平

据道宣《续高僧传》记载，道信俗姓司马，不知道是哪里人，七岁时跟着一位老师学习，但老师戒律操守不严，而道信自律性很强，自己持戒。对于僧璨传道信的叙述中，提到了两个人，此处交代的不甚清晰。后来，道信到黄梅双峰山传法，并在那里圆寂，终年七十二岁。

　　释道信，姓司马，未详何人。初七岁时，经事一师，戒行不纯。信每陈谏，以不见从，密怀斋检，经于五载，而师不知。又有二僧莫知何来，入舒州公山，静修禅业，闻而往赴，便蒙授法，随逐依学，遂经十年。师往罗浮，不许相逐，但于后住必大弘益，国访贤良，许度出家，因此附名住吉州寺。被贼围城七十余日，城中乏水，人皆困弊，信从外入井水还复。刺史叩头，贼何时散？信曰：但念般若。乃令合城同时合声，须臾外贼见城四角，大人力士

---

① 《楞伽师资记》，《大正藏》第 85 册，第 1289 页中。
② （唐）刘禹锡：《牛头山第一祖融大师新塔记》，《刘宾客文集》卷 4。
③ 《楞伽师资记》，《大正藏》第 85 册，第 1290 页上。

威猛绝伦。思欲得见刺史，告曰：欲见大人可自入城，群贼即散。既见平定，欲往衡岳。路次江洲，道俗留止庐山大林寺。虽经贼盗又经十年，蕲州道俗请度江北黄梅县众造寺。依然山行，遂见双峰有好泉石，即住终志。当夜大有猛兽来绕，并为授归戒，授已令去。自入山来三十余载，诸州学道无远不至，刺史崔义玄闻而就礼。临终语弟子弘忍，可为吾造塔，命将不久，又催急成，又问中未？答：欲至中。众人曰：和尚可不付嘱耶？曰：生来付嘱不少，此语才了奄尔便绝。于时山中五百余人，并诸州道俗，忽见天地暗冥，绕住三里树木叶白，房侧梧桐树曲枝向房，至今曲处皆枯，即永徽二年（651）闰九月四日也，春秋七十有二。至三年弟子弘忍等，至塔开看端坐如旧，即移往本处，于今若存。[①]

这段文字的记载当中，提到了道信不少的神迹，共有四处：第一，"被贼围城七十余日，城中乏水人皆困弊。信从外入井水还复，刺史叩头贼何时散？信曰：但念般若，乃令合城同时合声"。第二，"当夜大有猛兽来绕，并为授归戒，授已令去"。第三，"忽见天地暗冥，绕住三里树木叶白，房侧梧桐树曲枝向房，至今曲处皆枯"。第四，"至塔开看端坐如旧，即移往本处，于今若存"。这些神迹都从侧面反映了道信所传的禅法不谬，其中谈到"念般若"，实际上强调了禅法当中智慧的作用，所谓禅法不但行入还要理入，通过心性认识佛性，这种思想代表了佛教中国化的特质。如果按照介绍这些神迹的目的来看，我们推论出道信当时的禅法思想最初并没有被广泛的传播和得到认可，而这些神迹的显现，对禅法的传播起了推动作用，需要指出的是《续高僧传》的作者道宣（596—667），也为同一时代之人，并不是后人为夸大所加。

文中也介绍了在禅宗谱系的传承上，道信命弘忍为其造塔，是否可以说明一点，在禅宗的传承中，以造塔之人为所传法脉弟子。《传法宝纪》中记载了禅宗的传承谱系"惠可传僧璨，僧璨传道信，道信传弘

---

① （唐）道宣：《续高僧传》，《大正藏》第50册，第606页中。

忍，弘忍传法如，法如及乎大通"①。

二 道信"求心"与神秀"观心"

神秀在《观心论》中提道，"观心"是解脱的法门，六度都可以用观心的思想进行阐释，"故知一切善恶皆由自心，心外别求，终无是处"②。而道信也认为"求心就是求佛"，可见，二者的落脚点都放到了心上，这里面的内在逻辑在于心具有形上与形下的双重性质，既是形而下的现实之心，又是形而上的真如之心，这样现实当中的修持之心，就能够成为超验的佛心。不过道信笼统地用心来分析，而到了神秀就具体为觉性了，这是对心的一种细化。对于道信的净土思想，神秀亦有论述，"随其心净，则佛土净。""一念净心，顿超佛地。"

在"生佛不二"的思想上，达摩、道信、神秀的观点是一致的。达摩的观点，"深信含生同一真性"③。道信的观点，"离心无别有佛，离佛无别有心。念佛即是念心，求心即是求佛"④。神秀的观点"其入也，品均凡圣"。

"其入也，品均凡圣"出自张说《大通禅师碑》，被《佛祖历代通载》所引用"慧念以息想，极及以摄心。其入也，品均凡圣；其到也，行无前后。趣定之前，万缘尽闭；发慧之后，一切皆如。持奉《楞伽经》，近为心要；过此以往，未之或知"⑤。从达摩、道信到神秀都认为，心是生佛平等的不二法门，通过心性的修持，众生就能得到解脱。这种修持理路，实际上是把心性和佛性统一了起来。

神秀认为心的作用有四种：其一，心是善恶的根本，是众生解脱的依据。"心是众善之源，是万恶之主"⑥，"一切善业由自心生，但能摄心，离诸邪恶，三界六趣轮回之业自然消灭，能灭诸苦，即名解脱"⑦。

---

① 《传法宝纪》，《大正藏》第 85 册，第 1291 页中。
② 《达摩大师破相论》，《卍续藏经》第 63 册，第 8 页下。
③ 《菩提达摩大师略辨大乘入道四行观》，《卍续藏经》第 63 册，第 1 页上。
④ 《楞伽师资记》，《大正藏》第 85 册，第 1287 页上。
⑤ 《佛祖历代通载》，《大正藏》第 49 册，第 586 页下。
⑥ 《观心论》，《大正藏》第 85 册，第 1273 页上。
⑦ 《观心论》，《大正藏》第 85 册，第 1271 页上。

其二，心是禅法的核心。只要能够令六根清净，摄心内定，就能成佛。"但能摄心内照，觉观常明，绝三毒永使消亡，六贼不令侵扰，自然恒沙功德，种种庄严，无数法门，悉皆成就。越凡证圣，目击非遥；悟在须臾，何烦皓首"。其三，心就是戒。神秀认为"唯须观心，不修戒行"①，实际上这是把禅和戒结合到一起的思想，并没有对戒抛弃与否定，所持的戒为"持心戒"。其四，心是六波罗蜜。神秀在《观心论》当中，将六波罗蜜都同观心相联系了起来。"六根清净不染世尘，即出烦恼可至菩提岸也，故名六波罗蜜。"②

神秀禅法思想的实质是通过"观心"而"返本"，由在缠真如回到出缠真如，返回到自性本来清净之心，这思想和道信也是相关的，本来就是佛性，道信提出"离心无别有佛，离佛无别有心。念佛即是念心，求心即是求佛"。道信禅法思想来源于《楞伽经》和《文殊说般若经》，"及制《入道安心要方便法门》，为有缘根熟者说我此法。要依《楞伽经》，'诸佛心第一'。又依《文殊说般若经》，'一行三昧'，即念佛心是佛，妄念是凡夫"③。《楞伽经》中的"心"本是核心的意思，道信把心做了心性上的解释，这即是佛教中国化的特色，另一根据是念佛之心即是佛性。

神秀所提的返本，即返回"自性清净心"，与道信的念佛之心是否一样？《大品般若经》提出"无所念者，是名念佛。何等名无所念？即念佛心名无所念，离心无别有佛，离佛无别有心，念佛即是念心，求心即是求佛"④。这段话正是道信所讲"求心即是求佛"的出处。

道信所讲的心是如来藏清净心，不过这种心是超验的，凡人的经验之心很难同这种超验之心结合到一起，而道信提出了"念佛即是念心，求心即是求佛"。这样就把形上的佛性同形下的人性相贯通，人在现实中所念的心，就是佛心，这就使禅法具有了现实意义。这种思路后来为神秀所借鉴，以"自心缘起"为开端，通过现实中的"渐悟修持"，最后达到形而上的佛性，即"净心成佛"。

---

① 《观心论》，《大正藏》第 85 册，第 1271 页上。
② 《观心论》，《大正藏》第 85 册，第 1271 页上。
③ （唐）净觉：《楞伽师资记》，《大正藏》第 85 册，第 1286 页下。
④ （唐）净觉：《楞伽师资记》，《大正藏》第 85 册，第 1287 页上。

三 道信"一行三昧"与神秀"渐悟"的关系

"一行三昧"是"东山法门"禅法思想中的重要概念,梵语为ekavyūha-samādhi,三昧音译三摩地。在佛教许多经典中都有对"一行三昧"的表述。

《大智度论》说:"一庄严三昧者,得是三昧,观诸法皆一,或一切法有相故一,或一切法无故一,或一切法空故一,如是等无量皆一。以一相智慧,庄严是三昧,故言一庄严。生行三昧者,行名观,得是三昧,能观种种行相、入相、住相、出相。又是行皆空,亦不可见。一行三昧者,是三昧常一行,毕竟空相应三昧中,更无余行次第。"① 按照《大智度论》的解释,"一"就是"一相智慧","行"就是"观",修行者用定心观诸法,无论有相、无相还是空都是一样的,并没有差别,法界平等无碍。

《三藏法数》把"一行三昧"界定为"真如三昧",用观想真如之理的方法,进行禅定。"一行三昧者,惟专一行,修习正定也。谓修行之人,应处空闲,舍诸乱意,系心实理,想念一佛,专称名字,随佛方所,端身正向,能于一佛念念相续而不懈怠,于一念中,即能得见十方诸佛,获大辩才也。"②

《大乘起信论》说:"依如是三昧故,则知法界一相。谓一切诸佛法身与众生身平等无二,即名一行三昧。当知真如是三昧根本,若人修行,渐渐能生无量三昧。"③ 上述所谈到的一行三昧,都是理一行三昧,说明法界平等无差别的道理,而这又成为佛与众生平等的依据。

"一行三昧"是念佛法门,和净土思想紧密相关。在北宗神秀和南宗慧能那里都有类似于"净土的思想",只不过在表述上有所不同,而净土思想的法门就是念佛法门。"无所念者,是名念佛"在道信那里,禅、净便结合到了一起。道信通过"一行三昧"概念的表述,把念佛思想阐发了出来。

---

① 《大智度论》卷47,《大正藏》第25册,第401页中。
② 《三藏法数》,《大藏经补编》第22册,第556页下。
③ 《大乘起信论》,《大正藏》第32册,第582页中。

说我此法，要依《楞伽经》，"诸佛心第一"。又依《文殊说般若经》，"一行三昧"，即念佛心是佛，妄念是凡夫。《文殊说般若经》云：文殊师利言，世尊，云何名一行三昧？佛：法界一相，系缘法界是名一行三昧。如法界缘不退不坏，不思议无碍无相。善男子、善女人欲入一行三昧，应处空闲，舍诸乱意，不取相貌，系心一佛，专称名字，随佛方便所，端身正向，能于一佛念念相续，即是念中。能见过去未来现在诸佛。何以故？念一佛功德无量无边，亦与无量诸佛功德无二。不思议佛法等分别，皆乘一如，成最正觉。悉具无量功德，无量辩才，如是入一行三昧者，尽知恒沙诸佛法界无差别相，夫身心方寸，举足下足，常在道场，施为举动，皆是菩提。①

　　从道信的叙述来看，"一行三昧"的思想主要来自《文殊说般若经》，而在弘忍、神秀那里，这个概念也被提起，可见"一行三昧"在"东山法门"中，乃至禅宗无论南北都是一个很重要的思想。《文殊说般若经》将"一行三昧"分为"理一行三昧"和"事一行三昧"。"佛言：'法界一相，系缘法界，是名一行三昧。'"②"入一行三昧者，尽知恒沙诸佛法界无差别相。"③这是理一行三昧，说明法界一相，诸法无有差别。

　　《文殊说般若经》说："善男子、善女人，欲入一行三昧，应处空闲，舍诸乱意，不取相貌，系心一佛，专称名字。随佛方所，端身正向，能于一佛念念相续，即是念中，能见过去、未来、现在诸佛。"④此为事一行三昧，其中详细介绍了念佛的方法，修行者念佛之前先找一处空闲的地方，面向佛的方向端坐正身，念念相续不间断。道信说："依《文殊说般若经》'一行三昧'。即念佛心是佛，妄念是凡夫。"念佛时，不能起妄念，方能起到效果。

　　事一行三昧是，从现实心—念佛—观想佛。理一行三昧是，从观想

①　《楞伽师资记》，《大正藏》第85册，第1286页下—1287页上。
②　《文殊师利所说摩诃般若波罗蜜经》，《大正藏》第8册，第731页上。
③　《文殊师利所说摩诃般若波罗蜜经》，《大正藏》第8册，第731页中。
④　《文殊师利所说摩诃般若波罗蜜经》，《大正藏》第8册，第731页中。

佛—观法界实相—真如。

《文殊说般若经》又详细介绍了念佛的种种益处。

> 念一佛功德无量无边，亦与无量诸佛功德无二，不思议佛法等无分别，皆乘一如，成最正觉，悉具无量功德、无量辩才。如是入一行三昧者，尽知恒沙诸佛、法界，无差别相。阿难所闻佛法，得念总持，辩才智慧于声闻中虽为最胜，犹住量数，则有限碍。若得一行三昧，诸经法门，一一分别，皆悉了知，决定无碍。昼夜常说，智慧辩才终不断绝。若比阿难多闻辩才，百千等分不及其一。菩萨摩诃萨应作是念：我当云何逮得一行三昧不可思议功德无量名称？佛言：菩萨摩诃萨当念一行三昧，常勤精进而不懈怠。如是次第渐渐修学，则能得入一行三昧，不可思议功德作证，除谤正法不信，恶业重罪障者，所不能入。①

这段文字说明了有关"一行三昧"的前提、过程和结果。"欲入一行三昧"的前提，"当先闻般若波罗蜜"，"应处空闲，舍诸乱意"。"得入一行三昧"的过程，"常勤精进而不懈怠，如是次第渐渐修学"。"若得一行三昧"的结果，"尽知恒沙诸佛、法界，无差别相"。"如是入一行三昧者"，"尽知恒沙诸佛、法界，无差别相"。

结合《文殊说般若经》对"一行三昧"的种种叙述，总结以下三点：其一，一行三昧是一个见道的境界。在一行三昧中，能够体知法界一相，无有差别。其二，入一行三昧前有一定的条件。首先要知道般若波罗蜜，依智慧得入；修定的环境要空旷；修行的方法是专称佛号。其三，一行三昧是一个渐修的法门。修行者应该努力精进，不能懈怠，这样才能入一行三昧。但是，对于凡夫来说，"入一行三昧"也并非一件易事，道信强调"念一佛功德无量无边，亦与无量诸佛功德无二"，由此而渐入，通过"念佛"的方式而"见道"。

在《文殊说般若经》中分"事一行三昧"和"理一行三昧"，这两者之间其实有着逻辑上的内在联系。理一行三昧其实是见道后的境界，

---

① 《文殊师利所说摩诃般若波罗蜜经》卷下，《大正藏》第 8 册，第 731 页上至中。

"法界一相，系缘法界"，"尽知恒沙诸佛法界无差别相"，如果没有见道，怎么能够知道法界一相无差别的境界呢？这明显是见道以后所用的词语，同神秀所提倡的"一念净心，顿超佛地"，在理路上是一致的。对于事一行三昧，经文说得很清楚，欲入一行三昧，应该一心念佛，念念相续，这样就能从事一行三昧入理一行三昧，而证得真如之理。从事到理体现了道信当中的渐修思想，"菩萨摩诃萨当念一行三昧，常勤精进而不懈怠。如是次第渐渐修学，则能得入一行三昧"，从念佛而见道。这种念佛见净土的法门，道信认为是对利根之人所说，不一定非要用西方来指称。"理一行三昧"是见道的说法，这在其他的禅宗著述中也有根据。宗密把这种"理一行三昧"就称为如来禅，"若顿悟自心本来清净，元无烦恼，无漏智性本自具足，此心即佛，毕竟无异。依此而修者是最上乘禅，亦名如来清净禅，亦名一行三昧，亦名真如三昧，此是一切三昧根本。若能念念修习，自然渐得百千三昧。达摩门下辗转相传者，是此禅也"[1]。宗密认为只要修行者能够顿悟自心本来清净，也就是顿见真如之理，就是"此心即佛"，这种禅法称为"如来清净禅"，也叫"一行三昧""真如三昧"。见道在禅宗看来就是悟道，只不过有快慢之分，宗密认为"一行三昧"也是渐习而得，并认定达摩所传的禅法就是"如来清静禅""一行三昧"。

事一行三昧是，从现实心—念佛—观想佛—观法界实相，属于禅观。理一行三昧是，从观法界实相——真如，属于禅悟。

道信"禅净合一"的路子是在"事一行三昧"与"理一行三昧"结合上，我们认为道信所说的"事一行三昧"代表了净土宗，而"理一行三昧"代表了禅宗，这两者的结合便是"禅净合一"，也可称为"心土合一"，这时的境界就是见道的境界，性相不二。修行者如果还执迷于在心外追求净土，那就是事与理还有区分，尚未见道。如果从"理一行三昧"的角度来看，道信的净土思想就是"自性弥陀，唯心净土"。

　　即看此等心，即是如来真实法性之身，亦名正法，亦名佛性，

① （唐）宗密：《禅源诸诠集都序》，《大正藏》第 48 册，第 399 页中。

亦名诸法实性实际，亦名净土，亦名菩提金刚三昧本觉等，亦名涅槃界般若等。名虽无量，皆同一体，亦无能观所观之意，如是等心要令清净，常现在前，一切诸缘，不能干乱。何以故？一切诸事，皆是如来一法身故。①

通过念佛了悟实相的念佛方法称为"实相念佛"，通过念佛而见道。道信的"心土不二"思想是这样说的，"又曰：用向西方不？信曰：若知心本来不生不灭，究竟清净，即是净佛国土，更不须向西方。《华严经》云：无量劫，一念无量劫，须知一方无量方，无量方一方。佛为钝根众生，今向西方，不为利根人说也"②。这句话的含义是问修持者在念佛的时候是否要观想西方阿弥陀佛净土？道信说只要明见自己的本心本来清净，不生不灭，这就是佛国净土，不需要再另外找一个西方净土，这是对利根人而言的。可见，道信的净土思想实质是"心土不二"，净土就在自己的清净本心当中。

神秀的"心净则国土净"虽然引自《维摩诘经》中的话，但显然也受到道信"一行三昧"的影响。尽管"一行三昧"的思想出自《文殊说般若经》，但不可否认的是，在具有师承传统的禅宗中，老师所强调的重点显然会影响到后面的弟子，并以此观点，作为自己禅法的根要。

前面反复强调了"理一行三昧"概念，即是禅宗如何在念佛中见道，这样说来，对于"见道"在念佛上存在渐与顿的区别。道信那里实际已经包含着渐与顿的思想，道信的理路是：现实心—念佛—观想佛—观法界实相（悟空寂之理），对于利根之人，从现实心—观法界实相。这是一种见道以后，修道的过程，能达到无所念的境界其实是已经悟道了。同时也可以把这种思想理解为顿修法门，如果利根之人，能顿见佛道，即能达到"亦不念佛，亦不捉心，亦不看心，亦不计心，亦不思惟，亦不观行，亦不散乱，直任运"的境界。渐悟描述的是修持中的一个过程，而顿悟描述的则是一个点，直接跳过渐悟的过程，这种渐、悟之分，事、理一行三昧之分，充分地解释了道信对念佛中看似矛

---

① 《楞伽师资记》，《大正藏》第 85 册，第 1287 页上。
② 《楞伽师资记》，《大正藏》第 85 册，第 1287 页下。

盾的说法，念佛"系心一佛，专称名字"与"亦不念佛，亦不捉心"两种看似矛盾的说法，其实是所指不同而已。

> 云何能得悟解法相，心得明净？信曰：亦不念佛，亦不捉心，亦不看心，亦不计心，亦不思惟，亦不观行，亦不散乱，直任运，亦不令去，亦不令住，独一清净。究竟处心自明净，或可谛看，心即得明净，心如明镜。或可一年，心更明净。或可三五年，心更明净。或可因人为说，即悟解。或可永不须说得解。经道：众生心性，譬如宝珠没水，水浊珠隐，水清珠显。①

道信这段话里说明，见道之后，仍需渐修。那么此处的关键点在于"亦不念佛，亦不捉心，亦不看心……"这种方法是否已经见道？我的观点是已经见道，这是就"顿"而说的，对于未见性的人，是根本做不到"亦不捉心"这种境界，但后文又说，"或可一年，心更明净，或可三五年，心更明净"，这种说法明显是渐修的方法，不过在修持的过程中实际上分为"见道"与"修道"两个过程，此处说的是修道，讲的是一个保持"心性明净"的过程，"心即得明净，心如明镜，或可一年"这就要看修持者长时间的功夫了。

由此看出道信的"顿"是不彻底的，表现在三个方面：一是，顿有层次之分。"心即得明净，心如明镜，或可一年，心更明净，或可三五年，心更明净。"心的明净和修持工夫的时间有关。二是，顿是一个保持的过程。顿的更高层次建立在对顿的低层次的保持上，如果一开始就达到过"亦不捉心"这种境界，就根本谈不到悟解。三是，顿的基础就是"亦不捉心""直任运"，否则就根本谈不上"一年""两年"的修持。现实心—念佛—观想佛—悟空寂之理—心得明净。利根之人，从现实心—悟空寂之理。对于道信的心如何更深一步的理解呢？下面来看两段文献。

> 亦不念佛，亦不捉心，亦不看心，亦不计心，亦不思惟，亦不

---

① 《楞伽师资记》，《大正藏》第85册，第1287页中。

观行，亦不散乱，直任运。①

　　即看此等心是如来真实法性之身，亦名正法，亦名佛性，亦名诸法实性实际，亦名净土，亦名菩提金刚三昧本觉等，亦名涅槃界、般若等。②

　　道信"亦不捉心"与"即看此等心"这两个是什么关系？看起来说得很矛盾，经过分析，"亦不捉心"的心指的是妄念，"此等心"是念佛心。道信说："念佛心是佛，妄念是凡夫。"前面讲到，道信的"顿"其实是见道过程，但前提必须要顿"亦不捉心"方可，接着才能讲保持渐进的过程，这从侧面反映了修持者的念佛心是从现实层面开始的，从摆脱妄念逐级深入，返回到自己的清净本心"即看此等心"，即使"明见清净本心"之后，仍然有个保持的问题。

　　对于道信的"念佛法门"作一总结：1."系心一佛，专称名字"是见道前的过程，通过"事一行三昧"而进入"理一行三昧"。2."亦不念佛，亦不捉心"，是见道后的过程，但是见道后这个理不变，但"清净之心"有一个层次上的关系，这同"见理"的深浅相关，因此仍有"事修"。"问：临时作若为观行？信曰：真须任运。"③ 如果临时禅观怎么观行？道信说"直须任运"，这是以见性之心进行任运。3."见理"的基础即"亦不捉心""亦不思惟""直任运"，这种方法虽然称为基础但是没有层次之分的，无论"一年"或"五年"后"更明净"都是此方法，"更"的区别在于"清静本心"是否能完全显现。

　　道信的这种思想，为研究神秀禅法思想提供了很好的依据，解决了神秀"渐修悟道"之后的问题，"见性"并未意味着结束，而是接着修持，神秀见性是彻底的返本，"一念净心，顿超佛地"，最后的"顿"上比道信前进了一大步，不过此后的事修并未因此而终止。

四　道信"安心方便"与神秀"五方便"

　　对道信"安心方便"的吸收。神秀的具体禅法思想是采用"方便

　　① 《入道安心要方便法门》，收录于《楞伽师资记》，《大正藏》第 85 册，第 1287 页中。
　　② 《入道安心要方便法门》，收录于《楞伽师资记》，《大正藏》第 85 册，第 1287 页上。
　　③ 《楞伽师资记》，《大正藏》第 85 册，第 1287 页下。

通经"的方法，据韦处厚记载，"秦者曰秀，以方便显"①。

另有宗密对方便通经的渊源进行了详细的介绍，将神秀列为宗源，方便通经的主旨就是"拂尘看净"。

> 疏有拂尘看净，方便通经下，二叙列也。略叙七家：今初第一也，即五祖下。此宗秀大师为宗源，弟子普寂等大弘之。拂尘者，即彼本偈云："时时须拂拭，莫遣有尘埃"是也。意云，众生本有觉性，如镜有明性，烦恼覆之，如镜之尘，息灭妄念，念尽即本性圆明。如磨拂，尘尽镜明，即物无不极。此但是染净缘起之烟，未见妄念本无，一性本净。悟既未彻，修岂称真？修不称真，多劫何证？疏方便通经者，方便谓五方便也。②

"五方便"即"一、总彰佛体，亦名离念门；二、开智慧门，亦名不动门；三、显不思议门；四、明诸法正性门；五、了无异门"。这与道信"安心方便"有相似之处，神秀的"离念门""不动门"恰与道信的"知心体""知心用"相对应。

表2-2   神秀《五方便》与道信《入道安心要方便法门》比较

神秀《五方便》	道信《入道安心要方便法门》
"总彰佛体，亦名离念门"	"一者知心体，体性清净，体与佛同③
"开智慧门，亦名不动门"	"知心用，用生法宝，起作恒寂，万法皆如"④
"显不思议门"	"于一尘中具无量世界，无量世界集一毛端，于其本事如故，不相妨碍"⑤
"明诸法正性门"	
"了无异门"	"于一尘中具无量世界，无量世界集一毛端，于其本事如故，不相妨碍"

① （唐）韦处厚：《兴福寺内道场供奉大德大义禅师碑铭》，《全唐文》卷715。
② （唐）宗密：《圆觉经大疏释义钞》卷3，《卍续藏经》第9册，第532页下—533页上。
③ 《楞伽师资记》，《大正藏》第85册，第1288页上。
④ 《楞伽师资记》，《大正藏》第85册，第1288页上。
⑤ 《楞伽师资记》，《大正藏》第85册，第1287页上。

印顺就认为神秀《五方便》来源于道信的《入道安心要方便法门》，他在《中国禅宗史》中指出，"从《入道安心要方便》来看，可知五方便是神秀从道信的《安心方便》而脱化出来的"①。印顺判断的依据是，从次序的排列上，以及后面对《华严经》的引用上都有相同之处。

五　弘忍生平

弘忍与神秀师徒之间关系密切。"遇五祖忍师以坐禅为务，乃叹伏曰：此真吾师也。誓心苦节，以樵汲自役，而求其道，忍默识之深加器重，谓之曰：吾度人多矣，至于悟解，无及汝者。"②"我与神秀论《楞伽经》玄理通快，必多利益。"③据《宋高僧传》记载，弘忍俗姓周，家在淮左浔阳，湖北黄梅人。弘忍小的时候，因机缘为道信禅师所见，认为弘忍非凡童，告知父母，让他以后出家。弘忍七岁时，便跟随四祖道信出家，三十岁的时候，剃度为僧，终年七十四岁，代宗赐谥号大满禅师。

> 释弘忍，姓周氏，家寓淮左浔阳。一云黄梅人也……时东山信禅师邂逅至焉。问之曰：何姓名乎？对问朗畅区别有归，理逐言分，声随响答，信师熟视之，叹曰：此非凡童也……具告所亲喻之出家……时年七岁也。至双峰，习乎僧业不惮艰辛，夜则敛容而坐，恬澹自居，泊受形俱，戒检精厉。信每以顿渐之旨，日省月试之，忍闻言察理，触事忘情，痖（哑）正受尘，渴方饮水如也。信知其可教，悉以其道授之。复命建浮图，功毕，密付法衣，以为质要……入其趣者，号"东山法门"欤。以高宗上元二年十月二十三日告灭，报龄七十有四……代宗勒谥大满禅师。④

据文献记载，弘忍在道信门下的时候，非常用功辛劳，白天劳作，

①　印顺：《中国禅宗史》，江西人民出版社 1999 年版，第 118 页。
②　《景德传灯录》，《大正藏》第 51 册，第 231 页中。
③　《楞伽师资记》，《大正藏》第 85 册，第 1289 页下。
④　（宋）赞宁：《宋高僧传》，《大正藏》第 50 册，第 754 页上至中。

晚上静坐习禅。道信经常拿"顿渐"思想检验，弘忍察理触事，深得道信的信赖，将法衣传给弘忍，当时称弘忍这一派称为"东山法门"。同道信相似的是，对于弘忍亦有神迹的描述，"忍肉身堕泪，如血珠焉，僧徒不测，乃李氏国亡之应也"。此处的神迹带有儒家的君臣思想，政治的意味更浓一些。

六　弘忍"自心"与神秀"净心"

论述弘忍禅法思想的著作，主要有《最上乘论》，其禅法的思想特色在于"守心"，守的这个心就是"自心"，弘忍认为自心本来清净，不生不灭，没有分别。

> 身心本来清净，不生不灭，无有分别。自性圆满清净之心，此是本师，乃胜念十方诸佛。问曰：何知自心本来清净？答曰：《十地经》云："众生身中有金刚佛性，犹如日轮，体明圆满，广大无边，只为五阴黑云之所覆，如瓶内灯光不能照辉，譬如世间云雾八方俱起，天下阴闇（暗）。"日岂烂，也何故无光，光元不坏，只为云雾所覆，一切众生清净之心亦复如是，只为攀缘妄念、烦恼诸见黑云所覆，但能凝然守心，妄念不生，涅槃法自然显现，故知自心本来清净。①

神秀的禅法思想同样有引用《十地经》中的话。

> 《十地经》云："众生身中有金刚佛性，犹如日轮，体明圆满，广大无边；只为五阴重云所覆，如瓶内灯光，不能显现。"又《涅槃经》云："一切众生悉有佛性，无明覆故，不得解脱。"②

神秀在引用《十地经》之前，说了这样一段话：

---

① （唐）弘忍：《最上乘论》，《大正藏》第 48 册，第 377 页上至中。
② 《达摩大师破相论》，《卍续藏经》第 63 册，第 8 页下。

净心恒乐，善因染体，常思恶业，若不受所染，则称之为圣，遂能远离诸苦，证涅槃乐。若堕染心造业，受其缠覆，则名之为凡，沈（沉）沦三界，受种种苦。何以故？由彼染心，障真如体。①

神秀的净心实际上就是佛性，本来清净，同弘忍所提的自心是一个含义，当然，神秀的禅法思想也有自心的提法，不过跟弘忍的自心完全是两个概念。

在《楞伽师资记》中还发现了一处引用《十地经》的话，"若有一人，不因坐禅而成佛者，无有是处。《十地经》云：'众生身中有金刚佛，犹如日轮，体明圆满，庆大无边，只为五荫重云覆障，众生不见。'"② 此处是对慧可的介绍，通过比对，发现慧可这时强调的坐禅为务，对于心并没有进行细致的区分，提到心的词语时，用过一个"心源"，"若了心源清净，一切愿足，一切行满，一切皆辨，不受后有"。③

上述表明在禅法的传承过程中，即使所依据的经典相同，但各个禅师都有自己所强调的重点，而这直接导致了彼此间禅法的差异，当"一行三昧"在禅法中起到重要的作用时，逻辑上必然要把人性与佛性相结合起来的必要，这样对心性的区分会更为详细，乃至从神秀到慧能关于心性的范畴更多，直接推动了禅宗的发展。

七 弘忍"我所心灭"与神秀"六根清净"

自达摩传法以来，禅法在修持的形态上呈现出一种变化的趋势，从道信的"一行三昧"到"守心"，神秀的"观心"，形式上的简便易行，使禅法的受众范围扩大，禅法逐渐成为普利三根（利、中、钝）的法门。这种范围影响的扩大对于当时的统治者来说有着重要意义，所以神秀的禅法演变为官禅，有其必然性。弘忍的禅法在形式上体现出一个"守"字，通常的理解是已经有了才称为守，当然自性清净心本身

---

① 《达摩大师破相论》，《卍续藏经》第 63 册，第 8 页下。
② 《楞伽师资记》，《大正藏》第 85 册，第 1285 页下。
③ 《楞伽师资记》，《大正藏》第 85 册，第 1285 页下。

就是本有的，应该可守，但不过被无明所覆，既然能够守心，那么守的同时，就是"即守即见"，照了心源似乎就有见道的意味，但说得并不明显。

> 依《观无量寿经》，端坐正念，闭目合口，心前平视，随意近远，作一日想守真心，念念莫住，即善调气息，莫使乍麁乍细，则令人成病苦。夜坐禅时，或见一切善恶境界，或入青、黄、赤、白等诸三昧，或见身出大光明，或见如来身相，或见种种变化，但知摄心莫着，并皆是空，妄想而见也。经云：十方国土皆如虚空，三界虚幻唯是一心作，若不得定，不见一切境界者，亦不须怪，但于行、住、坐、卧中，常了然守本真心，会是妄念不生，我所心灭，一切万法不出自心。①

这段文字中具有动词的词语有，"端坐"，"依《观无量寿经》，端坐正念，闭目合口"。"平视"，"心前平视，随意近远"。"守真心"，"念念莫住，即善调气息。""努力"，"努力勤求本心，勿令妄漏"。形容词、名词有，皆是"空"，"但知摄心莫着，并皆是空，妄想而见也"。"十方国土皆如虚空，三界虚幻，唯是一心作。""我所"心灭，"若了此心源者，一切心义自现，一切愿具足一切行满一切，皆办不受后有。会是妄念不生，我所心灭。""譬如虚空能容万物，而此虚空不自念言，我能含容如是。此喻我所心灭，趣金刚三昧。"自见"佛性"，"若能自识本心，念念磨炼莫住者，即自见佛性也。"

弘忍的理路是，从至诚心—断除妄念—照了心源—显现佛性。在弘忍的心性思想当中，也出现了描述心性的词语。自心、本心、真心与佛性同义，具有形上的意义，至诚心、无记心、漏心都是现实之心。自心，佛性。本心，佛性，"若能自识本心，念念磨炼莫住者，即自见佛性也"。真心，"内炼真心"。至诚心，"不肯发至诚心，求愿成佛，受无量自在快乐"。无记心，"诸摄心人为缘外境，麁心小息，内炼真心，心未清净时，于行、住、坐、卧中，恒惩意看心。犹未能了了清净，独

---

① （唐）弘忍：《最上乘论》，《大正藏》第48册，第378页上至中。

照心源，是名无记心也"。漏心，"是名无记心也，亦是漏心"。

从弘忍对禅法思想和心性思想的描述，看出守心是渐进的过程，如果从道信所倡导的"一行三昧"以"直任运"还有顿悟的思想外，在弘忍的《最上乘论》中，则看不到这一点，那么对于弘忍来说，"照了心源""显现佛性"的标准是什么？"我所心灭。""我所分别，谓若事有漏有取，长时数习我所执所聚，由数习邪执自见处事，为缘所起虚妄分别。"① 我所是我所有的简称，众生执着于我所有，其虚妄分别。"我所心灭"和神秀的"六根清净"本质上并没有区别。神秀说："以六根清净，不染六尘，即是度烦恼河，至菩提岸。"② 如果从六根的角度来看，我所的产生在于六根与外境成六识，起种种分别，所以我所心灭和六根清净是相通的。

八　道信、弘忍与神秀在禅法上的共同点

道信、弘忍开创了东山法门，为日后禅宗的发展打下了基础。除了道信、弘忍有各自的禅法特色外，他们的禅法与神秀禅法思想还有许多的共同点，而这些共同点是组成其禅法思想的重要理论依据。

1. 自性清净心。道信、弘忍与神秀都是如来藏自性清净心。道信所说的佛心，就是如来藏清净心。"一者，知心体，体性清净，体与佛同。"③ 弘忍认为："修道之本体须识，当身心本来清净，不生不灭，无有分别。自性圆满，清净之心……妄念不生，涅槃法自然显现，故知自心本来清净。"④ 神秀说："净心体犹如明镜，从无始以来，虽现万象，不曾染着。"⑤

2. 观空。在小乘禅法思想中就有观空的禅法，称为"空无边处解脱"。"以何加行修空无边处定？由何加行入空无边处定？谓初业者，先应思惟墙上、树上、崖上、舍上等诸虚空相，取此相已假想胜解，观察照了无边空相，以先思惟无边空相而修加行，辗转引起初无色定，故

---

① 《显扬圣教论》卷16，《大正藏》第31册，第558页中。
② 《达摩大师破相论》，《卍续藏经》第63册，第9页下。
③ 《楞伽师资记》，《大正藏》第85册，第1288上。
④ （唐）弘忍：《最上乘论》，《大正藏》第48册，第377页上。
⑤ ［日］铃木大拙：《禅思想史研究》第3卷，东京：岩波书店2000年版，第232页。

说此名空无边处。"① 小乘禅法这种观空的理路是：观有形物虚空相—观无边无际的空间—心住于虚空—泯灭外物差别。这种观空仅是无色界的初定，通过观空泯灭外物的差别。而禅宗的观空是以大乘智慧观照下的观空，观空的法门实际上是渐修的过程，这种观法不是一蹴而就的，而是需要长期的修持方行，对于根器不是很好的人，用此观法。

道信观空的方法是守一不移者，"当知如来说法，以空寂为本，常念六根空寂，恒如中夜时昼日所见闻，皆是身外事。身中常空净，守一不移者，以此净眼，住意看一物，无问昼夜时，专精常不动，其心欲驰散，急手还摄来，以绳系鸟足。欲飞还掣取，终日看不已，泯然心自定"②。从这段话来看，道信对所观的对象并没有特别的要求，任意一物就行，问题的关键在于能否专心致志，守一不移，让心自然安定。弘忍说：

> 尔坐时，平面端身正坐，宽放身心，尽空际远看一字，自有次第。若初心人攀缘多，且向心中看一字，证后坐时，状若旷野泽中，迥处独一高山，山上露地坐，四顾远看，无有边畔，坐时满世界，宽放身心，住佛境界，清净法身，无有边畔。③

神秀也提到了观空的思想，"凡所有相，皆是虚妄，看心若净，名净心地，莫卷缩身心，舒展身心，放旷远看，平等尽虚空看。和问言：见何物？子云：一物不见。和：看净细细看，即用净心眼，无边无涯除远看。和言：问无障碍看。和问见何物？答：一物不见。和向前远看，向后远看，四维上下一时平等看，尽虚空看，长用净心眼看"④。

从道信、弘忍，再到神秀，能够看出东山法门一系对于观想极为重视，观想这种禅观和"一行三昧"密不可分，如果这样说来，神秀的禅法中的禅观应是借用了净土的方法，在净土宗的相关文献中，也找到了类似的论述。

---

① 《大毗婆沙论》卷84，《大正藏》第27册，第432页下。
② 《楞伽师资记》，《大正藏》第85册，第1288页中。
③ 《楞伽师资记》，《大正藏》第85册，第1289页下—1290页上。
④ 《大乘无生方便门》，《大正藏》第85册，第1273页下。

弘忍说："夜坐禅时，或见一切善恶境界，或入青、黄、赤、白等诸三昧，或见身出大光明，或见如来身相，或见种种变化，但知摄心莫着，并皆是空，妄想而见也。"

善导说："其利根者，一坐即见明相现前。当境现时，或如钱大，或如镜面大，于此明上，即自见业障轻重之相，一者黑障，犹如黑云障日；二者黄障，又如黄云障日；三者白障，如似白云障日，此日犹云障故，不得朗然显照。"①

善导强调了在观想中，心念不动的重要性，心若动念则净境消失。如果遇到这种情况，善导教了一个方法，自念原因，这可认为是一种心理学上"自我暗示"的方法，在这里的"自我暗示"显然是一种积极的方法，令修持者坚定自己的信心。"当见此时，好须摄心令定，不得上心贪取。若起贪心，心水即动，以心动，故净境即失。或动、或闇、或黑，或青、黄、赤、白等色，不得安定。见此事时，即自念言：'此等境相摇动不安者，由我贪心动念，致使净境动灭。'即自安心正念，还从本起，动相即除，静心还现。"② 道信、弘忍、神秀一系的"观空"同净土宗的观想之间的关系是非常值得进一步的深入研究。

3. 渐修。道信的渐修思想体现在"一行三昧"上。"佛言：菩萨摩诃萨当念一行三昧，常勤精进而不懈怠。如是次第渐渐修学，则能得入一行三昧。"而弘忍的渐修思想亦来自《楞伽经》，弘忍说："既体知众生佛性本来清净，如云底日，但了然守真心，妄念云尽，慧日即现……譬如磨镜，尘尽自然见性……妄念不生，我所心灭。"弘忍也有"磨镜"之说，在关于禅宗早期的文献《楞伽师资记》对宋朝求那跋陀罗三藏的介绍中亦有"磨镜"之说，"亦如磨铜镜，镜面上尘落尽，镜自明净"③。铜镜用来比喻佛性，尘垢比喻妄念烦恼，修持如同磨镜，可见渐修的思想在禅宗早期是主流。神秀的渐修思想来源于《楞伽经》。"身是菩提树，心如明镜台。时时勤拂拭，勿使惹尘埃。"④

---

① （唐）善导：《观无量寿佛经疏》卷3，《大正藏》第37册，第262页上。
② （唐）善导：《观无量寿佛经疏》卷中，《大正藏》第37册，第262页中。
③ 《楞伽师资记》，《大正藏》第85册，第1284页中。
④ 《六祖大师法宝坛经》，《大正藏》第48册，第348页中。

4. 环境。修持者对环境的选择同观空的禅法是相联系对应的。道信说："欲入一行三昧，应处空闲，舍诸乱意，不取相貌，系心一佛，专称名字。"弘忍说："大厦之材，本出幽谷，不向人间有也。以远离人故，不被刀斧损斫。——长成大物后，乃堪为栋梁之用。故知栖神幽谷，远避嚣尘，养性山中。长辞俗事，目前无物，心自安宁。从此道树花开，禅林果出也。"① 弘忍在这里以幽谷中的大树为比喻，只要远离俗事，自然得到禅果。神秀说："放旷远看，平等尽虚空看。和问言：见何物？子云：一物不见。和：看净细细看，即用净心眼，无边无涯除远看。"② 无论神秀还是弘忍都强调环境对禅修的影响性。为什么道信、弘忍、神秀对环境有如此的要求呢？其原因就在于他们的禅法思想和"一行三昧"相关，而"一行三昧"所要求的环境就是空闲。"一行三昧者，出《文殊所说摩诃般若经》，梵语三昧，华言调直定。又云：正定一行三昧者，惟专一行修习正定也。谓修行之人，应处空间，舍诸乱意系心实理。"③

道信、弘忍与神秀的禅法在思想理论上有许多的共同点，有些是支撑他们禅法思想的理论根基，不可或缺，说明他们禅法思想是一脉相承的，这样对后面论述神秀禅法的思想时很有帮助，对于神秀的禅法思想中，描述简单，论述模糊的地方，在他们具有共同基础的前提上，能够补充。

① 《楞伽师资记》，《大正藏》第 85 册，第 1289 页中。
② 《大乘无生方便门》，《大正藏》第 85 册，第 1273 页下。
③ 《梵网经直解事义》下卷，《卍续藏经》第 38 册，第 882 页上。

第三章　神秀禅法思想之
自心缘起论

神秀的禅法思想为"三论""两重因果说"。"三论"为"自心缘起"论、"渐悟修持"论和"净心成佛"论。"两果"为两重因果，因地果（见性）和佛地果（成佛）。神秀以"三论"说明了禅法修持的第一重因果，返本净心的过程。

第一节　自心缘起论——一切诸法唯心所生

神秀的心性思想在禅宗北宗思想中占有很重要的地位，分析神秀的心性范畴，是理解其禅法思想的核心，在神秀的心性思想中有多个范畴的表述，如自心、净心、染心、觉性等，本节主要分析神秀禅法思想中的"自心缘起论"。

一　"缘起"的含义

缘起梵语为 pratītya-samut，巴利语 paticca-samuppā 的意译，佛教当中的缘起思想，从名称上看就是因缘生起，指的是事物待缘而起，事物就是有为法，缘指的是关系或者条件。在佛教中的理论依据是："此有故彼有，此生故彼生。谓缘无明有行，乃至生、老、病、死、忧、悲、恼、苦集。所谓此无故彼无，此灭故彼灭。谓无明灭则行灭，乃至生、老、病、死、忧、悲、恼、苦灭。"① "法不孤起，仗境方生。"② 因缘

---

① 《杂阿含经》卷 10，《大正藏》第 2 册，第 67 页上。
② 《五灯会元》卷 19，《卍续藏经》第 80 册，第 396 页下。

法就是此有故彼有，此生故彼生，此无故彼无，此灭故彼灭，众生因为无明而造业行，由此生六识，乃至生、老、病、死，都由因缘而生，只有断除无明，才不会再起业行，得到解脱。

缘起法有从因、从果两方面来论述的，从佛因位讲缘起是宇宙缘起法，从佛果位讲缘起是性起缘起法。"起"和"生"的含义相似，"缘起"从因的角度来讲，"缘生"从果的角度来讲。"诸支因分，说名缘起，由此为缘能起果故。诸支果分，说缘已生，由此皆从缘所生故。"[①]唯识对缘起的思想也有所表述，称为缘生，"云何缘生？谓诸行生起法性，是名缘起。即彼生己，说明缘生"[②]。

缘起如果用哲学上的术语解释就是发生论，不过神秀的发生论是从认识论的角度而说的，和通常哲学上所说的宇宙发生论是不一样的。发生论实际上分为许多种，如古希腊的宇宙发生论、文艺复兴后的机械自然论等，这些学说与佛教的缘起思想可谓大不相同。

$$\text{因缘} \rightarrow \begin{cases} \text{因：内因、主因，生果直接动力} \\ \text{缘：外因、助因，生果间接动力} \end{cases} \rightarrow \text{生果，果从因生} \rightarrow \begin{matrix} \text{起生} \\ \text{灭相} \\ \text{（相由} \\ \text{缘见）} \end{matrix}$$

缘起论是发生论的一种，是用一种法则来解释发生机制，如果用另一法则解释发生机制，那就是另一种发生论。缘起论的含义包括两个方面，缘起法则和缘生事相，缘生事相依赖于缘起法则，二者是不可分离的。缘起法则是一种因果法则，因果有相续因果（有为法）和相待因果（有为法、无为法）。

有为法生起法则，1. 直接生果。由因缘亲生自果。2. 间接生果。有等无间缘、所缘缘、增上缘。等无间缘是，从前一心、心所刹那→后一刹那（前予后的动力）而间接生果；所缘缘是，从心、心所——外界对象（称所缘缘）；增上缘，是因缘、等无间缘、所缘缘以外，现象发生的助因。

① 《阿毗达摩俱舍论》卷9，《大正藏》第29册，第49页下。
② 《瑜伽师地论》卷10，《大正藏》第30册，第325页下。

相续因果是有为法，因为因果相续而住，前后因果相续不断。有为法的产生是因为心识受外尘所染，遂起善恶业，招致果报，相续不断。"何名相续？谓因果性三世诸行。"① "言相续者，谓于异时因果不绝。"② 因果异时，种子生种子；因果同时，种子生现行，现行生种子。《大毗婆沙论》卷六十把相续分为五种，简单地说，和生命中有关的相续有中有、生有、时分相续，这是对欲界而言的，色界没有中有相续，无色界没有中有、无时分相续，差别的原因在于蕴的差异，这三种相续宗教意味更重一些。另外值得一提的是刹那相续，前一刹那生出后一刹那。佛教中关于缘起的理论有"业感缘起""性空缘起""阿赖耶缘起"、《大乘起信论》的"真如缘起"、《胜鬘经》的"如来藏缘起"等。缘起分类③有如下几种。

1. 业感缘起。烦恼→苦果→六道轮回→因果相续，小乘缘起观。2. 阿赖耶缘起。现行诸法（阿赖耶识之种子→现行→又熏种子）→烦恼恶业→苦果→三世因果辗转相续，大乘始教缘起观。3. 如来藏缘起（真如缘起）。如来藏（真如）→染缘所驱→生种种事物→六道生死轮回；如来藏（真如）→净缘所驱→四种圣人，大乘终教缘起观。4. 法界④缘起。一切法←→一法；一法←→一切法；一←→多、心←→境，圆融无碍，圆教缘起观。

二 "自心"的含义

神秀作为禅宗北宗的代表，思想上有独特之处，这使神秀所代表的北宗禅法思想与南宗慧能的禅法思想明显地区别开来，但无论是北宗还是南宗都可归结为"性"宗，可见心性思想是禅宗的核心思想。神秀的自心具有三种含义。

第一，自心具有缘起论的含义。自心缘起是有为法的相续因果，万有由自心而生。

---

① 《阿毗达摩俱舍论》卷4，《大正藏》第29册，第22页下。
② 《取因假设论》，《大正藏》第31册，第885页中。
③ 参照华严宗。
④ 《达摩大师破相论》，《大正藏》第63册，第8页下。法界指真如、实相等，即真如法性的本体为一法界。

心者万法之根本，一切诸法唯心所生；若能了心，则万法俱
备；犹如大树，所有枝条及诸花果，皆悉依根。栽树者，存根而始
生子；伐树者，去根而必死。若了心修道，则少力而易成；不了心
而修，费功而无益。故知一切善恶皆由自心。心外别求，终无
是处。①

　　一切善业由自心生，但能摄心，离诸邪念，三界六趣轮回之业
自然消灭，即为解脱。②

　　神秀所提到心指的就是自心。诸法与万法的含义是相同的，在梵语
中表示为 sarva-dharmāḥ，用现代的术语解释就是指存在、所有的现象。
《圆明论》中也提到"一切诸法皆是自心现"③，唐译《华严经》说，
"三界所有，唯是一心。如来于此分别演说十二有支，皆依一心，如是
而立。何以故？随事贪欲与心共生，心是识，事是行，于行迷惑是无
明"④，"心如工画师，画种种五阴。一切世界中，无法而不造"⑤。"诸
法唯心所生"即是说世上所有的现象都由自心所显现，这里的发生论
主要是认识论意义上的发生论。"所生"具有认识发生论上的含义，说
明自心和现象之间的一种因果关系，神秀用大树作比喻对自心进行了深
刻的描述，使我们更加明确了这一点，现象比喻为枝条、花果，自心比
喻为树根，"存根而始生子"，"生子"即点明了自心与现象的因果
关系。

　　神秀的自心缘起论是有为法，以缘起说明缘生，开显出"此有故彼
有，此生故彼生"，解释众生处于轮回的原因，但神秀又不单单仅指这
一点，文中又谈到"一切善恶皆由自心"，说明自心缘起论也是众生解
脱的依据，那么如何解脱呢？依缘起而开显寂灭，显示清净本心的如来
藏思想，以自心缘起的有为法开显出净心成佛的无为法。自心缘起—有

　　① 《达摩大师破相论》，《大正藏》第63册，第8页下。法界指真如、实相等，即真如法
性的本体为一法界。
　　② 《观心论》，《大正藏》第85册，第1271页上。
　　③ 《圆明论》1卷，《北图敦煌写经》（189），第5页。
　　④ （唐）实叉难陀译：《大方广佛华严经》卷37，《大正藏》第10册，第194页上。
　　⑤ （东晋）佛驮跋陀罗译：《大方广佛华严经》卷10，《大正藏》第9册，第465页下。

为法—现象界—流转—"此生故彼生","因有故果有"。净心成佛—无为法—本体界—寂灭—"此灭故彼灭","因无故果无"。从"自心缘起"到"净心成佛",通过"渐悟修持"。

缘起的应有之意实际上是要肯定众生现世的努力,和宿命论不同,另外缘起论和神定论也不同,否定绝对主宰的作用,对于这两者的排除,都和众生积极向上的努力相关。自心缘起是杂染的,说明现象界的原因,众生又如何能成佛呢?神秀继承的是如来藏心性本来清净的传统,所以还有圣道的因果法则,依此意而立,神秀的净心实际上有因位与果位的区分,自心起用的净心,实际上是处于因位,这是清净的因缘,没有此清净因缘,又何谈成佛呢?由清净的因位上的净心自然生起的是出世、处于果位净心的因果。

第二,自心具有二元论的含义。

> 菩萨摩诃萨,行深般若波罗蜜多时,了四大五阴本空无我;了见自心起用,有二种差别。云何为二?一者净心,二者染心。此二种心法,亦自然本来俱有;虽假缘合,互相因待。净心恒乐善因,染体常思恶业。若不受所染,则称之为圣。遂能远离诸苦,证涅槃乐。若堕染心,造业受其缠覆,则名之为凡,沉沦三界,受种种苦。①

这段话里包含着自心的体用思想,体是根本,用是根本的功能,自心起用的时候,分为净心和染心,可见自心是净心与染心的二元混合体。首先,净、染二心可作为终极根据。因为,二者自然本来俱有,不存在生因的问题;其次,二者分别是"圣""凡"的根据,成佛与否都归结到净、染二心上。这个二元论也可作为伦理上善、恶的根据。"故知一切善恶皆由自心。心外别求,终无是处。"② 对于善、恶佛教的解释有多种,这里的善是自性善,与净心相对应,恶能召感苦果,与染心相对应。佛教上有"善""恶""无性"三种,这里没有提到"无性",

---

① 《达摩大师破相论》,《大正藏》第63册,第8页下。
② 《达摩大师破相论》,《大正藏》第63册,第8页下。

善是与净心相应的一切思想行为，恶是与染心相应的一切思想行为。"一切善恶皆由自心"实际上是指一切善恶都由自净、染二心。善的原因在"净心"，恶的原因在"染心"。

神秀对贪、嗔、痴三毒有这样的描述，"无明之心虽有八万四千烦恼情欲，及恒沙众恶无量无边，取要言之，皆由三毒以为根本。其三毒者，即贪、嗔、痴也。此三毒心自能具足一切诸恶，犹如大树根，虽是一所生枝叶其数无量，彼三毒根中生诸恶业，百千万亿倍过于前不可为喻。如是心于本体中自为三毒。若应现六根，亦名六贼，其六贼者则名六识，出入诸根，贪着万境，能成恶业，损真如体，故名六贼。一切众生由此三毒及以六贼，惑乱身心，沉没生死"①。

佛教中的烦恼有五种，贪、嗔、痴、慢、疑，而神秀把贪嗔痴着重提出来，可见在缘起的含义中，三毒对于恶业果报是最主要的原因，在印度上座部佛教中，因字就指的是"贪、嗔、痴"三毒所引起的精神状态。染心与果报属于异时因果，"善因乐果、恶因苦果"，这属于人生论当中的因果报应。"是故善果从善因生，是故恶果从恶因生。"② 善恶之业，乐苦果报，异熟因与异熟果。福德，人天乐果，福因与福果。智慧，觉悟果报，智因与智果。从修道论上看，神秀的净心之因必会得佛果，无明则会得有为的生灭果。因、果同类，都是等流果。

最后，自心内含有终极价值的指向。佛教修持的目的就是在于成佛，那么自心仅仅作为"心者万法之根本"是不够的，理论上必须要有一个成佛的根据，这个根据就是净心，净心就是自心内含有终极价值的指向。"一念净心，顿超佛地。"③ 对于神秀来说最重要的目的是"明心见性"，净心是众生本来就具有的自性清净心，也就是真如。返本的"净心成佛"论，就是斩掉缘起的无明烦恼这个因果序列，因为"此无故彼无，此灭故彼灭"④，所以要时常"日日勤拂拭，莫使惹尘埃"。"一切有情入佛智，以性清净无别故；佛与众生性不异，凡夫见异圣

① 《观心论》，《大正藏》第 85 册，第 1270 页下。
② 《菩萨璎珞本业经》卷下，《大正藏》第 24 册，第 1019 页上。
③ 《大乘无生方便门》，《大正藏》第 85 册，第 1273 页下。
④ 《杂阿含经》卷 10，《大正藏》第 2 册，第 67 页上。

无差。"①

自心不能作为成佛根据。"心者万法之根本",那么自心是否具有终极根据（指以成佛为目的的价值取向及成佛的根据）的意味呢？派生万物的自心不具有终极的根据。这里的终极根据包括一种价值指向，禅宗具有很强的实践性，见性是其价值取向的目的，自心包括净、染二心，善、恶都由自心出，那么自心作为一个二元混合体是不可能作为成佛的根据的。另外，自心具有不定性。当自心起用（随缘）的时候，自心体就发生了分裂，成为净、染二心，成为圣、凡的根据也就落到了净、染二心上，自心的存在也就失去了价值上的意义，只具有发生论上的意义，和价值无关。

第二节 "自心缘起"不同于"真如缘起"

一 "真如缘起"的含义

"真如缘起"，其含义是真如不能够保持自己的本性，因为一念无明而产生万法。"真如"，梵语名为 bhūta-tathatā 或 tathatā，真是真实，如是如常。"真谓真实，显非虚妄；如谓如常，表无变易。谓此真实于一切位，常如其性，故曰真如，即是湛然不虚妄义。"② 真如的异名有，佛性，自性清净心，法身，法界，如来藏，法性，实相，圆成实性等。从小乘到大乘，真如概念是一个逐渐演变的过程，在不同经典有着不同的含义。小乘佛教：认为真如，缘起的真理。

大乘佛教：认为真如③，法空无我，不生不灭，本来如是之法性，如来法身。

---

① 《大乘理趣六波罗蜜多经》卷1，《大正藏》第8册，第868页上。
② 《成唯识论》卷9，《大正藏》第31册，第48页上。
③ 《佛地经论》卷7说："真如体非一、非多，分别言说，皆不能辩。由离一切虚妄颠倒，假名真如；能为一切善法所依，假名法界。离损减谤，假名实有；离增益谤，假名空无；分析推求诸法虚假，极至于此，更不可度，唯此是真，假名实际；是无分别最胜圣智所证境界，假名胜义。"（《佛地经论》卷七，《大正藏》，第26册，第323页上）"一切法真如……随相分多或说二种，谓生空无我、法空无我……或说三种，谓善、不善、无记……或说十种，谓于十地除十无明所显真如，即十法界。"（《佛地经论》卷7，《大正藏》，第26册，第322页下、323页上）。

地论学派：认为真如，阿赖耶识自体清净心。

摄论学派：认为真如，第九阿摩罗识，自性清净心。

华严宗：真如，万法↔真如。

天台宗：真如，在缠真如（有垢真如），出缠真如（无垢真如，自性真如）。

《楞严经》：真如，如来藏心，空如来藏、不空如来藏、空不空如来藏。《大乘起信论》：真如，不变真如，随缘真如。

说到"真如缘起"自然是《大乘起信论》中的"一心开二门"之说，《起信论》认为真如的体性不变，随缘而产生万法。如何随缘呢，是因为无明，真如忽然念起，与万法是不一不异的关系。但"真如缘起"的解释似乎并不能令人信服，真如不变义具有本体的性质，是恒常不变的，随缘义是因真如受无明所覆而起，这并没有把形下和形上的关系说清楚。我们认为本体论与发生论在《大乘起信论》是一种合一的思想，但在神秀的自心缘起就是和净心本体不合一的，这一点是"自心缘起"与"真如缘起"明显不同的地方。

《大乘起信论》的缘起架构　　　　神秀的"自心缘起"架构

$$
\text{真如}\begin{cases}\text{世俗谛　染心}\\ \text{胜义谛}\begin{cases}\text{空真如（如来藏）}\\ \text{不空真如（如来藏）}\end{cases}\end{cases}
\qquad
\text{自心}\begin{cases}\text{世俗谛　染心}\\ \text{胜义谛　净心}\end{cases}
$$

《大乘起信论》的缘起架构表明真如承担了两个根据，现象界产生的根据和众生成佛的根据，在胜义谛中，空真如和不空真如还是属于真如，而在神秀的自心缘起论中，胜义谛中的净心就和自心完全不同了，显然是两个不同的概念。在"真如缘起论"[①]中，现象界的产生原因在于无明，法藏在《大乘起信论义记》中，认为无明是因为心不明了真如平等之义，忽然念起而成，"以不达一法界故，心不相应，忽然念

_____

① 本书所谈的"真如缘起"是从世俗谛的角度分析的，这称为"因缘"。从"胜义谛"的角度分析也有"真如缘起"，是从"所缘缘""增上缘"的角度分析的，因为"胜义谛"的真如是无为法，依真如"所缘缘"生"根本无分别智"，依真如"增上缘"生"后得智"。

起，名为无明"①，"依真如故，而起无明为诸染因"②。真如与无明的关系是非一非异的，现象界产生的原因在于真如不守自性随缘而起。尽管如此，但真如之性不变。因此，真如具有两德"不变自性绝相"和"不守自性随缘"。

> 二真如（出《起信论疏》）：一、不变真如。谓真如之体，从本已来，毕竟平等，无有变易，不可破坏，体恒清净，无一异相，故名不变真如。二、随缘真如。谓真如之性，本无生灭，然因无明熏动，起一切相，如水因风，妄波忽动，若风止息，动相元无，故名随缘真如。③

在世俗谛中，因为真如"不守自性随缘"所以和无明妄识相和合而成阿赖耶识，阿赖耶识又有"觉"与"不觉"两义。"此识有二种义，能摄一切法，能生一切法。云何为二？一者觉义，二者不觉义。"④觉分为本觉与始觉，不觉分根本无明和枝末无明。枝末无明分为三细、六粗、九相，三细为无明业相、能见相、境界相。六粗为智相、相续相、执取相、计名字相、起业相、业系苦相。

真如缘起的理路：根本无明—真如本觉—三细相（无明业相、能见相、境界相）—阿赖耶识—六粗相—现象界。

《大乘起信论》说："三界虚伪，唯心所作，离心则无六尘境界。"⑤"当知世间一切境界，皆依众生无明妄心而得住持，是故一切法，如镜中像，无体可得，唯心虚妄。以心生则种种法生，心灭则种种法灭故。"⑥

---

① （唐）法藏：《大乘起信论义记》卷2，《大正藏》第44册，第267页上。
② （唐）实叉难陀译：《大乘起信论》卷上，《大正藏经》第32册，第586页下。
③ （明）一如编：《三藏法数》，《大藏经补编》第22册，蓝吉富主编，台北：华宇出版社1986年版，第19页上。
④ （梁）真谛译：《大乘起信论》，《大正藏》第32册，第576页中。
⑤ （梁）真谛译：《大乘起信论》，《大正藏》第32册，第577页中。
⑥ （梁）真谛译：《大乘起信论》，《大正藏》第32册，第577页中。

二 "自心缘起"与"真如缘起"在心性范畴上不同

神秀的自心缘起和《大乘起信论》的真如缘起还是有很明显的不同，其关键就在心性范畴上的不同，简单地说主要有两点。

第一，自心与"一心"不同。神秀的自心具有发生论的含义，不具有本体论的含义，《大乘起信论》的"一心"既具有本体论的含义，也具有发生论的含义。神秀的自心是发生论意义上的自心。"心者万法之根本，一切诸法唯心所生。"《大乘起信论》的"一心"是摩诃衍、大众心、如来藏。

> 摩诃衍者，总说有二种。云何为二？一者、法；二者、义。所言法者，谓众生心，是心则摄一切世间法、出世间法。依于此心，显示摩诃衍义。何以故？是心真如相，即示摩诃衍体故，是心生灭因缘相。能示摩诃衍自体相、用故。所言义者，则有三种。云何为三？一者、体大，谓一切法、真如、平等、不增减故；二者、相大，谓如来藏具足无量性功德故；三者、用大，能生一切世间、出世间善因果故。①

摩诃衍是大乘菩萨教法，据慧苑的《一切经音义》上说，"摩诃衍，具云摩诃衍那，言摩诃者此云大也，衍那者云乘也"②。摩诃是大，衍是乘，合称大乘。有法和义两层含义，以众生心来显示摩诃衍，心真如显示摩诃衍之体，以心生灭相显示摩诃衍的相用。义有三种，体、相、用。体指所有法的本质是一样的，真如平等不增不减；相指如来藏具足无量的功德；用指总摄世间与出出世间法。这里显然把大乘菩萨教法都归结到了众生心上。

> 依一心法，有二种门。云何为二？一者、心真如门，二者、心生灭门。是二种门，皆各总摄一切法。此义云何？以是二门不相离

---

① （梁）真谛译：《大乘起信论》，《大正藏》第32册，第575页下。
② （唐）慧苑：《一切经音义》卷21，《大正藏》第54册，第440页上。

故。心真如者，即是一法界大总相法门体。所谓心性不生不灭，一切诸法，唯依妄念而有差别。若离妄念，则无一切境界之相。是故，一切法从本已来，离言说相、离名字相、离心缘相，毕竟平等、无有变异、不可破坏；唯是一心，故名真如，以一切言说，假名无实，但随妄念，不可得故。言真如者，亦无有相。谓言说之极，因言遣言。此真如体，无有可遣，以一切法悉皆真故；亦无可立，以一切法皆同如故。当知一切法不可说、不可念故，名为真如。①

真如门与生灭门是一心的两个方面，体现的是体用关系，真如门是体，生灭门是用，属于"真如缘起论"，真如具有不变义（本体论）和随缘义（发生论）两个方面。一法界指的是唯一无二，绝对平等的真如理体，作为本体的真如超言绝相，不生不灭，不增不减。作为发生论义上的真如能生出一切世间、出世间的生住异灭的现象。可见，《大乘起信论》的"一心"与神秀的自心（发生论）是截然不同的。

第二，染心的来源不同。神秀的自心起用，产生"净""染"二心的差别，"净""染"再分别起用即成善恶，但净和染都是自然本来具有的，互不相生。《大乘起信论》的"染"是因为真如随缘不守自性，忽起无明所致，产生烦恼的根源是因为心动。

心生灭者。依如来藏故，有生灭心。所谓不生不灭与生灭和合，非一非异，名为阿黎耶识。②

以依阿黎耶识，说有无明，不觉而起，能见、能现、能取境界，起念相续，故说为意。此意复有五种名。云何为五？一者、名为业识，谓无明力，不觉心动故。二者、名为转识，依于动，心能见相故。三者、名为现识，所谓能现一切境界，犹如明镜现于色像；现识亦尔，随其五尘对至即现，无有前后，以一切时任运而起，常在前故。四者、名为智识，谓分别染、净法故。五者、名为

① （梁）真谛译：《大乘起信论》，《大正藏》第32册，第576页上。
② （梁）真谛译：《大乘起信论》，《大正藏》第32册，第576页中。

相续识，以念相应不断故，住持过去无量世等善恶之业，令不失故，复能成熟现在、未来苦乐等报，无差违故，能令现在已经之事，忽然而念，未来之事，不觉妄虑。①

依如来藏而有生灭心，不生不灭与生灭相和合为阿黎耶识。依阿黎耶识而有无明不觉，称为意，且分为五种，业识、转识、现识、智识、相续识。如来藏——生灭心，与不生不灭和合——阿黎耶识——无明不觉——意——五识。

> 依不觉，故生三种相，与彼不觉相应不离。云何为三？一者、无明业相。以依不觉，故心动，说名为业；觉则不动，动则有苦，果不离因故。二者、能见相。以依动，故能见；不动则无见。三者、境界相。以依能见，故境界妄现；离见则无境界。②

无明使不觉心动产生业识，业识是有情众生流转的根本识，一切妄念来自无明，那么这里又产生一个问题，就是无明是否有自性？

> 以一切心识之相，皆是无明，无明之相，不离觉性，非可坏、非不可坏。如大海水，因风波动，水相、风相不相舍离，而水非动性。若风止灭，动相则灭，湿性不坏故。如是众生自性清净心，因无明风动，心与无明俱无形相，不相舍离，而心非动性。若无明灭，相续则灭，智性不坏故。③

无明是依于觉性而存在的，无明之相不离觉性，这与神秀的染心自然本来具有是明显不同的。"一者净心，二者染心。此二种心法，亦自然本来俱有；虽假缘合，互相因待。"④从神秀的论述上看，无明与染心在存有的属性上是不同的。

可见，神秀自心思想对《大乘起信论》思想的吸收是从整体上对

---

①　（梁）真谛译：《大乘起信论》，《大正藏》第32册，第577页中。
②　（梁）真谛译：《大乘起信论》，《大正藏》第32册，第577页上。
③　（梁）真谛译：《大乘起信论》，《大正藏》第32册，第576页下。
④　《达摩大师破相论》，《卍续藏经》第63册，第8页下。

"一心二门"思想的把握，而不是简单的比附，不能把自心等同于"一心"，"净心"等同于真如门，"染心"等同于生灭门，或自心等同于阿黎耶识，这都是不准确的。整体的吸收指的是对"一心二门"逻辑思路的吸收，这种逻辑思路就是"一心二门"的二元结构，尤其是阿黎耶识思想的吸收，阿黎耶识也具有发生论的含义，显现所有的现象。但阿黎耶识的觉义和不觉义与自心起用所产生的心的两种差别净心和染心是不同的。净心和染心是自心所起产生的两个存在，而觉义和不觉义是阿黎耶识的两种义，实际上是阿黎耶识的两种状态。

> 名为阿黎耶识。此识有二种义，能摄一切法、生一切法。云何为二？一者、觉义。二者、不觉义。所言觉义者，谓心体离念。①

"阿黎耶识"与神秀的自心在二元结构上是类似的，正是因为这种类似的结构，"阿黎耶识"对神秀禅法思想的启发就使禅法的修持从"不觉"回归到"觉"，通过离念达到净心。

第三节 "自心缘起"类似于 "阿赖耶识缘起"

"自心缘起"类似于"阿赖耶识缘起"，本质上都属于"业感缘起"，所以不是"性空缘起"，也不是"法界缘起"。

一 "阿赖耶识缘起"的含义

根据《成唯识论》卷二，"阿赖耶识"具有三种性质：1. 能藏。阿赖耶识含藏有万法的种子。2. 所藏。阿赖耶识是七转识熏藏种子的场所，也就是转识的现行熏种子。3. 执藏。第八识被第七识末那识所执着为实我。佛教当中派别甚多，不同的派别对阿赖耶识的理解也各不相同。地论宗：据《十地经论》，阿赖耶识为"真常净识"，佛性如来藏。摄论宗：据《摄大乘论》，如来藏缘起，阿赖耶识是无常有漏法，

---

① （梁）真谛译：《大乘起信论》，《大正藏》第32册，第576页上。

烦恼根本，前八识为虚妄识，第九识阿摩罗识为真识。唯识宗：据
《成唯识论》，阿赖耶缘起。

表 3 - 1　　　　　　　　　　　　八识含义

六识	六根缘六尘		识（了别）	七转识
第七末那识	第六意识所依之根		意（思量）	
	常随四烦恼——我痴、我见、我爱、我慢			
	向内执取阿赖耶为我，向外认识境界为实法			
第八识阿赖耶	藏识	能藏　能含藏一切法的种子	心（集起）	根本识
		所藏　受第七识所熏习		
		执藏　受第七识所执取		
	无覆无记			
	种子现行时，善恶分明，业报相续			

　　阿赖耶识的含义在《中阿含经》当中已经有所体现，识与名色相
互依存，"谓因识便有名色，是谓知名色习如真。云何知名色灭如真？
谓识灭、名色便灭，是谓知名色灭如真。云何知名色灭道如真？谓八支
圣道，正见乃至正定为八，是谓知名色灭道如真"①。阿赖耶识缘起即
是唯识宗的观点，阿赖耶识缘起中的两重因果可称为"阿赖耶识缘起
的因果运动论"，种子与现行处在一种动态的关系当中。两重因果是因
果异时，种子生种子；因果同时，种子生现行，现行生种子，而种子就
包含在阿赖耶当中。阿赖耶识梵语 ālaya 的音译，含藏能生万有的种
子，所以阿赖耶识可以变现万有，宇宙万有最初生起时，只有阿赖耶
识，因此，此识也可以称为初刹那识。

　　佛教在缘起论上分为业感缘起和分别自性缘起。"诸法显现如是缘
起，于大乘中极细甚深。又若略说有二缘起：一者，分别自性缘起；二
者，分别爱非爱缘起。此中依止阿赖耶识，诸法生起，是名分别自性缘
起。以能分别种种自性为缘性故，复有十二支缘起，是名分别爱非爱缘
起。以于善趣、恶趣能分别爱非爱种种自体为缘性故。"② 我们从经文

---

① 《中阿含经》卷7，《大正藏》第1册，第463页下。
② 《摄大乘论本》卷上，《大正藏》第31册，第134页下。

中看出业感缘起强调的是爱非爱、十二支缘起序列，分别自性缘起强调的是阿赖耶识。如果从经验世界，现象世界来看，阿赖耶识缘起更符合自心缘起的内涵。实际上，阿赖耶识也属于业感缘起，只不过分析的角度不同，分别自性缘起强调的是阿赖耶识种子，末那识是因为执着阿赖耶识而成。"识者，因乐种种迹境界故，余趣相续。"① 外界的种种迹象，因识而起。

二 "自心缘起"与"阿赖耶识缘起"同属业感缘起

"自心"含义类似于"阿赖耶识"，本质上都属于业感缘起。自心是包含净染二心的混合状态，此时的净心佛性尚未出缠，并没有显现，显现的是具有染心的现象界的世界，而且类似于唯识当中的阿赖耶识缘起说。需要指明的是自心缘起是必然的，具有先天性的，其根本原因就因为烦恼染心所具有的先天性，我们知道小乘俱舍和大乘唯识在见惑和思惑的理解上是不同的，对于见惑的理解，唯识认为是先天的，由心分别起。对于思惑的理解，唯识宗认为是后天的，是俱生的，与生俱来的，这恰恰说明"自心缘起"所具有的先天性、必然性。如果说"自心缘起"类似于"阿赖耶识缘起"，实际上这种说法，也等于承认阿赖耶识具有染净的二重性，那么阿赖耶识是清净真识，还是杂染妄识，一直有争议。我们的倾向其依据主要是刘宋译《楞伽经》的思想。

神秀在"自心缘起"中没有谈到种子、现行的思想，不过也是业感缘起。阿赖耶识始终贯彻在缘起的因果当中，从因位到现行，再到果位都有不同，可以称此为"阿赖耶识缘起相位论"。根据《成唯识论述记》卷二末，阿赖耶识在现行位，属于自相，被第七识末那识所执着，执着于我，所以此自相称为"我爱执藏现行位"。阿赖耶识的相续执持位，属于阿赖耶识的因相（因指的是八识含藏色、心万法的种子），能够使五根相续不断，从而成就佛的果位。善、恶业果位，从八识的果相上讲，可以直通十地菩萨金刚心。

---

① 《楞伽阿跋多罗宝经》卷二，《大正藏》第16册，第495页下。

表 3 - 2　　　　　　　　　　阿赖耶识三相

阿赖耶识	自相	我爱执藏现行位	凡夫至七地以前之菩萨，二乘有学圣者
	因相	相续执持位	通至佛果
	果相	善、恶业果位	善业通十地菩萨金刚心，二乘无学圣者

　　神秀的"自心缘起"思想和阿赖耶识非常类似，宇宙万有的生起皆因自心，自心具有二元性，那么净、染二心就决定着成佛与否。净心（因位，在缠真如、如来藏）可以出缠，此为返本，染心决定着轮回受报。尽管神秀的"自心缘起"思想和阿赖耶识非常类似，但二者的区别实际上也是非常大的，禅宗的明心见性是南北宗所共的，只不过各自的方法有所不同。但都是走的先见道而后修道的路子，那么自心的果相只是相对于见性而言，并未真的成就佛果，这与竺道生的顿悟有很大不同。不过比照阿赖耶识自心也能分为三相，此三相从净心返本①而言，此为"心性本净，客尘所染"。参照阿赖耶识的三相，能够分出自心的三相：自相，净染二心和合位，凡夫。因相，净染二心分离位，通至悟，迷。果相，净染二心果报位，悟道、迷（指果）。

　　由此看来，阿赖耶识决定着凡夫转迷开悟。"阿赖耶识"的缘起观点与空宗的缘起观点是相对立的，中观讲"缘起"指的是缘起性空，但并不否定这种现象。②"如来说诸心，皆为非心，是名为心。所以者何？须菩提！过去心不可得，现在心不可得，未来心不可得。"③连心识也是空的，因此，空宗也不会承认唯识宗所提的第八识阿赖耶识。唯识宗讲"三性"，"遍计所执性""依他起性""圆成实性"。唯识宗否认"遍计所执性"，承认"依他起性"和"圆成实性"，"依他起性"中的因缘不空，"圆成实性"是佛的不可思议的境界，神秀和弘忍"言语道断，心行处灭"，就是唯识所讲的"圆成实性"，不过唯识认为在

---

　　①　"一在根据自性涅槃（即性寂），一在根据自性菩提（即性觉）。由前立论，乃重视所缘境界依；由后立论，乃重视因缘种子依。能所异位，功行全殊。一则革新，一则返本，故谓之相反也。"（吕澂、熊十力：《辩佛学根本问题——吕澂、熊十力往复函稿》，《中国哲学》第 11 辑，人民出版社 1984 年版，第 183 页）

　　②　《中观》认为这种现象是假的，"名假""受假""法假"。

　　③　《金刚般若波罗蜜经》，《大正藏》第 8 册，第 751 页中。

佛果位上才能达到的圆成实性，禅宗认为在因地佛上就可以达到。唯识宗做了一个很著名的比喻，黑暗中错把绳子当成蛇，这个错觉就是"遍计所执性"，绳子就是"依他起性"，称为"自相有"。唯识认为色法毕竟空，心法不能空，心法相续，阿赖耶识就好像瀑流，一刹那一刹那是有的。第七识，平等性智；第六识，妙观察智；前五识，成所作智。对于唯识来说，世俗谛就是遍计所执性，依他起性，胜义谛就是圆成实性。

"自心缘起"偏重于认识发生论，在宇宙生成论的含义上不如"阿赖耶识缘起"，含藏宇宙万有。如果从结构的精致性上看，"自心"远不及"阿赖耶识"的结构复杂，实际上"自心"所具有的含义"阿赖耶识"同样具有。

自心与《大乘起信论》中的阿黎耶识还是有所区别的。《大乘起信论》中的阿黎耶识属真如的随缘义，变现万法，阿黎耶识不是独缘，是被统一到一心之中，而神秀的自心起用，产生净、染二心，自心并没有统一到什么当中，这怎么能和阿黎耶识一样呢？结构相似，但不是相等。

神秀的"自心缘起"类似于"阿赖耶识缘起"，但并不能说等同，绝对地把"自心缘起"等同于"真如缘起"和"阿赖耶识缘起"都是片面的。从本体论上来说，神秀的心性思想"净心成佛"之"净心"同于"真如""自性清净本心"，但不能称为"净心缘起"。从发生论上来说，神秀的心性思想"自心缘起"又同于"阿赖耶识缘起"，但不能称"阿赖耶识"为本体。所以，"自心缘起"是介于"真如缘起"和"阿赖耶识缘起"的一种缘起思想，完全能单列出来，代表神秀禅法思想中的缘起特色。

第四章　神秀禅法思想之渐悟修持论

第一节　"渐悟修持"论——从"不觉"到"究竟觉"

"渐悟修持"论在神秀禅法思想中具有着十分重要的地位，有着非常深的佛教理论渊源。论述神秀的"渐悟修持"论思想从两方面入手，一方面即从哲学上分析①，渐悟修持论何以可能，通过康德现象界与本体界的说明把渐与顿打通，把经验之我（用佛教讲在缠本觉）到超验之我（出缠本觉）打通，神秀禅法思想之所以认为现象界与本体界能够打通，其根本原因在于本觉；另一方面从渊源上分析渐悟修持论中的顿渐思想，并与天台宗分证成佛思想比较。

神秀的渐悟修持思想主要来自梁译《大乘起信论》。在梁译《大乘起信论》中，觉分为不觉、始觉、究竟觉、本觉，这里面其实反映了神秀禅法修持的过程，从佛理上讲本觉、始觉、究竟觉都是一样的。神秀禅法思想分为"自心缘起"论，"渐悟修持"论，"净心成佛"论。"自心缘起"论论述的是人的经验层面如何受染的原因，自心本身是无善无恶的，但自心起用后就分为净、染二心，说明了人的心性本染的一种必然性。因此，经验的层面是必然的，而"净心成佛"论说明了人的超验的一面，这里面就产生了问题，就是经验到超验的过程是如何实现的，那么"渐悟修持"论恰恰说明的就是这问题，此方面内容参见第八章。

---

① 关于从康德哲学角度对神秀"渐悟修持"思想的分析，在第八章有专述，这里只作简要概括。

要谈到神秀的渐悟修持论必须谈到《大乘起信论》，但这还远远不够，应该再追本溯源。神秀禅法的渐悟修持论，恰恰体现了其禅法的渐修特点。对于神秀、慧能的禅法思想常概括为"南顿北渐"，我们时常引用慧能与神秀的那两首偈子，但究竟不清楚顿和渐的关键区分在什么地方。我们认为关键点就在觉性的分证与全证上，如何理解分证觉性还要从印度时期的部派佛教分析。在这里需要说明的是，渐悟修持论在未见道之前始终是属于见道的范围，见性以后才是修道的过程。所以，我们认为把神秀的禅法修持论归结为两重因果修持论，第一重因果是返本，"净心成佛"就是果，也可称为"因地成佛"，这个过程属于见道。第二重因果是事修，见道以后，仍然接着进行修持。那么神秀的"净心成佛"与天台宗"分证成佛"① 是什么关系，对于理解禅宗的"见性"很有帮助，我们拟对此详细分析。

一 渐悟修持论的顿渐观渊源：部派佛教②的"顿、渐观"

神秀禅法的渐悟修持始终是在见道上说的，所谓顿、渐的区别也只是见道的早晚而已。见道早在部派佛教大众部，一切有部就有这样的思想。小乘在修持也是走的先见道——见四谛理，在修持——修四禅八定的过程。神秀的渐修中"渐"的含义就体现在见道上恰恰就是觉性一分一分不断提高的过程。如果想追本溯源就应该先了解部派佛教对见道顿、渐的理解。部派佛教的一切有部，所主张的"见道渐现观"，把见

---

① 按照佛教的理论是如此，但在神秀的《观心论》当中，提到唯有观心一法，可解脱轮回，似乎已成就果位，我们应该对神秀北宗所证果位做如下的理解，有的人认为禅宗的成佛属于凡夫位，理由为天台宗智者提出"理即佛"，这种说法是有误的，"理即佛"的含义是众生皆有佛性，"理即者，谓众生本具佛性之理，与如来无二无别。故《涅槃》云：一切众生皆是佛，是为理即佛也。"（《弥陀经疏钞演义》卷2，《大正藏》第22册，第732页中）那么禅宗的"悟而成佛"是什么呢？"悟而成佛"对于神秀来说是"见道成佛"，也就是《大乘起信论》当中的究竟觉。由此可见对于判定禅宗为凡夫位的人，要么没有把握"理即佛"的含义与禅宗"见道"等同，要么不理解禅宗"悟"的含义，即是见道（神秀的禅法思想为"三论""两重因果说"）。对于不同根性的人，即使修同一法门，也有很大的差别，根性好的人，见道、修道也可瞬时完成，而有的人见道长修道长，见道长修道短，这都是不重要的，重要的是，神秀打破了以往三大阿僧祇劫的说法，认为唯有观心即可成就佛果，这样就把观心和此生紧密的联系了起来，更具有现实的意味。

② 这里的部派佛教着重以大众部和一切有部为研究对象。

道的过程分为十五心，也仅仅是十五个刹那而已，时间也很快。可见顿渐的区分绝非时间上的长短区分，还和阶次相关。渐与顿的含义实则包含两方面：1. 渐与顿都属于见道。2. 渐、顿的区分在阶次上。

"见道顿现观"认为见道是顿现的。这里的"道"与大乘不同，指的是"四谛"理，大众部是见"灭谛"得道，而化地部是见"苦谛"得道，化地部观点为"其化地部本宗同义，谓过去、未来是无，现在无为是有。于四圣谛一时现观，见苦谛时，能见诸谛要已见者能如是见。化地部于四圣谛一时现观，此是见道"①可见，不同派别侧重点有所不同。"以一刹那现观边智，遍知四谛诸相差别"②，一刹那之间，便能遍观四谛之理。诸相指的是四谛的十六行相（无常、苦、空、无我、因、集、生、缘、灭、静、妙、离、道、如、行、出）。顿现四谛之理，除了大众部外，还有化地等部。见道即见"空"得道，此状态为涅槃空寂，空就是灭。顿现四谛的修持理路是，从生灭缘起—观无常、苦、无我—正性离生—真见灭谛，刹那顿了四谛。

大众部顿现观四谛的为两类智，无间道智（忍）和解脱道智（智），分为四心，即法忍、法智、类忍、类智，以观三界四谛的不同而得已区分。大乘见道的观智分为现观智和现观边智，对应于大乘的真见道与相见道。

> 若见无为法，寂离生灭，四义一时成，异此无为寂静，是名苦谛。由除此故无为法寂静，是名集谛。无为法即是灭谛，能观此寂静及见无为，即是道谛。以是义故，四相虽别得一时观，后更思量故不广说。《持散偈》曰：相思择过失，火日灯船譬。苦相脱门故，一时观四谛。③
>
> 我说一时见四谛，一时离，一时除，一时得，一时修故。④
>
> 唯无相三摩地能入正性离生，如达摩鞠多部说，彼说以无相三

---

① 《异部宗轮论疏述记》，《卍续藏经》第53册，第587页中。
② 《异部宗轮论》，《大正藏》第49册，第15页下。
③ 《四谛论》卷1，《大正藏》第32册，第378页上。
④ 《四谛论》卷1，《大正藏》第32册，第379页上。

摩地，于涅槃起寂静作意入正性离生。①

"见道渐现观"观点认为悟是渐进的过程。见道所断的惑为见惑，修道所断的惑为修惑，渐指的就是断一分惑，证一分理，得一分智。一切有部在见道时所依靠的是两种智慧，无间道智和解脱道智，无间道智用来断见惑，解脱道智用来证四谛之理。有部所观的对象是十六心，即八忍八智，忍是无间道智，智是解脱道智，前十五心为见道。

欲界：苦谛，苦法智忍、苦法智。集谛，集法智忍、集法智。灭谛，灭法智忍、灭法智。道谛，道法智忍、道法智。

色界、无色界：苦谛，苦类智忍、苦类智。集谛，集类智忍、集类智。灭谛，灭类智忍、灭类智。道谛，道类智忍、道类智。

有部的见道就是明四谛理，生无漏慧。《大毗婆沙论》谈到："金刚喻定现在时，一切烦恼一时断故。为遮彼执显必渐断，四沙门果渐次得故。"②"须达长者往诣佛所，稽首佛足，于一面坐，白佛言：世尊，此四圣谛为渐次无间等，为一顿无间等？佛告长者：此四圣谛渐次无间，非顿无间等。"③有部在修道的过程中，步骤是这样的：准备位—见道位—修道位—无学道位。准备位包括三贤位和四善根位，五停心观位、别相念住位、总相念住位。准备进入见道是四善根位，三贤外凡四善根凡，合称七方便。有部的见道就是观四谛理，其过程如下：观欲界苦谛—生无漏法忍智、后生法智—观色界、无色界苦—生类忍智、类智—现观四谛，成十六种心。

忍和智都是所得的智慧，那么区别在什么地方呢？忍是信忍四谛之理，起断惑的作用，忍位是无间道，智是证四谛理的智慧，智位为解脱道位。四谛所观的内容就是十六行相：苦谛观非常、苦、空、非我；集谛观集、因、生、缘；灭谛观灭、静、妙、离；道谛观道、如、行、出等十六行相。

四谛各有法智和类智，法智和类智又各分忍和智，所以共计十六种

---

① 《阿毗达摩大毗婆沙论》卷185，《大正藏》第27册，第927页下。
② 《大毗婆沙论》卷145，《大正藏》第27册，第742页上。
③ 《杂阿含经》卷16，《大正藏》第2册，第112页下。

心，即八忍八智。"忍有八种，谓苦、集、灭、道法智忍，及苦、集、灭、道类智忍。此八是能引定智胜慧；忍可苦等四圣谛理，故名为忍。"① 前十五心属于见道，在果位上是预流向，第十六心为修道，即使是前十五心的见道也并非十分漫长的过程，而是十五个刹那就完成了，而修道却是十分漫长的过程。

> 见道是猛利道，暂现在前，一时能断九品烦恼。修道是不猛利道，数数修习久时，方断九品烦恼。如利、钝二刀同截一物，利者顿断，钝者渐断，暂见断者，名见所断。数修断者，名修所断。②

大乘的修道与小乘不同。"前见道者，唯在初地初入地心。今此修道，除初入地心。出相见道已住，出地心，乃至第十地终金刚无间道来，并名修道。"③

大众部与一切有部在"见道顿渐观"上不同。四谛顿现观是见灭谛得道，四谛渐现观是见四谛得道。印顺在《印度佛教思想史》中指出了"一念见谛"与"次第见谛"的区别。

表 4 - 1　　　　　　　　　　　　见道顿渐观

见道顿现观（一念见谛）	涅槃智见道	四谛一时现观④	大众部、分别说部	俱解脱罗汉
见道渐现观（次第见谛）	法住智见道	四谛分别生智，分别悟入⑤	说一切有部、犊子系	慧解脱罗汉

"彼先知法住，后知涅槃。彼诸善男子，独一静处，专精思惟，不

----

① 《入阿毗达摩论》卷下，《大正藏》第 28 册，第 985 页下。
② 《阿毗达摩大毗婆沙论》卷 51，《大正藏》第 27 册，第 267 页上。
③ 《成唯识论述记》卷 10，《大正藏》第 43 册，第 573 页中。
④ 化地部也有顿现思想，"其化地部本宗同义。谓过去、未来是无现在，无为是有，于四圣谛一时现观。见苦谛时，能见诸谛"（《异部宗轮论》，《大正藏》第 49 册，第 16 页下）。
⑤ 说一切有部为"十五心见道"，"若已得入正性离生，十五心顷说名行向，第十六心说名住果"（《异部宗轮论》，《大正藏》第 49 册，第 16 页中）。

放逸住，离于我见，不起诸漏，心善解脱。"① 法住智在前，涅槃智在后。

值得一提的是，大小乘在见道上有着果位上的界定。对于小乘来说，见道就是预流向，见道具有初生起的无漏智慧。预流向与预留果是不同的，预流向是见道位，而预留果是修道位，不过预流向是预流果之因。

二　神秀的渐悟修持即是"返本"

神秀对《大乘起信论》思想在修持上最根本的吸收，是将人由不觉的状态引向觉悟的状态，所谓的觉实际上就是智慧，一种脱离了烦恼的智慧，是一种般若智，无漏智。强调主体能动性的一面，说明了一种人人都具有的一种能力。觉性对于本体与现象，超验与经验的连接，恰恰在于觉性的特性，既属于有为法也属于无为法，因此才能够把有为与无为相互打通起来。神秀的渐悟最根本的体现《起信论》中的随分觉上，天台宗的分证成佛的思想上，不过这些都是从智慧的角度上来讲的。

天台宗所称分证即和《大乘起信论》所说的随分觉本质上是一样的，都是指初地以上的菩萨按照次第进行修行，断除一分烦恼，证悟一分中道。分证即佛是渐次破除四十一品无明，经由十住、十行、十回向、十地、等觉位，分破无明，分证中道。究竟即佛是共断除了四十二品元始无明，得究竟圆满觉智，证入妙觉佛位。天台宗所说的"六佛"区分的标准就在于智（悟）和情（迷），依程度的深浅而有所分别，但在体性上都是一样的，彼此互即。"身是菩提树，心如明镜台。时时勤拂拭，勿使惹尘埃。"② 这首偈的另一层含义是：1. 拂尘一次次的拂拭，说明见性，见道的次第性、分证性。2. 拂拭干净后，"勿使"说明在果位上处于见道，还未真正成佛，有退转的可能，接着事修，需要保持住这个净心，时常觉照。3. 拂拭，说明已有尘埃，本觉处于在缠状态，这是先验的，与生俱来的，"明镜照物"的功能因尘埃而不能显发。

① 《杂阿含经》卷14，《大正藏》第2册，第97页中。
② 《六祖大师法宝坛经》，《大正藏》第48册，第348页中。

从智慧的角度来看，随着证悟阶次的提高，人性与佛性的距离也就越近，现象与本体也在逐渐合一。在神秀禅法思想中，"自心缘起"论、"净心成佛"论分别代表了康德所指称的现象界和本体界，那么渐悟修持论所产生的依据就在于，康德所认为的本体与现象是不合一的，即本体论与发生论不合一。既然如此，那么渐悟修持论的产生自然成为逻辑上的必然。在康德那里对现象界也就是人类的认识世界确立了先天范畴，这些现象落入了时间与空间的序列当中，对于佛教来说，这些现象都为有为法，以有"生、住、异、灭"来判断。在禅宗那里，对本体的理解就是佛性、真如、如来藏清净心，而因为众生皆能成佛，只需"明心见性"，"一念净心，顿超佛地"即可。在佛教哲学中，对本体的理解就发生了变化，本体自然就不是康德所说的可以思维但却不能认识的存在。如果对于佛教来说，康德所说的对本体的思维是完全不同的，他认为本体可以作为一个概念去思考，但你却不能认识，而禅宗则认为可以认识。从某种意义上说，禅宗通过改变人的认识思维——觉性来达到与本体合一，因此本体论与认识发生论就有了连接的可能，中观的般若智慧就说明了这一点，所谓"性相不二""真空妙有""诸法实相"皆是主观认识的改变，而用哲学来说的实存或佛教所称作的有为法并没有发生什么变化。觉性变成了从现象界（认识发生论）到本体论的结合有了逻辑上的必然，本体本身也就具有了思维性的属性，例如当真如、实相涅槃和智慧结合到一起之时，修持论也就转向了心性论，因此"渐悟修持论"就具有了重大意义。龙树菩萨说："涅槃与世间，无有少分别。世间与涅槃，亦无少分别。"[1] "受诸因缘故，轮转生死中。不受诸因缘，是名为涅槃。"[2] 涅槃与世间说明了本体与现象没有区别，但这只有具有了中道实相的智慧之时，才能够所达到的境界。

　　这时神秀的渐悟修持论就发生了作用，起到了沟通现象界与本体界的作用。禅宗认为人人都能成佛，只不过自心本觉被无明所覆而已。因此通过渐悟修持，即从现象的角度来说，从不觉到始觉再到本觉，自然就是从发生论转向本体论的过程。换句话说，是渐悟修持打通了本体界

---

① 《中论》，《大正藏》第30册，第36页上。
② 《中论》，《大正藏》第30册，第35页中。

与现象界，起到了沟通桥梁的作用。我们常常讲神秀的禅法思想是渐修法门，实际上神秀也有顿悟的思想，那么如何理解呢？神秀的渐、顿思想都是从见道（与小乘不同）来说的，那么渐的过程实际上就是从现象界逐步向本体界（佛教立场上的说的）接近的过程。当渐修到达本体时，即称为"顿"。可见"顿"专指本体来说的，渐就事相来说的，到达顿悟时，本体现象界就都不存在了，即为相即。这就是哲学上的意义。下面我们具体分析本体论与发生论不合一的问题。

前面提到过"自心缘起"论、"净心成佛"论，体现出神秀禅法思想中本体论与发生论不合一。本体论与发生论的关系有两种情况：一种是本体论与发生论合一，如《大乘起信论》讲一心二门，指的是真如具有不变和随缘两义，实际上讲的就是真如的体是不变，真如的用是随缘，这就是真如缘起论的说法。真如一心开二门，心真如门和生灭门，作为本体意义的真如是一切法之所依，作为本体的真如不能理解为实体，真如指的是具有诸法共相的理性，也可说成是空性，在大乘佛教中诸法实相的含义就是缘起性空，既无人我也无法我，作为本体论意义上的真如门是无为法。作为发生论意义上的真如是一切法之因。生灭门中的阿黎耶识随缘起用，在这里是有为法，阿黎耶识是一切现象发生之因，作为无为法的真如门不能作为有为法之因，所以阿黎耶识就成了有为法之因。无论真如还是阿黎耶识都统一于一心，这就是本体论和发生论合而为一。

在神秀的心性思想中，本体论与发生论就是不合一的，作为本体意义上的净心是众生成佛的内在根据。作为发生意义上的自心，是产生善、恶分别之因，正因为自心起用，才产生了众生的净、染二法，依净法而成佛，依染法而陷入轮回。自心作为一切法的根本是一切法的生因，是万法生起的直接原因，只具有缘起的意义，没有成佛的意义，作为本体应该具有终极价值、终极根据这一特性，显然自心不具有这个特性。在神秀那里充当成佛根据的是净心，是众生成佛的根本原因，净心的性质显然与自心是不相同的，二者显然也不像《大乘起信论》把真如门和生灭门统一于一心，成"一心开二门"之说，神秀也没有过这样的说法，他借鉴了《大乘起信论》的思想，但没有照搬。既然不是这样，在神秀那里就出现了本体论与发生论不合一的情况。实际上，我们认为这也就是神秀的心性论思想与《大乘起信论》的一个重要区别。

还需注意的是如何理解佛教的本体，在佛教中国化的过程中，从僧肇的真空到竺道生的妙有，走着一条从外在的理到内在的心性的一条路线，这直接影响到后来禅宗的心性发展。印顺指出了般若思想与《楞伽经》思想的结合是道信禅法的一大特点，把般若空性与佛心妙有相结合，是禅宗心性论的特点，这与从僧肇的真空到竺道生的妙有有着异曲同工之妙。这里还有另外理解的问题，即需要把禅宗思想中的本体看成动态的过程，从渐修角度来看，本体代表佛性，认识本体就是通过渐修，人性逐渐接近佛性的过程，表现出来就是一种智慧。

神秀所说的净心一方面具有返本的意义，"一念净心，顿超佛地"。达到这个状态即是佛，但并非代表真正的成佛，属于见道；另一方面，净心先验为染心所缚，自心起用产生的净心并非果位，这又出现了矛盾，既然如此，凭什么又说净心是本体呢？净心其实就是一个动态的发展过程，"净心恒乐善因，染体长思恶业"。正因为净心的这种特性，众生才能不断地渐修，通过"离念净心"的修持过程，成就佛道。这个动态过程所体现出来的就是觉性，到究竟觉时就和净心一样了。神秀的动态修持过程就是通过自心、净心、觉性，分别从发生论、成佛论、修持论三个方面相贯穿的过程，即主体心识在修持的过程中不断发生流变，觉性不断提高，逐渐接近佛性的过程，因为成佛是可修、可证、可悟的，这与西方哲学把超验与经验纯粹二元对立是完全不同的。

神秀的渐悟不带表圆证佛果，而只是"智慧"上的不断变化，相当于其他宗派在阶位上断除烦恼的智慧，智慧的判定标准和所断烦恼相关，而神秀又没有具体说明在修行次第阶位上烦恼如何断。不过从远离染心来看，神秀是从见性说的，习气仍需见性后断除，这与唯识等其他宗派的渐悟是有很大的区别。

第二节　渐悟修持论理论探源：梁译《大乘起信论》的"觉性"思想

一　"自心缘起"到"净心成佛"的中介："渐悟修持"

神秀的心性思想除了对刘宋译《楞伽经》中藏识、真如某些心性思想借鉴外，还对《大乘起信论》的觉性思想进行了吸收。

吕澂认为《大乘起信论》的染净二分思想来自魏译《楞伽经》。刘宋译《楞伽经》认为如来藏和藏识是一样的，而魏译《楞伽经》区分了如来藏和藏识，提出了染净二分的思想。"《起信》以一心二门立宗，视真如与如来藏为一，其说本于魏译《楞伽》……《楞伽》（刘宋译）以阿赖耶解如来藏……经文（刘宋译《楞伽》）处处云如来藏名藏识……魏译《楞伽》于此正义独持异见，凡经文合说如来藏阿赖耶之处，皆强析为二……魏译则改之云，如来藏识不在阿黎耶识中，七识有生灭，如来藏识无生灭。"①

尽管《大乘起信论》提出了染净二分的思想，但这是建立在本体论与发生论相合一的思想上，统一于一心，而神秀的禅法思想中本体论与发生论不同，即自心与净心不同。虽然如此，能够肯定的一点是无论《大乘起信论》还是神秀的修持思想，都是回复本心的过程。在《大乘起信论》中回复的本心就是真如，"一切法从本已来，离言说相，离名字相，离心缘相，毕竟平等，无有变异，不可破坏，唯是一心，故名真如，以一切言说假名无实，但随妄念不可得故"②。如来藏、真如、自性清净心都指的是同一含义。因此，在修持方法上，神秀借鉴了《大乘起信论》中的渐悟修持思想，并融入自己的禅法当中。

《大乘起信论》论述发生论时，认为起作用的是阿黎耶识，但并不独立，依赖于如来藏，这与神秀的"自心"范畴是有所区别的。"心生灭者，依如来藏，故有生灭心。所谓'不生不灭'与'生灭'和合，非一非异，名为阿黎耶识。"③

　　　　心生灭者，依如来藏，故有生灭心，所谓不生不灭与生灭和合，非一非异，名为阿黎耶识。此识有二种义，能摄一切法、生一切法。云何为二？一者、觉义。二者、不觉义。所言觉义者，谓心体离念。离念相者，等虚空界无所不遍。法界一相，即是如来平等

----

① 吕澂：《吕澂佛学论著选集》卷1，齐鲁书社1991年版，第294—296页。
② 梁译《大乘起信论》，《大正藏》第32册，第576页上。
③ 梁译《大乘起信论》，《大正藏》第32册，第576页中。

法身。①

《大乘起信论》中的心性范畴：真如，分为心真如门（本体论）和心生灭门（发生论），心真如门有如实空与如实不空。心生灭门有觉与不觉。

神秀禅法思想中的心性范畴：自心（发生论）和净心（本体论）（返本），自心（发生论），自心中有净心（因位，以觉为根），染心（贪、嗔、痴为根）。

其中觉又分为"因熏习镜"和"缘熏习镜"，不觉就是妄念。"因熏习镜"指真如觉体熏习众生内心成佛的正因，如同在缠真如。"缘熏习镜"指出缠真如作为外缘，众生因此得以修行善根。神秀的染心以贪嗔痴为根，生出六贼、六识。《起信论》中觉具有因熏习镜和缘熏习镜两种性质，既是众生成佛之所依，又是众生成佛之所用，这样就把本体界与现象界沟通了起来，觉的根本属性就是无念。神秀借鉴《大乘起信论》的觉性思想，使修持从发生论走向了本体论。

《大乘起信论》中所论述的觉是个动态变化，从本觉→不觉→始觉→究竟觉→本觉，由于无明心动忽然念起所以不觉。神秀说："一切众生悉有佛性，无明覆故，不得解脱。佛性者即觉性也，但自觉觉他，觉知明了，则名解脱。故知一切诸善，以觉为根，因其觉根，遂能显现诸功德树。涅槃之果德，因此而成，如是观心，可名为了。"② 觉是成佛的根本，觉不是寂静不动的，具有显现功德的作用，觉具有智的含义。

表4-2　梁译《大乘起信论》与《大乘无生方便门》的文献比对

觉性	《大乘起信论》	《大乘无生方便门》
本觉	"所言觉义者，谓心体离念。离念相者，等虚空界无所不遍。法界一相，即是如来平等法身，依此法身说名本觉。"③	"佛是西国梵语，此地往翻名为觉。所言觉者为心体离念。离念相者，等虚空界无所不遍。法界一相，即是如来平等法身，于此法身说名本觉。"④

①　梁译《大乘起信论》，《大正藏》第32册，第576页中。
②　《达摩大师破相论》，《卍续藏经》第63册，第9页上。
③　梁译《大乘起信论》，《大正藏》第32册，第576页中。
④　《大乘无生方便门》，《大正藏》第85册，第1273页下。

续表

觉性	《大乘起信论》	《大乘无生方便门》
始（初）觉	"本觉义者，对始觉义说，以始觉者即同本觉。始觉义者，依本觉，故而有不觉。依不觉，故说有始觉。"①	"觉心初起，心无初相，远离微细念。"②
究竟觉	"又以觉心源，故名究竟觉。"③ "如菩萨地尽，满足方便一念相应，觉心初起，心无初相，以远离微细念，故得见心性，心即常住，名究竟觉。"④	"性常住，名究竟觉。"⑤

《大乘起信论》还提到不觉、随分觉、相似觉的概念。不觉："不觉心源，故非究竟觉。此义云何？如凡夫人觉知前念起恶故，能止后念，令其不起，虽复名觉，即是不觉故。"⑥ 相似觉："如二乘观智、初发意菩萨等，觉于念异，念无异相，以舍麁分别执着相故，名相似觉。"⑦ 随分觉："如法身菩萨等，觉于念住，念无住相，以离分别麁念相故，名随分觉。"

神秀在《大乘无生方便门》中，还对自觉、觉他、觉行圆满进行了解释。自觉："不缘五根。"⑧ 觉他："不缘五尘。"觉行圆满："心色俱离。"

从上面的对照看出神秀《五方便》的思想中借鉴了《大乘起信论》中的觉性思想。前面已经提道，《起信论》中的本体论与发生论是合一的，而在神秀北宗禅法思想上，发生论与本体论不合一。在源头上不同，神秀另立了自心概念，所以在神秀是发生论向本体论转变的过程。

---

① 梁译《大乘起信论》，《大正藏》第32册，第576页中。
② 《大乘无生方便门》，《大正藏》第85册，第1273页下。
③ 梁译《大乘起信论》，《大正藏》第32册，第576页中。
④ 梁译《大乘起信论》，《大正藏》第32册，第576页中。
⑤ 《大乘无生方便门》，《大正藏》第85册，第1273页下。
⑥ 梁译《大乘起信论》，《大正藏》第32册，第576页中。
⑦ 梁译《大乘起信论》，《大正藏》第32册，第576页中。
⑧ 《大乘无生方便门》，《大正藏》第85册，第1274页上。

神秀的禅法思想归结为三个核心范畴，缘起论的"自心"范畴，成佛论的"净心"范畴，和修持论的"觉性"范畴，从缘起论转向本体论的时候，觉性起了至关重要的作用，把现象界与本体界联系了起来。

那么这一过程是如何实现的呢？"觉"体现了一种能动作用，修持就是从不觉到觉的过程。不觉就是染心、无明，"所言不觉义者，谓不如实知真如法一故，不觉心起，而有其念"①。本觉是隐含、未显现的觉性。觉性也被包含到真如当中，体现的是佛智，同时觉性也在生灭门、现实的心中存在，这样觉性把形上的真如和形下的染心沟通了起来。因此，在理论上，觉性就起了从发生论到本体论转化的过程。《大乘起信论》中觉悟的过程是：本觉—始觉—相似觉—随分觉—究竟觉，"言意识者，即此相续识，依诸几（凡）夫取著转深，计我、我所，种种妄执，随事攀援，分别六尘，名为意识，亦名分离识，又复说名分别事识。此识依见爱烦恼增长义故"②。

本觉，即如来法身，相当于镜本有照物功能，犹如金存于矿中。③始觉，即因果现象，相当于通过拂尘使镜照物功能显发，犹如冶炼金矿，让金显现。不觉是无始无明，相当于镜受尘所覆不能照物，犹如金在矿中不能够显现。

意识有六粗相"即智相、相续相、执取相、计名字、起业相和业系苦相"，相似觉是二乘、初发意菩萨破意识所"执取相""计名字"而得，随分觉是法身菩萨所破意识之"智相"而得，究竟觉是破阿赖耶识"无明业相"而得。

在神秀的心性思想中最重要的是净心思想，净心实则区分为因位上的净心（在缠真如）和果位上的净心（出缠真如），两者性质相同，但相不同，用有所显隐。性质相同的纽带就是觉性，代表果位上的净心，就是神秀提到的法身佛。"为因中修戒、定、慧，破得身中无明重迭厚

---

① 《大乘起信论》，《大正藏》第 32 册，第 576 页下。
② 《大乘起信论》，《大正藏》第 32 册，第 577 页中。
③ "如来藏九喻：1. 莲花萎佛现；2. 驱蜂而蜜现；3. 除糠食现；4. 秽除真金现；5. 贫家掘宝现；6. 种子成树王；7. 裹除宝像现；8. 贫女怀轮王胎；9. 破铸模则金像现。"（《大方广如来藏经》，《大正藏》第 16 册，第 461—465 页）

障，成就智慧大光明，是法身佛。"① 《大乘起信论》也有"是大方便智，除灭无明、见本法身"②"唯真如智，名为法身"③ 的说法，破除无明就是法身佛、见性成佛，神秀所说法身佛的含义就是这两句的结合。法身佛通过报身佛而显现，"知六根本不动，觉性顿圆，光明遍照，是报身佛"④。对照《大乘起信论》，"心性离见，即是遍照法界义故。若心有动，非真识知，无有自性，非常、非乐、非我、非净，热恼衰变，则不自在，乃至具有过恒沙等妄染之义。对此义故，心性无动，则有过恒沙等诸净功德相义示现"⑤。六根不动，也就是心性离见，若能达此境界，则有无量功德示现，光明遍照。

最终的落脚点还是在觉性上，"法界一相，即是如来平等法身，于此法身说名本觉，觉心初起，心无初相，远离微细念。"⑥ 这里面真如的觉照之义，来自《大乘起信论》的真如思想，"真如自体相者，一切凡夫、声闻、缘觉、菩萨、诸佛，无有增减，非前际生、非后际灭，毕竟常恒。从本已来，性自满足一切功德，所谓自体有大智慧光明义故，遍照法界义故，真实识知义故，自性清净心义故，常、乐、我、净义故，清凉不变自在义故。具足如是过于恒沙不离、不断、不异、不思议佛法，乃至满足无有所少义故，名为如来藏，亦名如来法身"⑦。真如、如来藏、法身，具有大智慧光明义，遍照法界。

返本属于神秀两重因果修持论当中的第一重。"返本"（禅宗称为"见性""悟道"），即"所谓觉者为'身心离念'，离念是道，身心离念、返照熟看，得入佛道"⑧。在其他佛教的经典当中也有类似的表达，只不过没有用哲学语言描述而已。《佛性论》中将佛性分为住"自性性""引出性""至得性"三种，实际上就是按佛性的修持次第而言的，

① 《大乘无生方便门》，《大正藏》第 85 册，第 1274 页中。
② 梁译《大乘起信论》，《大正藏》第 32 册，第 579 页中。
③ 梁译《大乘起信论》，《大正藏》第 32 册，第 581 页上。
④ 《大乘无生方便门》，《大正藏》第 85 册，第 1274 页中。
⑤ 梁译《大乘起信论》，《大正藏》第 32 册，第 579 页中。
⑥ 《大乘无生方便门》，《大正藏》第 85 册，第 1273 页下。
⑦ 梁译《大乘起信论》，《大正藏》第 32 册，第 579 页上。
⑧ 《大乘五方便》（北宗），《禅宗全书》第 36 册，蓝吉富主编，台北：文殊出版社 1988
年版，第 186 页。

当佛性与心性论结合到一起的时，佛性也就通于了觉性。"三种佛性者，应得因中具有三性：一住自性性；二引出性；三至得性。记曰：住自性者，谓道前凡夫位。引出性者，从发心以上，穷有学圣位。至得性者，无学圣位。"① 道前凡夫位处于住自性，从发心以上至有学圣位是众生的引出性，到了无学圣位就是至得性，神秀的净心成佛在理路上同《佛性论》所讲的是一样的。

二　渐悟修持论的根本范畴：本觉

本觉，同于如来平等法身，指大众的心体从体性上讲，本来清净，并非后来修持而有，但受无明烦恼所覆，所以不能够显现。《仁王经》认为本觉性是自性清净，"自性清净，名本觉性，即是诸佛一切智智；由此得为众生之本，亦是诸佛菩萨行本，是为菩萨本所修行五忍法中十四忍也"②。法藏认为本觉的本是性的意思，觉指的是智慧，"本觉与上真如门何别？答：真如门约体绝相说，本觉约性功德说，谓大智慧光明义等名本觉故。本者是性义，觉者是智慧义"③。

从《大乘起信论》对本觉的解释来看，本觉就是离念心体，本来觉知，觉就是智慧。"所言觉义者，心体离念，离念相者，等虚空界，无所不遍。法界一相，即是如来平等法身，依此法身，说名本觉。"④关于觉的诸多称谓都是相对的概念，从胜义谛的角度来讲，其实无所谓本觉、始觉，这是从发生论、现象界的角度所做的一种区分，如果按照这个角度来讲的话，本觉实际上是存在于阿赖耶识当中的觉性，在《大乘起信论》当中就是生灭门，我们能够很清楚地看到这一点。⑤ 这说明，本觉是内含在阿赖耶识当中的，始觉的萌发也和阿赖耶识有关，但萌发的前提是要发心，渐次修行，使在缠的本觉最终显现出来。

《大乘起信论》中的心性范畴，真如分为心真如门（本体论）和心

① 《佛性论》卷2，《三因品》，《大正藏》第31册，第794页上。
② 《仁王护国般若波罗蜜多经》卷上，《菩萨行品》，《大正藏》第8册，第837页上。
③ （唐）法藏：《大乘起信论义记》卷中，《大正藏经》第44册，第256页上。
④ 《大乘起信论》，《大正藏》第32册，第576页中。
⑤ 对于《大乘起信论》的缘起是真如缘起，这一点在"自心缘起论"一节中已经做了比较，此部分的重点在于探讨觉性在修持论当中的意义，关于缘起的问题，这里不再赘述。

生灭门（发生论）。心真如门有如实空和如实不空。心生灭门有觉与不觉。

神秀禅法中的心性范畴，自心（发生论）和净心（本体论）（返本）。自心起用，在缠净心（觉为根），染心（贪嗔痴为根）。净心（本体论）（返本），出缠净心。

通过这点说明，神秀"自心缘起"论中的净心也可理解为"在缠净心"，那么通过以觉为根而达到返本的目的，这在理论架构上同《大乘起信论》的思想是非常相似的。

《大乘起信论》记载："所言觉义者，谓心体离念。离念相者，等虚空界无所不遍，法界一相，即是如来平等法身，依此法身说名本觉。"①

神秀的《大乘无生方便门》记载："佛是西国梵语，此地往翻名为觉。所言觉为心体离念。离念相者，等虚空界无所不遍。法界一相，即是如来平等法身，于此法身说名本觉。"②

《大乘起信论》与神秀对本觉的描述非常相似。《大乘起信论》言本觉，"所言觉义者，谓心体离念。离念相者，等虚空界无所不遍。法界一相，即是如来平等法身，依此法身说名本觉"③。神秀言本觉，"佛是西国梵语，此地往翻名为觉，所言觉为心体离念，离念相者，等虚空界无所不遍。法界一相，即是如来平等法身，于此法身说名本觉"④。关于本觉"心体离念""离念相者，等虚空界无所不遍。法界一相，即是如来平等法身"一模一样。据此，我们认为神秀的渐悟修持论思想来源于《大乘起信论》。禅宗有个特点讲究的是"言语道断，心行处火"⑤对概念分析显得匮乏，不过通过《大乘起信论》作为研究的切入点就好办了，将《起信论》对本觉的描述特点作为神秀本觉的特点，这是不矛盾的。

那么本觉究竟有何特点呢？根据《大乘起信论》的分析，本觉有

---

① 《大乘起信论》，《大正藏》第 32 册，第 576 页中。
② 《大乘无生方便门》，《大正藏》第 85 册，第 1273 页下。
③ 《大乘起信论》，《大正藏》第 32 册，第 576 页中。
④ 《大乘无生方便门》，《大正藏》第 85 册，第 1273 页下。
⑤ 《楞伽师资记》，《大正藏》第 85 册，第 1290 页上。

如下的特点：本觉在相上分为智净相和不思议业相，智净相是从方法论上说的，心性经过真如熏习，能够破除真妄和合的阿赖耶识，断灭意识相续心相，让法身显现。不思议业相从果上说的，本有的觉智功用经过修持，离染而得已显现。《起信论》用明镜比喻本觉，如实空镜、因熏习镜、法出离镜、缘熏习镜。

表 4-3 在缠的本觉与出缠的本觉

在缠的本觉 自性净	如实空镜	镜面无像	真如门	如实空
	因熏习镜	镜面有像，具足无漏功德，熏习之因		如实不空
出缠的本觉 离垢净	法出离镜	拂尘显明镜	智净相	出离
	缘熏习镜	拂尘后的明镜，能遍照众生心，随念示现，外缘熏力	不思议业相	缘熏

《起信论》在描述本觉时，如实空境，法出离镜，比较好理解，对于因熏习境就比较难懂。如果概括起来实际上就是"因熏"和"缘熏"，"因熏"是本觉之体，具无漏功德；"缘熏"是本觉之用，使修持者能够领悟佛法，如果落实到实践层面来讲的话，修持者所发心的动力、根源就来源于此。《起信论》中有详细的解释，"真如熏习义有二种，云何为二？一者，自体相熏习；二者，用熏习。自体相熏习者，从无始世来，具无漏法备，有不思议业，作境界之性。依此二义，恒常熏习，以有力故，能令众生，厌生死苦、乐求涅槃，自信己身有真如法，发心修行"①。《起信论》后面又说到用熏习，"用熏习者，即是众生外缘之力"②。真如从体相上讲具有无漏法，依体而生用，此用为外缘熏习力，可使众生发心修行。

真如即是本觉，体相熏习是因为真如无始以来就具有无漏法，用熏就是真如的熏习力能够成就众生的菩提心，厌离生老病死之苦，乐求涅槃解脱。"用"就是众生得已修持的外缘之力。唯识常讲"十因四缘六

---

① 《大乘起信论》，《大正藏》第 32 册，第 578 页中。
② 《大乘起信论》，《大正藏》第 32 册，第 578 页下。

果"，果是果报，因是种子与现行，缘就是外在的条件，果的生起离不开因与缘，众生修持需要内因与外缘的共同作用。综合上述的经典，把本觉总结为五义一喻。

本觉：1. 智慧义，智慧本觉。2. 境界义，离念本觉。3. 熏习义，因缘本觉。4. 染净义，随染本觉①。5. 圣位义，出缠本觉②。明镜喻，四镜本觉。

本觉，本是本有，觉就是智慧，同于如来藏心、众生心。离念本觉是本有智体，而离念是本有之境界，作为熏习义，染义是依不觉而言，圣位义是依本觉的果义而说的，《起信论》以明镜比喻本觉，对本觉作了概括。那么本觉和真如是否完全等同的呢？答案是否定的。法藏对本觉与真如作出了详细的区分。"真如门约体绝相说，本觉约性功德说，谓大智慧光明义等名本觉故。本者是性义，觉者是智慧义，以此皆为翻妄染显故，在生灭门中摄。以真如门中无翻染等义故，与此不同也。是故体相二大，俱名本觉，并在生灭门中，故得具三大也。"③ 真如门是从体上说的，和相无关。本觉是从体性功德上说的，其含义是智慧光明，本指的就是体性，觉指的就是事、智慧，是用，本觉是在生灭门中用的概念，在缠本觉离染而显，这就是本觉相的一方面，所以本觉既有体也有相，具有两层含义。

法藏这段话表明本觉概念的产生是从缘起论、发生论、现象界的角度而阐明的，体指的是道前④的无垢清净，那么真如就是指本体了，而在缠本觉返本的过程，即从自心缘起经渐悟修持轮到净心成佛的过程，也就是回归到真如本体。

---

① 染净义中的随缘本觉，与真如缘起并不相同，这里的染义就是不觉，是和本觉相对举的概念，本觉这个概念的产生就是因不觉而有，无不觉亦无本觉。从哲学的角度来讲，此染净义亦是在现象界中所讨论的，此时的本觉为在缠本觉，并没有显现，这也恰恰说明了神秀禅法思想从"自心缘起"经"渐悟修持"到"净心成佛"的这个过程。

② 从在缠本觉到出缠本觉这个过程，是从"上转觉义"这个概念而来的，经过始觉作为修持者的信心和动力，即本觉之用，能够成就圣位。在缠本觉在因位属于性德，自性清净，出缠本觉在果位属于修德，本觉依修而出缠，为圣位，即果意义上的圣位，也就是返本。

③ （唐）法藏：《大乘起信论义记》卷中，《大正藏》第44册，第256页上。

④ 此处所提的道为见道，本文在论述神秀的禅法思想时，以自心—渐悟—净心为神秀的见道过程，作为本觉在缠与出缠的标准也是否见道而定。

《起信论》对本觉的"明镜喻"即是神秀那首偈语的理论根源。
"身是菩提树，心如明镜台。时时勤拂拭，勿使惹尘埃。"① 从前面对
《起信论》的理论，不难理解神秀此偈的意思，菩提树、明镜台皆是对
本觉的比喻，明镜受尘所覆，失去明照作用，但明镜照物的功能并没有
变，这是本觉的自性清净，而一旦尘埃拭去，明镜恢复本来面貌，可以
随念照物，即是出缠本觉。在缠本觉具有"如实空镜"和"因熏习镜"
二义，既自性清净，又具无漏功德。出缠本觉具有"法出离镜"和
"缘熏习镜"二义，明镜返本后，显现外缘的熏习作用，让众生乐求涅
槃，神秀的这首偈语只说明了明镜与尘埃、净心与染心、在缠本觉与无
明烦恼之间的这种关系，更深的含义只有分析《起信论》才能得出详
细的结果。

神秀在其他的论述当中，对菩提树也有类似的比喻。"色心俱离，
即无一物是大菩提树。"② "身寂则是菩提树。"③ "净心体犹如明镜，从
无始以来，虽现万象，不曾染着。"④ 对于"时时勤拂拭"的理解，有
两点：一是见道前的拂拭。如果原来明镜有尘埃，拂拭以后就清净，这
就说明返本了。二是见道后的拂拭。神秀的返本也仅仅是见性而已，还
没有到不再退转的佛的果位，仍需要拂拭，保持住净心，即使见道仍要
接着修道断惑，对于无始以来的习气需要渐除，这首偈子恰恰说明神秀
的返本并未真正的成佛。

三　渐悟修持论的次第范畴：始觉

始觉是从自心缘起论的角度讲的，属于康德哲学所提现象界的一方
面，通过次第而修持。《起信论》对始觉所做的说明是这样的，"始觉
义者：依本觉故，而有不觉；依不觉故，说有始觉"⑤。什么叫作始觉，
因为有本觉所以有不觉，因为有不觉所以有始觉，这段话说明了本觉、
不觉、始觉之间的次第关系，这个次第不能理解为时间上的先后顺序，

① 《六祖大师法宝坛经》，《大正藏》第 48 册，第 348 页中。
② 《大乘无生方便门》，《大正藏》第 85 册，第 1273 页下。
③ 《大乘无生方便门》，《大正藏》第 85，第 1273 中。
④ ［日］铃木大拙：《禅思想史研究》第 3 卷，东京：岩波书店 2000 年版，第 232 页。
⑤ 《大乘起信论》，《大正藏》第 32 册，第 576 页中。

而是一种逻辑上的关系说明，并不能认为先有个始觉，实际上觉性是始终存在的，只不过放到事、放到现象界分析，就有了本觉、不觉、始觉的区分。

什么叫不觉呢？"所言不觉义者，谓不如实知真如法一故，不觉心起而有其念，念无自相，不离本觉。犹如迷人，依方故迷；若离于方，则无有迷。众生亦尔，依觉故迷；若离觉性，则无不觉。以有不觉妄想心故，能知名义，为说真觉；若离不觉之心，则无真觉自相可说。"①

不觉就是不知道真如法，因此起心动念，尽管如此但不觉仍然不离本觉，依觉才会有迷，离开觉性也不会再有不觉。《起信论》认为不觉就是无明，而无明又分为根本无明和枝末无明。根本无明也可称作元品无明、无始无明、根本不觉。

《释摩诃衍论》在分析"觉"的含义时，具体分析了本觉、始觉的两种状态，即染和净。该论认为觉有四义，即本觉、始觉、真如和虚空，每一义又各分净、染两义说明。

> 本觉门中即有二门，云何为二？一者清净本觉门；二者染净本觉门。始觉门中又有二门，云何为二？一者清净始觉门；二者染净始觉门。云何名为清净本觉？本有法身从无始来，具足圆满过恒沙德，常明净故。云何名为染净本觉？自性净心受无明熏，流转生死，无断绝故。②

> 云何名为清净始觉？无漏性智出离一切无量无明，不受一切无明熏故。云何名为染净始觉？始觉般若受无明熏，不能离故。③

> 云何名为二种真如？一者清净真如，二者染净真如，虚空之理亦复如是。云何名为清净真如？二种净觉所证真如，离熏习故。云何名为染净真如？二种染净觉所证真如。④

在本觉与始觉的含义上，《释摩诃衍论》认为清净本觉具足功德，

---

① 《大乘起信论》，《大正藏》第32册，第576页下。
② 《释摩诃衍论》卷3，《大正藏》第32册，第613页下。
③ 《释摩诃衍论》卷3，《大正藏》第32册，第613页下。
④ 《释摩诃衍论》卷3，《大正藏》第32册，第613页下。

而清净始觉具足无漏性智，但都受无明所染，不得解脱。我们通过对比《大乘起信论》的描述，发现《释摩诃衍论》实际上把本觉、始觉统称为觉的。尽管如此，对于"觉"的四义之说，也有助于理解《起信论》中，本觉、不觉、始觉何以在现象界中区分的原因，就是清净的本性都被无明所染，而流转于生死当中。染净本觉与染净始觉皆是因为无明染覆，而缘起的。

在《大乘起信论义记》中，法藏对本觉、不觉、始觉的相关解释为"依本觉有不觉，依不觉有始觉也"①。"不觉痴相转灭，成于始觉。"②"此识之中，以不觉熏本觉故，生诸染法，流转生死；以本觉熏不觉故，生诸净法，返流出缠，成于始觉。"③"随染成于不觉，则摄世间法，不变之本觉及返流之始觉，摄出世间法。"④"谓一念始觉至心源时，契于本觉，故云相应。"⑤"本觉名如，始觉名来，始本不二，名曰如来。"⑥"始觉道圆同于本觉，故云究竟。"⑦如果将这些话连贯起来作为一个整体来看，法藏的观点是，不觉依本觉而生，始觉依不觉而起，不觉依始觉转灭，始觉出缠返本，至心源与本觉契合，即为始觉道圆也就是究竟觉，与本觉相同。

因为有本觉，所以才有不觉，而始觉又是相对于不觉来说的，只有通过始觉才能断掉不觉之惑，断掉不觉之后，返回本觉原有的体性，始觉达到究竟的状态就同本觉无二了，这也即是返本。由此可见，法藏的说明也即印证了神秀修持的二重因果论，返本即为第一重因果，称为见道、见性，以本觉净心再作为因而修，为神秀修持的第二重因果，此为事修，以显现的净心为因，渐除习气，此为修道、证道。

在本、始二觉的修行次第上，《三无性论》也有此类似的观点"垢净二灭谓本来清净、无垢清净……本来清净即是道前、道中，无垢清净

① （唐）法藏：《大乘起信论义记》卷中，《大正藏经》第44册，第256页下。
② （唐）法藏：《大乘起信论义记》卷下，《大正藏经》第44册，第270页上。
③ （唐）法藏：《大乘起信论义记》卷中，《大正藏经》第44册，第256页中。
④ （唐）法藏：《大乘起信论义记》卷上，《大正藏经》第44册，第250页中。
⑤ （唐）法藏：《大乘起信论义记》卷下，《大正藏经》第44册，第281页上。
⑥ （唐）法藏：《大乘起信论义记》卷上，《大正藏经》第44册，第249页上。
⑦ （唐）法藏：《大乘起信论义记》卷中，《大正藏经》第44册，第257页上。

即是道后。此二清净亦名二种涅槃。前即非择灭自性本有，非智慧所得；后即择灭修道所得。约前故说本有，约后故说始有"①。这段话明确地区分了本来清净和污垢清净，即本觉与经始觉而修的究竟始觉或出缠本觉，道前、道中的为本来清净，道后的为污垢清净，这点也即说明了在缠本觉经始觉再到出缠本觉，返本的这一过程。

《大乘起信论》记载："始觉，本觉义者，对始觉义说，以始觉者即同本觉。始觉义者，依本觉故而有不觉，依不觉故说有始觉。"②

《大乘无生方便门》记载："初觉，觉心初起，心无初相，远离微细念。"③

神秀称《起信论》中的始觉为初觉，在解释上比较简单，说初觉是心没有初相，对于微细心念是远离的。神秀在此处的描述显得过于简单，我们根据道信的思想进行补充。"坐时当觉，识心初动，运运流注，随其来去，皆令知之。以金刚惠微责，犹如草木无所别，知之无知，乃名一切智，此是菩萨一相法门。"④ "若心缘异境，觉起时，即观起处，毕竟不起，此心缘生时，不从十方来，去亦无所至，常观攀缘，觉观妄识，思想杂念，乱心不起，即得麁住。若得住心，更无缘虑，即随分寂定，亦得随分息诸烦恼，毕故不造新名为解脱看。"⑤ 道信描述了觉心初动的状态，无所来亦无所去，不加控制，觉心所起的作用是通过觉观断除妄念，令其不起。

参照《起信论》对始觉的解释，来理解神秀的初觉。前面已经分析过神秀禅法思想的理论架构，这种修持的内在逻辑理路是和《起信论》的从在缠本觉到出缠本觉的返本思想是完全一致的。

本觉、始觉的概念是相互依存的概念，都是从"自心缘起论"而来，本觉—不觉—始觉—断破不觉—本觉，从而返本，由迷返本即是始觉，本觉、始觉不二。《大乘起信论》将始觉按次第（觉性的深浅与否）分为四个阶位，不觉、相似觉、随分觉和究竟觉。如果说渐悟修

① （陈）真谛译：《三无性论》卷上，《大正藏》第31册，第872页下。
② 《大乘起信论》，《大正藏》第32册，第576页中。
③ 《大乘无生方便门》，《大正藏》第85册，第1273页下。
④ 《楞伽师资记·道信传》，《大正藏》第85册，第1287页中。
⑤ 《楞伽师资记·道信传》，《大正藏》第85册，第1289页上。

持论的次第，应该从始觉开始，而不是从本觉开始。尽管在成佛之前，觉悟有高低深浅之分，但都可以称为始觉。"佛在摩伽陀国菩提树下，初成正觉"①，在具体的修持实践上就是发心修行。《起信论》对觉性的总体分析如下。

> 所言觉义者，谓心体离念。离念相者，等虚空界，无所不遍，法界一相；即是如来平等法身。依此法身，说名本觉。何以故？本觉义者，对始觉义说。以始觉者，即同本觉。始觉义者，依本觉故而有不觉，依不觉故说有始觉。又以觉心源故，名究竟觉；不觉心源故，非究竟觉。此义云何？如凡夫人觉知前念起恶故，能止后念，令其不起。虽复名觉，即是不觉故。如二乘观智，初发意菩萨等，觉于念异，念无异相，以舍粗分别执着相故，名相似觉。如法身菩萨等，觉于念住，念无住相。以离分别粗念相故，名随分觉。如菩萨地尽，满足方便，一念相应觉心初起，心无初相，以远离微细念故，得见心性，心即常住，名究竟觉。②

表 4-4　　　　　　　　　　　　　《起信论》觉的解释

究竟觉	第十地之菩萨至佛果	"完成因行，觉知心之本初，远离微细之念而彻见心性，成就始本不二、绝对平等之大觉。"	生相
随分觉	初地以上至第九地之菩萨	"了知一切诸法，皆为心识所现之理，远离法执，逐地增悟一分真如之理。"	住相
相似觉	声闻、缘觉二乘之人十住位、十行位、十回向位等三贤位之菩萨	"远离我执，觉知'我空'，尚未舍离法执分别之念。"	异相
不觉	十信位（外凡位）	"尚未生起断惑之智。"	灭相

本觉就是心体离念，等同于如来法身。本觉、不觉、始觉都是相互

---

① （唐）澄观：《大方广佛华严经随疏演义钞》卷17，《大正藏》第36册，第129页中。
② 梁译《大乘起信论》，《大正藏》第32册，第576页中。

依存的概念。理解究竟觉的关键就在于"觉心源",注意,这一点很重要,此义亦说明神秀渐悟修持的返本特性,依究竟觉便有了非究竟觉,不觉心源,也就是不能返本。在对凡夫阶位上,觉性亦有肯定的一面,前一恶念尽管生起,凡夫能让后一恶念不再生起,但这还只是不觉①,尽管如此,凡夫能做到此点,也是出于大乘菩萨五十二个阶位当中的十信②位了,即十信伏忍位"言伏忍者,就能为名,始习观解,能伏烦恼,故名伏忍"③。凡夫亦能伏忍,虽然可以叫作觉,但实质上还是没有觉悟。我们发现在觉与不觉的区分标准上,是以智为判断依据的。相似觉是声闻、缘觉二乘之人十住位、十行位、十回向位等三贤位之菩萨,到了这个阶位能够舍弃比较粗的分别执着念,即粗的见惑和思惑,但是无明细惑还没有断,相似的意思就是证得相似于真如的道理,但是还没有证得真如。

什么叫作粗的烦恼呢?粗就是增上的意思,表明程度的一个词语,粗烦恼就是贪、嗔、痴的力量很大,而相似觉则已经能够舍弃这些粗惑了。随分觉是逐步的破除无明之惑,一分一分地证得本觉真理,"时时

---

① 对于不觉宗密有着深刻的描述:"此识(阿赖耶识)在凡,常有觉与不觉二义。觉是三乘圣贤之本。今且示凡夫本末,总有十重(今每重以梦喻一一合之):谓一切众生虽皆有本觉真心(此第一重。如一富贵人,端正多智,自在宅中住);未遇善友开示,法尔本来不觉(第二重。如宅中人睡,自不知也);不觉故,法尔念起(第三重。如睡法尔有梦);念起故,有能见相(第四重。如梦中之想);以有见故,根身世界妄现(第五重。梦中别见有身在他乡贫苦,及见种种好恶事境);不知此等从自念起,执为定有,名为法执(第六重。正梦时,法尔必执所见物为实有也);执法定故,便见自他之殊,名为我执(第七重。梦时必认他乡贫苦身为己本身);执此四大为我故,法尔贪爱顺情诸境,欲以润我。嗔嫌违情诸境,恐损恼我。愚痴之情,种种计校(第八重。此是毒。如梦在他乡,所见违顺等事,亦贪嗔也);由此故造善恶等业(第九重。梦中或打夺或骂,或行恩布德);业成难逃,如影响应于形声,故受六道业系苦乐相(第十重。如梦因偷夺打骂,被捉枷禁决罚。或行恩得报,举荐拜官署职)。悟后修证,还有十重,翻妄即真。"(《禅源诸诠集都序卷下之一》,《大正藏》第48卷)现象界是虚妄的。梦中所想、所见、所信、所行、所受的原因皆为自我脱离了本觉真心所致。宗密所指的梦中发生的一切实际就是我们生活的世界。人心正是因为脱离了本觉真心,所起的任何念都是虚妄的,而正因为不觉,才我执、法执、愚痴计校,进而受报。"不觉则迷真逐妄历劫轮回。顿觉则舍妄归真随顺解脱。"众生正是由于没有觉悟,因而产生本是空无的妄念,并对此妄念加以执着,宗密的"舍妄归真",即渐悟修持的返本。

② "十信"分为:"信心、念心、精进心、慧心、定心、不退心、护法心、回向心、戒心、愿心也。"十信位人能够觉了前念、后念的灭相。

③ (隋)慧远:《大乘义章》卷12,《大正藏》第44册,第701页中。

勤拂拭，莫使惹尘埃"。明镜上的尘埃是逐步拭去的，拭去一分尘埃，证得一分真理，不过所证得的真理还未圆满。境喻既说明了神秀见性的次第性，又说明了见道以后的事修性，防止再次"惹尘埃"。究竟觉，也就是成佛的果位，此时的觉性圆满究竟。"究竟即决定终极之义也，谓能觉了染心之源，究竟终穷，同于本觉故名究竟觉。"（《三藏法数九》）究竟就是终极的意思，能够觉了染心之源，与本觉是相同的，究竟觉仍属于始觉，是始觉的最高位，即始觉之究竟位，金刚喻定位。到了此位，对于禅宗来说，也就是"明心见性"，当在缠本觉返本的本即本觉、究竟觉。

究竟觉的心相已灭，所以"念无住相"，但体性不变，"问曰：若心灭者，云何相续？若相续者，云何说究竟灭？答曰：所言灭者，唯心相灭，非心体灭，如风依水而有动相。若水灭者，则风相断绝，无所依止，以水不灭，风相相续，唯风灭故，动相随灭，非是水灭，无明亦尔，依心体而动。若心体灭，则众生断绝，无所依止。以体不灭，心得相续，唯痴灭故，心相随灭，非心智灭。"① 神秀认为"性常住，名究竟觉"，这和《起信论》中所讲的究竟觉是一样的。禅宗常说"言语道断，心行处灭"是心相灭，而心性不变。在这里还需说明的是《起信论》在谈到究竟觉时，提到"远离微细念"，什么叫微细念呢？微细念就是微细的心识，细识之间互相连续，而不间断。早在部派佛教时，就有此概念，是众生流转于生死不得解脱的主要原因。经量部称此微细念为"一味蕴"，"谓说诸蕴有从前世转至后世，立说转名非离圣道，有蕴永灭，有根边蕴，有一味蕴"②。"一味者，即无始来辗转和合一味而转，即细意识，曾不间断。此具四蕴，有根边蕴者，根谓向前细意识，住生死根本，故说为根。由此根故，有五蕴起，即同诸宗所说五蕴。然一味蕴是根本，故不说言边，其余间断五蕴之法是末起，故名根边蕴。"③

此外，还有正量部称"果报识"，化地部称"穷生死蕴"，根本大

①　《大乘起信论》，《大正藏》第 32 册，第 578 页上。
②　《异部宗轮论》，《大正藏》第 49 册，第 17 页中。
③　《异部宗轮论述记》，《卍续正藏》第 83 册，第 465 页下。

众部叫"根本识",从部派佛教对微细念的称谓,我们也能看出一些端倪,微细念是众生生死果报的根本原因。在对"相续"的理解上,可分为两派,以说一切有部和犊子系为代表:说一切有部——假名我的和合相续;犊子系——真我。

到了唯识宗,便把这种微细念发展成了第八识阿赖耶识。"有余部执生死等位,别有一类微细意识,行相所缘俱不可了,应知即是此第八识。"[①] 生死相续的原因在于微细意识,即第八识,阿赖耶识。由此可见,对于唯识宗所理解的微细念是在八识以外的。由此微细念便成就了阿赖耶识的相续执持位,这是阿赖耶识的因义,成佛与否皆在于此。

前面对《起信论》中关于觉性的总结中,以四相配大乘菩萨的修行阶位,从始觉起,四相的次第为灭、异、住、生。

本觉的不显现与显现即为在缠本觉与出缠本觉,缠受烦恼缠缚,不得解脱。在缠本觉如实空镜,因熏习镜。出缠本觉包括法出离镜;缘熏习镜。究竟觉,也就是始觉究竟,到了究竟觉。尽管《大乘起信论》的觉性思想和神秀的渐悟修持论有许多相似之处,但在次第阶位上差别还是很大的。唯识宗讲的是八识,八识对照觉性如下。

表4-5 　　　　　　　　　　　　　八识对照觉性

第八阿赖耶识	第十地菩萨到成佛	究竟觉	大圆镜智
第七末那识	十地菩萨(法身菩萨)	随分觉	平等性智
六识	声闻、缘觉二乘、初住以上到十回向菩萨	相似觉	六识,妙观察智
	外凡(共外道)	不觉	前五识,成所作智

八识转识成智后都有对应的四智、四觉及相应果位。大圆镜智为佛果位,平等性智、妙观察智对应的是二乘菩萨、初住到十地的菩萨。阿赖耶识有三相,自相、因相和果相,在阶位的对应上,是阿赖耶识的"善恶业果相"。第八阿赖耶识成就究竟觉,在果位上是从十地菩萨道

---

① 《成唯识论》卷3,《大正藏》第31册,第17页上。

成佛这个阶段，到了此果地，能够明心见性。第七末那识成就随分觉，六识中有相似觉也有不觉，声闻、缘觉、十住、十行、回向三贤位菩萨成就相似觉，三贤位菩萨对于异相能够达到不再执着的境界，但还是不能够正觉法性。外凡、外道是不觉，内、外凡能够达到前一个恶念虽然已经生起，但还是能够制止后一恶念不再生起。但是大小乘对内外凡的理解不太相同。

小乘：内凡，暖、顶、忍、世第一法等四善根位。外凡，五停心、别相念处、总相念处等三贤位。

大乘：内凡，十住、十行、十回向等三贤位。外凡，十信伏忍位。

天台宗：藏教，暖等四善根位。通教，大品十地中之性地。别教，五十二位中之十住、十行、十回向三十位。圆教，六即中之相似即。

神秀在《观心论》中提到，观心不用经过三大阿僧祇劫的，说明神秀在修持方面是不讲阶次的，而神秀的渐悟修持论又讲阶次，这不是矛盾吗？我们认为这不矛盾，神秀不讲阶次是针对菩萨的五十二个阶位来说的，但并不是不讲觉性的修持阶段，只不过他并不和具体的阶位相对应，这样就打消了众生见性的疑虑，往往只有十地菩萨所达到的究竟觉，只要观心，凡夫同样可以达到，但这是针对见性而言的。这里有一个问题？唯识的大圆镜智对于禅宗来说，在见性阶段是否就可以达到？慧能对此有相应的解释。

> 明四智菩提，听吾偈曰："自性具三身，发明成四智，不离见闻缘，超然登佛地。吾今为汝说，谛信永无迷，莫学驰求者，终日说菩提。"通再启曰："四智之义，可得闻乎？"师曰："既会三身，便明四智。何更问耶？若离三身，别谈四智，此名有智无身。即此有智，还成无智。"复说偈曰："大圆镜智性清净，平等性智心无病，妙观察智见非功，成所作智同圆镜。五八六七果因转，但用名言无实性，若于转处不留情，繁兴永处那伽定。"（如上转识为智也。教中云，转前五识为成所作智，转第六识为妙观察智，转第七识为平等性智，转第八识为大圆镜智。虽六七因中转，五八果上转，但转其名而不转其体也）。通顿悟性智，遂呈偈曰："三身元

我体，四智本心明，身智融无碍，应物任随形。起修皆妄动，守住
匪真精，妙旨因师晓，终亡染污名。"①

慧能说："六、七因中转，五、八果上转"，第六识意识与第七末
那识在因地见性（还没有成佛）就可转为智慧，而前五识和第八阿赖
耶识是在佛地上才能转为大圆镜智和成所作智，注意这是教中说的话，
慧能的见解与其不同，认为四智本心明，能够顿悟性智，自性就含有法
身、应身和报身，发明即可为四智，而对照神秀的究竟觉的说法，"觉
心初起，心无初相，远离微细念，了见心性，性常住，名究竟觉"②。
按照唯识中究竟觉与大圆镜智相对应，那么神秀一念净心即可至佛地的
说法与慧能显然是相同的，大圆镜智即为见性，在因位顿悟就可达到。

神秀在《大乘起信论》中，借鉴了本觉、始觉的思想，这些都是
现象界中的概念，具有相对的意义，通过始觉断除无明，至始觉之究
竟，返本而与本觉相契合，即为神秀所讲"一念净心，顿超佛地"的
境界，这种究竟觉相当于唯识的大圆镜智，对于唯识需经三大阿僧祇劫
在佛地上才能达到，而神秀在因地见性时就可实现。

第三节　渐悟修持论与天台宗分证
成佛的关系

"渐悟"还是"顿悟"在部派佛教时期，就已见端倪，到了大乘佛
教，尤于"顿渐"之争到了禅宗已成了南北宗禅法的分界。由于神秀
的渐悟修持论和《大乘起信论》的渐悟修持思想有着密不可分的联系，
那么神秀这种渐修的思想在《起信论》当中，就称为随分觉，而对于
天台宗圆教来说就称为"分证即"，天台宗的"分证成佛"为"六
即"，"理即佛""名字即佛""观行即佛""相似即佛""分真（证）
即佛""究竟即佛"。从"理即"到"究竟即"是从迷转悟，由浅至深

---

① 契嵩本《六祖大师法宝坛经》，《大正藏》第 48 册，第 356 页中。
② 《大乘无生方便门》，《大正藏》第 85 册，第 1273 页下。

的过程。这一过程即是从事相上，现象界说的，那么神秀的修持路线为自心缘起—渐悟修持—净心成佛，这一过程与天台的六即并无不同，与《起信论》中的不觉—始觉—本觉，逻辑上也一样。需要注意的是神秀认为不用经历三大阿僧祇劫即可登入佛地，这是从觉性上说的，禅宗追求的是一种智慧，成就的为法身佛，所以在断除无明，证果位上并不像唯识宗、天台宗在阶位上有对应关系。"净心成佛"属于见道的阶段，之后仍需事修，逐渐除掉无始以来的习气。

"六即位者，义蕴佛经，名出智者，如贫女宝藏，力士额珠等。在诸文所明，或显法门高深，或明修观位次，今文备明圆位之后，复明六即，欲越上慢自屈之过，辅行一下（三十三）云：此六即义，起自一家，深符圆旨，永无众过。暗禅者，多增上慢。文字者，推功上人，并由不晓六而复即（文）。"① "六即者，始凡终圣，始凡故除疑怯，终圣故除慢大。"② 天台宗分为六即得原因在于大消凡夫认为佛果高不可攀，极难达到的念头，所以立六即，说明凡夫与佛在本性上并无差别，除掉众生的自卑心；另外又立有阶次，以除掉众生的慢心，认为"生佛一如"实际上还有六的次第。"六种即名，既皆是事理体不二义，是故六即，皆具事理两种三千，故理同，故即。"③ 天台宗从佛的角度来谈六即，尽管"六即"有所差别，表示了从凡到圣的过程，理平事异，在证得的智慧上有深有浅，但在理体、体性上都是不二的，可以互具，实际上在十界之内都有六具。"六即之义不专在佛，一切假实三乘人天，下至蚑蜣地狱色心，皆须六即辩其初后。所谓理蚑蜣名字乃至究竟蚑蜣，今释教主，故就佛辩。"④ 六即的含义不是单单指佛，从三乘人天到三涂恶道，十界之内都具有六即。

这里也包含有天台宗分证成佛的思想，每阶段对于觉的划分，实际上是以所断烦恼为根本依据的。每一阶段所断的烦恼不同，即觉不同，走的是分证成佛的路子。天台宗的六即：

———————

① 《四教仪注汇补辅宏记》卷9，《卍续藏经》第57册，第947页上。
② 《摩诃止观》卷1，《大正藏》第46册，第10页中。
③ 《四教仪注汇补辅宏记》卷9，《卍续藏经》第57册，第950页中。
④ 《观无量寿佛经疏妙宗钞》卷1，《大正藏》第37册，第200页上。

表4-6 六即佛

理即佛	凡夫位，对于佛法，闻信全无	众生具足三谛之理
名字即佛	凡夫位，对于佛法，有闻有信	闻、信三谛之理
观行即佛	圆教五品外凡位	相续观照三谛之理
相似即佛	圆教十信内凡位	初信断见惑，七信断思惑，八九十信断尘沙惑。断见思惑、尘沙惑[①]（指天台圆教）
分证即佛	十住位、十行位、十回向位、十地位、等觉位（一生补处）	断无明惑，破四十一分无明
究竟即佛	妙觉位（佛位）	断尽无明惑，再破最后一分无明

理即众生皆有佛性，众生理性与佛性同。"一、理即者，理谓理性，即如来藏本自有之，非适今也，亦名佛性，性是因义，佛是果义，因中具有果人之性，故云：佛性名理即佛。"[②]"理即者，一念心即如来藏理，如故即空，藏故即，理故即中，三智一心中具不可思议，如上说，三谛、一谛非三非一，一色、一香、一切法、一切心亦复如是，是名理，即是菩提心，亦是理，即止观。"[③]天台宗对理的解释是如来藏理，如指的是空，藏指的是假，理指的是中，一心具有三智，这理即是菩提心。理即和修正者没有关系，是本来就存在的，即使是对于极恶的

---

① 天台分别教与圆教，在断惑上，二者是不同的，文中所列的表是天台圆教，在断惑上，分为两类，同断和异断。天台认为"一心三惑"可同断，断一惑即等同于断三惑，得一智即等同于得三智。异断上，初信位断三界见惑，六信位断三界思惑，七、八、九三信位断界内外的尘沙惑，从初住到十地逐渐断四十品无明。值得一提的是，天台圆教的见惑思惑之区分，并非如同小乘那样见道上断见惑（理惑），修道上断思惑（事惑），而是以"根本无明"为理惑，见思惑、尘沙惑为事惑。别教认为见、思、尘沙惑的体性是有所区别的，所以应该按照次来来逐渐断除，三智即一切智、道种智，一切种智也是按照次第而得的。次第为，空观—破见思惑—一切智（证空寂理）—真谛理；假观—破尘沙惑—道种智（了差别法）—假谛理；中观—破无明惑—一切种智（通本性体）—证中道法身。不过，此处的分证成佛以圆教为依据，因为只有圆教才有证得果位的人（果头无人），别教认为虽然在初地断无明，但也只是圆教的初住位，仍需圆教"一心三观"之智来断无明，因此，要想断惑见性，仍需要到圆教上来。

② 《六即义》，《卍续藏经》第56册，第671页上。

③ 《摩诃止观》，《大正藏》第46册，第10页中。

凡夫在理性上与佛也是没有差别，与佛性相即，"今虽然即佛，此是理即，亦是素法身，无其庄严，何关修证者也"①。"理即佛，贬之极也，以其全乏解行证即，但有理性，自尔即也。"② 从上面所引的文献看出，虽然称为"理即佛"，实际上和修证没有关系，只是表明众生具有佛性，那种认为禅宗为"理即佛"的观点在理解上有所偏差，或理解为众生皆具有佛性。

名字即，有闻有信，通过名字知道众生皆能成佛，因此而发菩提心，实践中还没有证入理体。"名字即者，理虽即，是日用不知，以未闻三谛，全不识佛法，如牛羊眼不解方隅，或从知识，或从经卷，闻上所说一实菩提，于名字中，通达解了知一切法皆是佛法，是为名字即菩提，亦是名字止观。"③

"观行即是者，若但闻名说，如蟲食木偶得成字，是蟲不知是字非字，既不通达，宁是菩提，必须心观明了，理慧相应，所行如所言，所言如所行。华首云：言说多不行，我不以言说，但心行菩提，此心相应是观行菩提，释论四句评闻慧具足，如眼得日，照了无僻，观行亦如是。虽未契理，观心不息，如《首楞严》中射的喻，是名观行菩提，亦名观行止观。"④

相似即相当于别教的十信位（信心、念心、精进心、慧心、定心、不退心、护法心、回向心、戒心、愿心），到了此阶位，见思惑都已经断尽，六根清净，能够达到止寂观明的境界，具有相似于真无漏的智慧。分真（证）即，逐个的断四十一品无明，断一分无明，证得一分理。究竟即能够破除第四十二品的元品无明，证得究竟圆满的智慧，得一切种智。"相似即是菩提者，以其逾观逾明，逾止逾寂，如勤射邻的名相似观慧。一切世间治生产业不相违背，所有思想筹量皆是先佛经中所说，如六根清净中说，圆伏无明名止，似中道慧名观。"⑤

分证即是初地以上菩萨按次第所进行的修行，断一分烦恼，证一分

① 《天台四教仪》，《大正藏》第46册，第779页上。
② 《四教仪注汇补辅宏记》，《卍续藏经》第57册，第928页下。
③ 《摩诃止观》，《大正藏》第46册，第10页中。
④ 《摩诃止观》，《大正藏》第46册，第10页中。
⑤ 《摩诃止观》，《大正藏》第46册，第10页下。

中道，对比于《大乘起信论》，就称为随分觉。"分真即者，因相似观力，入铜轮位，初破无明，见佛性，开宝藏，显真如，名发心住。乃至等觉，无明微薄，智慧转著，如从初日，至十四日，月光垂圆，闇（暗）垂尽。若人应以佛身得度者，即八相成道；应以九法界身得度者，以普门示现；如经广说，是名分真菩提，亦名分真止观，分真智断。"①

天台宗所说阶位：分证即佛，十住位、十行位、十回向位、十地位、等觉位。② 《起信论》所说阶位，随分觉，初地以上至第九地之菩萨。

神秀的"觉性"修持论在理路上，和天台宗"分证成佛"也是一样的，分证是从断惑而起，分证所断的惑为无明惑，共有四十一品，四十一品逐步而断，断一品惑，证一分理。通过对于《大乘起信论》的"随分觉"上，发现在阶位上有所差别，天台宗的"分证即佛"在菩萨阶位上是从"十住位"到"等觉位"，而《起信论》是从初地到第九地菩萨。其原因是和天台宗所立的"别教"和"圆教"的关系，"别教"立五十二个阶位，圆教则立"六即"。

> 究竟即菩提者，等觉一转入于妙觉，智光圆满，不复可增，名菩提果。大涅槃断更无可断，名果果。等觉不通，唯佛能通，过荼无道可说，故名究竟菩提，亦名究竟止观。③

对于禅宗的果位来说较复杂，流行的一种观点是认为，禅宗的"见性成佛"是"理即佛"，也就是处于凡夫位，这种说法颇有偏失，在逻

---

① 《摩诃止观》，《大正藏》第46册，第10页下。
② 菩萨的阶位共五十二个阶位，如果把十信放到十住中的第一住，那么就只有四十二个阶位，十住为"发心住、治地住、修行住、生贵住、方便具足住、正心住、不退住、童真住、法王子住、灌顶住"。十行为"欢喜行、饶益行、无嗔恨行、无尽行、离痴乱行、善现行、无着行、尊重行、善法行、真实行"。十回向为"救一切众生离众生相回向，不坏回向，等一切佛回向，至一切处回向，无尽功德藏回向，随顺平等善根回向，随顺等观一切众生回向，真如相回向，无碍解脱回向，法界无量回向"。十地为"欢喜地、离垢地、发光地、焰慧地、难胜地、现前地、远行地、不动地、善慧地、法云地"。还有，等觉，妙觉。
③ 《摩诃止观》，《大正藏》第46册，第10页下。

辑上也有问题。

1. 对"理即佛"的误解。"理即佛"的真正含义是，众生都具有佛性，不论成佛与否，这个佛性都是常住不变的，众生所具有的这个佛性与佛并无差别，但是众生既不信，也不闻，不知道自己本具佛性，所以还是处在凡夫位。认为禅宗的"见性成佛"是"理即佛"的这种观点，其根本原因在于把"理即佛"与"明心见性"混为一谈，而"明心见性"属于见道，无论大小乘对见道都有相应的果位，小乘见道得初果，须陀洹果，大乘见道为初地菩萨，无论如何，禅宗的"明心见性"不可能仅仅是凡夫的果位，至少具有大乘菩萨的境界。

2. 从神秀的观点来看。神秀认为渐修的步骤是从初觉到究竟觉，而究竟觉是佛的果位境界，未见性的凡夫怎么能够达到究竟觉呢。

3. 对于果位的次第，禅宗没有明确区分，而且其目的是要打破这种次第的。如神秀在《观心论》当中，唯有"观心"一法，不用三大阿僧祇劫，这明显是对以往果位次第的超越。超越到佛地又成了神秀顿法思想的来源，可见神秀禅法既有顿又有渐。渐法的体现在初觉——本觉，从现象上说，顿法体现在返本上，这个就具有超验的层面，从渐到顿，也就是从经验到超验，由现象界到本体界的过程。如果用唯识宗的思想类比神秀的见性就是究竟觉、圆成实性。唯识宗认为自性清净心，如来藏，佛性，实相，法身，法界，法性，圆成实性，都是同体异名。

通过分析，神秀没有清楚表明修持阶位次第，并不能说明没有次第，而禅宗恰恰是利用了成佛次第的繁琐、难成的特点，扩大了自己的影响。我们认为，神秀禅法的果位实际上是有次第的，但不能生搬硬套，既不能以见道为标准的小乘须陀洹果，也不能以大乘的初地菩萨，作为禅宗见道的果位，须进行重新划分。但这种划分，神秀没有表明的，也不可能表明，因为这正是神秀所反对的地方。不过，对于神秀禅法的次第渐修思想还是能够总结的，我们归纳为"三论""两重因果说"。三论即"自心缘起"论、"渐悟修持"论、"净心成佛"论。两果为见道之果"净心"，修道之果"成佛"，"理则顿悟，乘悟并销。事非顿除，因次第尽。前约生起除断，道理合然。若定作此解，焉知虚妄，故须先理后事，顿悟渐除，方了修证之义耳"①。"理则顿悟者，若约证悟圆理，即一断一切断，无前后也。如前文云：一根既返源，六根成解脱，尘垢应念消，成圆明净妙，解悟亦然。"② 顿悟理的原因在于人的真如本性中本来没有妄念，所以了悟后连悟本身都不存在了。

不过神秀的禅法思想多集中于对如何"见道"思想的论述，对于修道却提的较少，"事非顿除，因次第尽者，五阴妄法，名之曰事。阴既麁细不同，法尔麁者先去，解行虽顿，断自有序"③。"凡夫无始以来，烦恼熏习积累，非今不可一时顿尽之，复依今解悟，常觉现前，勿令无明烦恼重起，是名因行。习气烦恼都尽，更不得与色尘、境界重合，始名断尽。"④ 因为修道从部派佛教来讲就已经是漫长的过程，而"见道"在此生就可以把握，神秀的特点恰恰在于提出了见道的"究竟觉"思想，即只有到了佛果时才有的觉悟，通过渐悟修持就能达到。在大乘佛教中，初地菩萨为见道，而之后的阶位都为修道，神秀的巧妙之处恰恰在于把见道的阶位提前了，提到了佛的阶位，所以神秀高扬"一念净心，顿超佛地"的口号并非空穴来风，而是有其深刻的理论背景。对于神秀的"见道"见解的确是很深刻的，那么北宗的"渐"又如何理解呢，见道能达到佛的境地并非不需要"渐"，因此神秀也借鉴了《起信论》随分觉的思想与天台宗的分证成佛的思想在逻辑理路上一致。

当然，神秀的渐悟修持思想并非毫无漏洞，见道与修道的区分，除了在果位上的区别外，还和所断的烦恼有着密切的关系。见道是断见惑，而修道是断修惑，大乘佛教认为初地以后断的是修惑，那么除了在次第上，神秀作出了改革，把见道的次第提前到佛位究竟觉，而修惑如何呢？

这说明神秀所谈的究竟觉绝非是原本的意思，实际上是非圆满的。见道后还用事修，再来成佛，前一过程可称为返本，得净心果。而后事

---

① 《首楞严义疏注经》，《大正藏》第 39 册，第 966 页中。
② 《首楞严义疏注经》，《大正藏》第 39 册，第 966 页中。
③ 《首楞严义疏注经》，《大正藏》第 39 册，第 966 页中。
④ 《圆明论》，《北图敦煌写经》（211：7254），第 4 页。（全卷破损，八十四行卷道题曰马鸣菩萨造，而文与起信论大同，背面为四分律比丘戒本。）

修得佛果，这就是神秀禅法思想中的"三论""两重因果说"。按《大乘起信论》的说法见道为初地，见性为佛地，见道与见性不同，我们认为神秀在这方面做了大胆的改革，打破了传统的次第，把见道推到了佛地的见性，"一念净心，顿超佛地"即是见性境界，亦为见道。顿渐之分即见道之分，见性之分，是否到佛地境界之分，这才是真正的内涵，南北二宗在此处是一致的。

对于神秀的渐修与分证成佛的关系是一种智慧上的对应关系，而非习气断除的对应关系。习气的断除是神秀"净心成佛"以后的事，法身成佛以后的事。那种认为禅宗是"理即佛"的思想是不对的，禅宗的理路是在追求智慧，修持的次第也就是智慧上的次第。

第五章　神秀禅法思想之 净心成佛论

第一节　净心成佛论——心性本来清净

神秀禅法的思想体系为"三论""两重因果说"。"三论"即"自心缘起"论、"渐悟修持"论和"净心成佛"论。三论为第一重因果，称为"返本见性"，"净心"位即是"见道"位。而后的修持属于修道，此为第二重因果，所成果位为佛位。这里的"见道""修道"与小乘所理解的不同，所断烦恼不同，所用心识（心王、心所上的差异）不同。对于神秀来说修道谈论得很少，更多的在于"见道"，即如何才能"净心"，这种思想以至到了后来的马祖道一提出了"道不用修"的观点，使修道之学在禅宗那里逐渐衰微。神秀虽说对修道谈的少，并非不重视，"尘埃"拂拭以后，"明镜"显现仍需拂拭，"莫使惹尘埃"这即是修道的思想，护持住返本的净心。"依今解悟，常觉现前，勿令无明烦恼重起。"① 对于无始以来的习气还需要渐除。禅宗对于圆满佛果论述得很少，甚至不清晰，对于大乘佛教而言，除了"自利"还要"利他"，成佛（入佛地，圆满）不是主要的目的，利益众生才是关注的重点，能成佛而不成佛，这才是大乘的精髓所在。"生死即涅槃"②，这种涅槃是无相涅槃，印顺在《佛法概论》中，也谈到了这一点，而利他的前提就在于"净心"，这样才能生净缘成圣果。

---

① 《圆明论》1卷，《北图敦煌写经》（211：7274），第4页。（全卷破损，八十四行卷首题曰马鸣菩萨造，而文与起信论大同，背面为四分律比丘戒本。）

② 按大乘的理解"生死即涅槃"是"以烦说净"，说明烦恼是可断的。"涅槃即生死"是"以净说烦"，说明不要执着于净。

神秀所提的净心具有本体论上的意义，亦为佛性，是众生成佛的依据。除了净心是成佛的依据外，净心还表示出一种果位，而这种果位思想和净土的"净心地"有着密切的关联，这部分在后面论述。

神秀的"净心"范畴是通过"自心"提出来的。神秀所提到的自心实际上是处在非善、非恶的状态，正因为自心起用，才产生出众生净、染二心的区别，净心与染心尽管自然本来俱有，但二心的性质却完全不同，净心具有本体论的含义，即是说达到净心就可以成佛。净心与真如、佛性都具有相同的含义，都是成佛的内在根据，具有终极价值的含义，这显然继承了如来藏清净心的传统。

> 净心体犹如明镜，从无始以来，虽现万象，不曾染着。[1]

《大乘五方便》指出了净心本净的思想，净心的体性从无始以来就是净的，虽然显现万象，但体性从来不变，这是神秀心性本净的重要依据。神秀把心比喻为明镜，因为心性本净，无始以来没有染着，但自心起用，生成净、染二心，只有断除三毒，才能得到解脱。这里面有逻辑上的问题，因为自心起用产生两种差别，净心与染心，净心其实是本体上终极价值的含义，是成佛的内在根据，而染心是必然的，即是说自心起用即染，如果只有净心就没有成佛的必要了，净心是预设的终极指向。

> 由彼染心，障真如体故。《十地经》云：众生身中有金刚佛性，犹如日轮，体明圆满，广大无边；只为五阴重云所覆，如瓶内灯光，不能显现。又《涅槃经》云：一切众生悉有佛性，无明覆故，不得解脱。[2]
>
> 真如之性既被三毒之所覆障，若不超越彼三恒河沙毒恶之念，云何名得解脱也。[3]

---

[1] ［日］铃木大拙：《禅思想史研究》第3卷，东京：岩波书店2000年版，第232页。
[2] 《达摩大师破相论》，大正藏，第63册，第8页下至9页上。
[3] 《观心论》，《大正藏》第85册，第9页中。

神秀引用《十地经》说明众生身中本来有金刚不坏的佛性，只因五阴色、受、想、行、识所覆盖，就好像瓶内的灯光一样，不能显现。但为什么又不得解脱呢？神秀又引用《涅槃经》说是因为真如之性被无明烦恼所覆盖，所以不得解脱，显然这是心性本净的如来藏系统。在印度部派佛教中，一直存在着心性本净与心性本不净两种争论。从本体论上的含义看，神秀的心性思想属于心性本净的系统，修持方法上是除尘明镜，和南方上座系的说法甚为接近。由此说，神秀的心性本净思想能追溯到印度部派佛教的大众系、上座系当中，这些部派的心性本净说影响了后来的如来藏系统。我们分别以印顺和吕澂对印度部派佛教的心性观点列了两个表，印顺和吕澂的基本观点是一致的，即大众部、分别说部，都是心性本净的观点，说一切有部是心性本不净的观点。不过印顺认为大众部、分别说部的心性本净说是以常识的譬喻为依据，不是深彻的，是非了义说。

表5-1　　　　　　　　　　印顺对印度部派佛教心性论观点

印度部派佛教	心性观点	烦恼与心的关系
大众部、一说部、说出世部、鸡胤部	心性本净，心与善根相契应，故心性本净，被客尘烦恼所杂染，故为不净。	三不善根（随眠）与心不相应，不善的随眠与不善的心所可以离灭，离烦恼，心性出缠而解脱。
分别论者	心性本净，虽有染污相，但体性不变。	净、染二心互相杂染，但还是一心，体性清静，心如铜器，未除垢时名有垢器，除垢时名无垢器。
说一切有部	心性本不净。	缠即随眠，是心所，与心相应。

表5-2　　　　　　　　　　吕澂对印度部派佛教心性论观点

印度部派佛教	心性观点	烦恼与心的关系
大众系	心性本净，强调染心得解脱，未来可能达到的境界是净。	随眠烦恼与心不相应，心取相后而产生烦恼。断掉随眠及不善心所烦恼，如污衣洗为净衣，先后是一衣，并非两衣。

续表

印度部派佛教	心性观点	烦恼与心的关系
南方上座系（吕澂认为分别说部属于上座系）	心体本净，净是心所固有的。	随眠与心不相应，缠与心相应，烦恼的染污不影响心的本质。解脱方法是去掉客尘，恢复本性，具体方法是见道（观四谛）和修道（禅定）。
说一切有部	心性本不净，解脱的是净心。	不作随眠与缠的区分，都是烦恼，与心相应而生，是共生。解脱方法是去掉杂染心，实现离染心（净心），先后是两个心。

随其心净，则佛土净。①

一念净心，顿超佛地。②

《维摩诘经》云："若菩萨欲得净土，当净其心；随其心净，则佛土净。"③ 通过离念净心就可以成就佛道。净、染二心的性质是根本不同的，染心是可以断除的，净心是长久的，染心与净心虽然互相假合，自然俱起，但染心与净心并不相同，染心并不能改变净心的性质，成佛的方法是断除烦恼，除去贪、嗔、痴三毒。既然如此，什么样的简便方法才能够让人转凡为圣呢？神秀提出了"观心看净""离念净心"的简便法门。

按照佛教的说法，人是六道之一，是因为前世的善业，而得人道。但人道并非直接就能成佛，只有通过自身修持，才能成佛，得到解脱。以往的解脱法门过于烦琐，如《菩萨璎珞本业经》认为大乘菩萨的修持阶为就有五十二个，十信、十住、十行、十回向，十地、等觉、妙觉，成佛几乎遥不可及。神秀的旨趣在于除掉了许多烦琐的条条框框，认为只要通过"观心看净""离念净心"的方法，"一念净心，顿超佛地"就能得到同样的结果。

---

① 《观心论》，《大正藏》第 85 册，第 1271 页中。

② 《大乘无生方便门》，《大正藏》第 85 册，第 1273 页下。

③ 《维摩诘所说经》卷上，《大正藏》第 14 册，第 538 页下。

身是菩提树，心如明镜台。时时勤拂拭，勿使惹尘埃。①

神秀认为佛性是一面镜子，本来是净的，但后来覆盖了尘埃，这就需要渐修的工夫，通过"观心看净"，"返本净心"，最终达到"一念净心，顿超佛地"的境界。

问：缘没学此方便？答：欲得成佛。问：将是没成佛？答：将净心体成佛。是没是净心？净心体犹如明镜，从无始已来，虽现万像，不曾染着。今日欲得识此净心体，所以学此方便。问：是没是净心体？答：觉性是净心体。比来不觉，故心使我；今日觉悟，故觉使心。所以使伊边看，向前向后，上下十方，静、闹、明、暗，行、住、坐、卧俱看。故知觉即是主，心是使。所以学此使心方便，透看十方界，乃至无染，即是菩提路。②

成佛的前提必须要除掉三毒，即贪、嗔、痴，那么贪、嗔、痴究竟如何产生的呢？

彼三毒根中生诸恶业，百千万亿倍过于前，不可为喻。如是心于本体中，自为三毒，若应现六根，亦名六贼。其六贼者，则名六识，出入诸根，贪着万境。能成恶业，损真如体，故名六贼。一切众生，由此三毒及以六贼，惑乱身心，沉没生死，轮回六道，受诸苦恼。③

三毒通过六根，即眼、耳、鼻、舌、身、意而贪著外境，由此而造恶业，不得解脱，这即说明染心即指的贪、嗔、痴。那么净心又指的什么呢？我们认为自心起用，造成净、染二心的差别，在缘起上，即发生

---

① 《六祖大师法宝坛经》《大正藏》第 48 册，第 348 页中。
② 《无题》，《禅宗全书》第 36 册，蓝吉富主编，台北：文殊出版社 1988 年版，第 210 页。
③ 《观心论》，《大正藏》第 85 册，第 1270 页下。

论的意义上，二者都具有同等的地位，神秀着重强调"贪、嗔、痴"三毒，借用唯识宗的概念，这是属于不善心所的烦恼，唯识认为烦恼有六种贪、嗔、痴、慢、疑、恶见，此外还有随烦恼。净心①从修持开始时应指的是善心所，心所指的是心所有法即心所有的思想现象，如信、精进、惭、愧、无贪、无嗔、无痴等都是善心所，而六识应该指的是心王，唯识宗对心王、善心所、不善心所作了区分，我们想这对神秀的禅法思想必定有所影响，不过从达摩至道信、弘忍都没有借助复杂的名相体系来说明自己的心性思想，在禅修上道信、弘忍也没有借用天台宗修习止观的名词术语，不过我们借助唯识宗、天台宗的思想来理解神秀的禅法思想，并无矛盾之处。

神秀的心性本净的思想与达摩到道信、弘忍的传统也是一致的。在《楞伽师资记》的开篇，净觉表达了同样的看法。

> 故知众生与佛性，本来共同，以水况冰，体何有异。②
> 心性本来清净之处，染着。无染是净，无系是脱，染即生死之因，净即菩提之果。大分深义，究竟是空。③

《楞伽师资记》的作者净觉是玄赜的弟子，净觉开篇所谈到的众生与佛性本来共同，就如同水和冰，本质并无不同，即是说众生皆有佛性，这也代表了自达摩到神秀的传承这一派的观点。从本体论的角度来讲，净心具有本净的含义。众生的心性虽然本净，但被染心所覆盖，只有"离念净心"，"观心看净"最终才能成佛。从本体论的意义上来讲，神秀是心性本净的思想，含有终极价值的指向。

---

① 这里的"净心"有一个动态的理解过程，"一念净心，顿超佛地"的净心具有本体论上的终极意义，可理解为在"果位"（返本）上的净心，但起初修持时，依靠的是善心所，神秀讲自心起用时产生净、染二心的两种差别，这里有对应的关系，染心指的三毒、六贼，那么净心就应该指的是善心所。因为净、染二心假缘和合，互相因待。善心所有十一，包括信、精进、惭、愧、无贪、无嗔、无痴、轻安、不放逸、行舍、不害，与五识心王相应，如果说在缠真如即未显现的净心，但具有种子义具备显现的能力，其途径就是善心所。
② 《楞伽师资记》，《大正藏》第 85 册，第 1283 页上。
③ 《楞伽师资记》，《大正藏》第 85 册，第 1283 页上。

第二节 "净心成佛"理论探源

一 如来藏思想

真如被烦恼所缚故称如来藏，真如出离烦恼就是如来平等法身。如来藏具有隐覆、能藏、所藏三层含意。

隐覆的意思是指真如被烦恼所覆盖，烦恼藏住了真如。

能藏的意思是指如来藏能够摄一切法，如来藏一切法。《胜鬘经》说："无量烦恼藏所缠如来藏。"① "世尊，如是如来法身，不离烦恼藏，名如来藏。"② "一切有情，皆如来藏。"③ "又此真性正实如来藏在缠中，名如来藏，一切众生皆有真理故。"④ "佛告大慧：如来之藏，是善不善因，能遍兴造一切趣生。"⑤ "一切众生无有出如如境者，并为如如之所摄，故名藏也，则众生为如来所藏也。隐覆藏者，如来性住在道前，为烦恼隐覆，众生不见，故名为藏。前是如来藏众生，后是众生藏如来也。"⑥ "谓如来藏心含和合、不和合二门，以其在于众生位故。若在佛地，则无和合义，以始觉同本，唯是真如，即当所显义也。今就随染众生位中故，得具其二种门也。"⑦ 众生位按哲学的理解就是现象界，佛地为本体界，二门是针对现象界而言的。

所藏的意思是指如来藏具足无量功德。藏就如同仓库，如来的无量功德都藏在里面，没有显现时，功德不能起，不能称为法身。如能显现，便称为法身。"复次，彼心名如来藏，所谓具足无量无边、不可思议无漏清净功德之业。"⑧ "二者、相大，谓如来藏具足无量性功德故。"⑨ "隐

① 《胜鬘师子吼一乘大方便方广经》，《大正藏》第 12 册，第 221 页中。
② 《胜鬘师子吼一乘大方便方广经》，《大正藏》第 12 册，第 221 页下。
③ 《大般若波罗蜜多经》卷 578，《大正藏》第 7 册，第 990 页中。
④ 《大般若波罗蜜多经般若理趣分述赞》卷 3，《大正藏》第 33 册，第 58 页上。
⑤ 刘宋译《楞伽阿跋多罗宝经》卷 4，《大正藏》第 16 册，第 510 页中。
⑥ （隋）吉藏：《胜鬘宝窟》卷下，《大正藏》第 37 册，第 67 页中。
⑦ 《大乘起信论义记》，《大正藏》第 44 册，第 250 页中。
⑧ 《占察善恶业报经》卷下，《大正藏》第 17 册，第 907 页下。
⑨ 《大乘起信论》，《大正藏》第 32 册，第 575 页下。

时能出生如来，名如来藏。显时为万德依止，名为法身。"① "一切有情皆如来藏者，如来藏者，即是真如在缠之名。出缠之时，名法身故。藏谓库藏，诸佛所有一切功德，皆在其中，名如来藏。现行功德未能起，故不名法身。又此真性正实如来藏在缠中，名如来藏。一切众生皆有真理故。"② 不过禅宗所指的功德是从心性而言，"帝问曰：朕即位已来，造寺写经度僧不可胜纪，有何功德？师曰：并无功德。帝曰：何以无功德？师曰：此但人天小果有漏之因，如影随形虽有非实。帝曰：如何是真功德？答曰。净智妙圆，体自空寂，如是功德不以世求"③。这是梁武帝问菩提达摩的一段话，功德是内修无漏智，以净智悟得当体即空。

如来藏思想的历史沿革：地论学派，阿赖耶识自体清净心。摄论学派，第九阿摩罗识，自性清净心。天台宗，在缠真如（有垢真如），出缠真如（无垢真如，自性真如）。

神秀的"净心成佛"思想和如来藏经典有着密切的关系。净心因此也有在缠与出缠的区别。"净心成佛"显然是针对出缠真如说的，不过"净心成佛"并非意味着真正的成佛，始终是处在见道（与小乘见道不同）位上，即禅宗常讲的"明心见性"，这就决定了净心思想与原本的如来藏真如思想不可能完全一致。换言之，"一念净心，顿超佛地"，并不是圆满的佛的果位，这只是仅仅针对于彻见"心性"而言，始终没有脱离见道的范围，我们称之"返本"。前一节谈到了净心的本体思想，和部派佛教的心性本净密切相关，而这一部分从净心的因、智、德着重分析，在如来藏、真如思想上并没有太大的差别，唯独在果位上是不一样的。对于竺道生来说，最后一悟，凭借金刚道心断掉一切烦恼，即得佛果，是圆满的成佛，而对神秀来说，智能达到了佛地，但只是见道，仍需修道，这是竺道生与神秀的不同。因此，折射到对如来藏、真如思想的吸收上，"明心见性"并非具有佛的圆满果德。

神秀的净心思想为"净心成佛论"。净心是成佛的终极依据，是成佛的本体。净心分本有净心和当有净心，本有净心如瓶内灯光一样不能

---

① 《大乘起信论义记》，《大正藏》第 44 册，第 273 页下。
② （唐）窥基：《大般若波罗蜜多经般若理趣分述赞》卷 3，《大正藏》第 33 册，第 58 页上。
③ 《景德传灯录》卷 3，《大正藏》第 51 册，第 219 页上。

显现。当有净心就是"一念净心，顿超佛地"。

在神秀的禅法思想里净心具有如下的含义。

1. 净心具有种子义、本觉义。净心不但是众生成佛的依据，也是众生发菩提心，信心的来源。神秀的禅法思想是通过观心离念，显现真心，把处于可能性、应然性、潜在性的，处于因位上的净心通过觉性一步步引向最后处于现实性、实然性、果位上的净心。这种因位的特性在其他佛教宗派中都有所表现，只不过称谓有所变化，在因位上如同在缠真如，只不过被烦恼所缚，而不能显现，从体性上来说是污染的，清静的。"众生身中有金刚佛性……只为五阴重云所覆，如瓶内灯光，不能显现。"①

净心有现有（本有）还是当有（始有，将来成佛的可能）的区分，因位上的净心是本有，果位上（返本）的净心是当有。这里的净心是理佛性，本有非始，自心起用分为染净二心的净心是理佛性，处于凡夫因位上的众生，显然这里的净心不具有果位上的意义，否则也不用修持了。净心属于正因佛性。

"法界一相，即是如来平等法身，于此法身说名本觉。觉心初起，心无初相，远离微细念。"② 需要指出的是在《大乘无生方便门中》，神秀谈到修禅的步骤时，特别提到发四弘誓愿，发菩提心，这里的发菩提心就是缘因佛性，是辅助正因佛性的净心成就佛果。"善知清净心，尽脱淫怒痴，成就于三明，以此为三达。"③ "又净者信也，净信之心，又不杂烦恼心叹，名净心。"④ 净是信的意思，而且远离烦恼。

需要指出的是神秀的净心处于因位不能等同于第八识，不过玄奘的《成唯识论》和永明延寿认为第八识是真心。《成唯识论》认为能用唯识宗的第八识来说明因地真心。众生的第八识，是因地真心，并不是佛地真如，在佛地的第八识叫"无垢识"。

> 然第八识虽诸有情皆悉成就，而随义别立种种名，谓或名心，

---

① 《达摩大师破相论》，《卍续藏经》第 63 册，第 8 页下。
② 《大乘无生方便门》，《大正藏》第 85 册，第 1273 页下。
③ 《中阿含经》卷 41，《大正藏》第 01 册，第 689 页上。
④ 《胜鬘宝窟》卷上，《大正藏》第 37 册，第 13 页上。

由种种法熏习种子，所积集故。或名阿陀那，执持种子及诸色根，令不坏故。或名所知依，能与染、净所知诸法为依止故。或名种子识，能遍任持世出、世间诸种子故。此等诸名通一切位。或名阿赖耶，摄藏一切杂染品法，令不失故。我见、爱等执藏以为自内我故，此名唯在异生有学，非无学位不退菩萨有杂染法执藏义故。或名异熟识，能引生、死、善、不善业，异熟果故。此名唯在异生、二乘、诸菩萨位，非如来地犹有异熟无记法故。或名无垢识，最极清净诸无漏法，所依止故。此名唯在如来地有，菩萨、二乘及异生位持有漏种，可受熏习，未得善净第八识故。如契经说，如来无垢识是净无漏界，解脱一切障，圆镜智相应。[1]

永明延寿禅师明说第八识是真心。

> 然第八识无别自体，但是真心。以不觉故，与诸妄想有和合不和合义。和合义者，能含染净，目为藏识；不和合者，体常不变，目为真如，都是如来藏。故《楞伽经》云：寂灭者，名为一心；一心者，即如来藏；如来藏，亦是在缠法身。经云：隐为如来藏，显为法身。[2]

处于因位的净心与染心虽然假缘和合，互相因待，但都是自然本来俱有，恶法的因在于染心，善法的因在于善心。我们把因位净心理解为受烦恼所染即可，《胜鬘经》说："胜鬘夫人说是难解之法，问于佛时，佛即随喜：如是如是，自性清净心而有染污，难可了知。有二法难可了知：谓自性清净心难可了知，彼心为烦恼所染，亦难了知。如此二法，汝及成就大法，菩萨摩诃萨乃能听受。"[3] 此中指出了处于因位的自性清净心是受烦恼所染的。

2. 净心具有真如义，涅槃空性义，法身佛。这其中的变化是通过觉性来得以体现的，最后体现果位净心的就是究竟觉。显然净心有因位

① 《成唯识论》卷3，《大正藏》第31册，第13页下。
② （宋）延寿：《宗镜录》卷4，《大正藏》第48册，第434页下。
③ 《胜鬘师子吼一乘大方便方广经》，《大正藏》第12册，第222页下。

与果位上的区分，因位上的净心实则具有种子义，与果位上的净心性质上是相同的，但在相上有所差别，也就是显隐的状态不同。果位上的净心就是真如，法身佛，"真如者，自是金刚不坏，无漏法身"①。这是吸收了《大乘起信论》空如来藏的思想。空指的是自性空，从修持的角度来看是指脱离了烦恼。

具有真如义的净心是行佛性，始有非本。说明了佛果是通过渐修而逐渐得到的，神秀说："为因中修戒定慧，破得身中无明重迭厚障，成就智慧大光明，是法身佛。"② 法身是破除无明的智慧智体，果位上的净心也即是智体。那么因位上的净心和果位上的净心的连接纽带是什么，也就是共通性是什么？我们认为是觉性，通过觉性，使在缠的净心返本，而成出缠净心。

3. 净心具有智慧义、菩提义，报身佛。神秀说："身心俱不动，即寂灭，是菩提灭诸相故，又身心俱离念，即是圆满菩提。"③ "问：是没是净心体？答：觉性是净心体。"④ "知六根本不动，觉性顿圆，光明遍照，是报身佛。"⑤ 法身佛尽管破得无明，但显现还是通过报身佛，具体的体现就是觉性顿照，此处吸收了《大乘起信论》的思想。

4. 净心具有果德义。神秀说："心是众善之源，即心为万德之主，涅槃常乐，由息心生。"⑥ 这是从净心的因位上讲的，由息心生很明确地说明这一点。净心是生因佛性，是众善之源。"依离念无量恒沙功德，依恒沙功德是净，依是没是法身体？是没是依身心？离念是法身，由离念故，转无量恒沙生灭，成无量恒沙功德，恒沙功德依离念住是依。是没是聚义？无间修行，任持功德，不散是聚，聚诸功德充满法身，犹离念故，万境皆真。"⑦ 这是从已经离念果位上的净心讲的，聚诸功德，万境皆真。

---

① 《达摩大师破相论》，《卍续藏经》第 63 册，第 10 页上。
② 《大乘无生方便门》，《大正藏》第 85 册，第 1274 页中。
③ 《大乘无生方便门》，《大正藏》第 85 册，第 1275 页中。
④ 《无题》，《禅宗全书》第 36 册，蓝吉富主编，台北：文殊出版社 1988 年版，第 211 页。
⑤ 《大乘无生方便门》，《大正藏》第 85 册，第 1274 页中。
⑥ 《达摩大师破相论》，《卍续藏经》第 63 册，第 11 页中。
⑦ 《大乘无生方便门》，《大正藏》第 85 册，第 1274 页中。

第 3、4 条吸收了《大乘起信论》不空如来藏的思想，不空如来藏是从功德、菩提智慧来说的。《胜鬘经》说："世尊，有二种如来藏空智。世尊，空如来藏若离、若脱、若异，一切烦恼藏。世尊，不空如来藏过于恒沙，不离、不脱、不异、不思议佛法。世尊，此二空智诸大声、闻能信如来、一切阿罗汉、辟支佛。空智于四不颠倒境界转，是故一切阿罗汉、辟支佛本所不见，本所不得，一切苦灭，唯佛得证，坏一切烦恼藏，修一切灭苦道。"①

净心类似于慧解脱罗汉，神秀从因与果、涅槃与菩提、法身佛与报身佛说明了净心成佛论的理论框架。我们概括为两点：一、涅槃、菩提、果德、究竟觉说明果位净心（返本）本体之义，把空性、智慧、果德、觉性集中于净心之中，是成佛（返本）的结果。二、从本觉义、发生义（众善之源）、本有义（众生皆有佛性），来说明因位净心的种子义。不过因位净心由于染心的缘故不能显现，只有去掉染心才能成就佛果。"但能摄心离诸邪恶，三界六趣轮回之业自然消灭，能灭诸苦，即名解脱"②"佛性者，即觉性也。但自觉觉他，觉知明了，则名解脱，故知一切诸善，以觉为根，因其觉根，遂能显现诸功德树，涅槃之果德，因此而成。如是观心，可名为了。"③ 这就决定了神秀禅法中离念渐修的修持思想是去掉染心，使净心显现。从因位净心到果位净心的连接纽带就是觉性。神秀的修持过程是从发生论走向本体论的过程，从发生论讲神秀是本不净的思想，从本体论讲是心性本净的思想。觉性在修持中体现为不同阶段，我们能从中看出神秀禅法思想的修持轨迹，从因位净心、本觉—初觉—究竟觉—果位净心。从《涅槃经》的角度来看，净心既是生因佛性又是了因佛性，净心作为众善之源是生因佛性，但净心又通过觉性的不断变化，得已逐渐显现是了因佛性。

神秀的净心在果位上的法身就是断除无明，具有觉照之义的智慧。因此，心性本净的涅槃空性和觉照之智构成了返本净心的应有之义。二者的结合之处就是通过觉性在各个阶段所体现的不同相由自心

① 《胜鬘师子吼一乘大方便方广经》，《大正藏》第 12 册，第 221 页下。
② 《观心论》，《大正藏》，第 85 册，第 1271 页上。
③ 《达摩大师破相论》，《卍续藏经》第 63 册，第 9 页上。

发生论走向净心本体论的一个过程，这也是神秀渐修当中的应有之义，但到成就返本净心时，涅槃（可证之理）与菩提（能证之智）结合在了一起。

二　净土思想

神秀谈到"心净则佛土净"，"一念净心，顿超佛地"，可见神秀的净心思想反映出一种果位思想，而这种思想和净土的"净心地"密切相关。尽管如此，"一念净心顿超佛地"还是属于见道的范围，大乘以初地净心地为见道。净心在果位上，认为是十地之初地——无漏清净心之地，亦为十二住之净心住，这时已经断掉根本见惑。

净心，梵语为 viśuddha-citta，指众生的自性清净心。唐代道宣《净心诫观法》说：

> 净心者，于汝现行烦恼、诸部过患，教修对治，令汝实时随分解脱，垢染渐灭，心转明净，发生定慧，起于大乘清净信心，趣向菩提种性住处，以今微因，后感当果。是故教汝察病对治，兴隆功业，修入信境，成决定根力其三贤十圣、无垢妙觉、四十二地空宗真理。唯可知闻影像粗相，下地凡夫力所未及，亦未能行。今唯使汝净除业镜、客尘等，见汝身中少分佛性。汝可饮服般若甘露，洗荡盖缠，渐显净心。心若清净，令众生界净，众生既净，则佛土净。始除烦恼，令戒清净，戒既完具，定复清净。以戒定净，令智慧净，智既净已，显自身源。有此义故，名为净心。①

道宣对净心进行了解释，净心受现行烦恼所染，如想解随分解脱应该去染显净，渐显净心，此处的"随分解脱""渐显净心"表明心转明净是渐修的过程，但当心清净之时，众生界净，佛土净。

"平等法身者，八地已上法性生身菩萨也。寂灭平等者，即此法身菩萨所证寂灭平等之法也。以得此寂灭平等法，故名为平等法身。"② "未

---

① （唐）道宣：《净心诫观法》卷上，《大正藏》第45册，第819页下。
② （北魏）昙鸾：《无量寿经优婆提舍愿生偈注》卷下，《大正藏经》第40册，第840页上。

证净心菩萨者，初地已上，七地已还诸菩萨也，此菩萨亦能现身。"①

八地以上，无功用地，无漏心任运无作而作，净心菩萨、法性生身菩萨。

初地至七地，有功用地，未证净心菩萨。

通过上面对净心的分析，看到净土宗对净心地有着详细的论述。禅宗所指的净心地是心性，在道信的禅法当中，把念佛和念心等同，"心净则国土净"，这样把净心就归到了心性的路子上，那么到了神秀所提出的"一念净心，顿超佛地"的思想，自然把净心提到了与本体佛性等同的地位，即为如来藏清净心。净土宗所提出的净心地并非对神秀"一念净心，顿超佛地"的思想毫无影响，恰恰是净土宗的净心地成就了神秀"一念净心，顿超佛地"的思想。昙鸾认为净心为八地以上，不同于初地，在神秀的渐悟修持论当中提到的究竟觉和《起信论》的究竟觉为十地，天台宗的妙觉位，究竟即佛都印证了神秀禅法思想中的觉性阶位性，成就了渐修理论。神秀"自心缘起论"吸收了《楞伽经》的思想，"渐悟修持论"吸收了《大乘起信论》、天台宗的思想，"净心成佛"论吸收了如来藏自性清净心、净土宗净心地的思。三论构成了神秀禅法思想的见道论（只是返本，并非圆满意义上的成佛），之后需要修道的真正成佛，无始以来的习气还需要渐除。

究其神秀北宗对于净土的思想最后还是要归到"性相不二"上，净心与净土不二，心净则国土净，或可以称为"心土不二"，这种思想和道信的"一行三昧"有很重要的关系。事一行三昧是，从现实心—念佛—观想佛—观法界实相，此为禅观。理一行三昧是，从观法界实相——真如，此为禅悟。

第三节　关于"净心成佛"的问题

一　"净心成佛"与涅槃的关系

神秀的"净心成佛"和涅槃是什么关系，这是值得深入思考的问

---

① （北魏）昙鸾：《无量寿经优婆提舍愿生偈注》卷下，《大正藏经》第40册，第840页中。

题。对此问题的解答必须放到神秀禅法的整个修持阶段来考虑，而修持阶段又和修持阶位密切相关。凡夫不能自觉，烦恼未断。二乘不能觉他，断烦恼，未断习气。菩萨觉行没有圆满，断烦恼，渐断习气。佛觉行圆满，烦恼，习气断尽。

阿罗汉、辟支佛和佛的区别在什么？"问曰：如阿罗汉、辟支佛，亦破淫怒痴，与佛何异？答曰：阿罗汉、辟支佛，虽破三毒，气分不尽。譬如香在器中，香虽去，余气故在。又如草木薪火烧，烟出炭灰不尽，火力薄故。佛三毒永尽无余，譬如劫尽火烧，须弥山、一切地都尽，无烟无炭。如舍利弗嗔恚余习、难陀淫欲余习、毕陵伽婆蹉慢余习。譬如人被锁，初脱时行犹不便。"[①] 阿罗汉、辟支佛虽然已断除三毒，但习气未尽，而佛三毒永尽无余。佛的最高果位为涅槃，从部派佛教开始，各个时期的涅槃含义都不尽相同。

表5-3　　　　　　　　　　　　　　涅槃含义的发展

部派佛教	有余依涅槃	子缚已断，果缚犹存
	无余依涅槃	断灭烦恼，灰身灭智
中论	实相涅槃[②]	以实相为涅槃。因缘所生法的空性为实相
地论宗、摄论宗	性净涅槃	自性清净
	方便净涅槃	通过修道（通过六度缘修）显现本有法身
唯识宗	自性清净涅槃	真如本性，自性清净，修持的方向
	有余依涅槃	断烦恼所显真如
	无余依涅槃	出生死真如
	无住处涅槃	依智慧离烦恼，但仍在迷界以大悲度众生
天台宗	性净涅槃	自性清净
	圆净涅槃	方便净涅槃，通过修道而断烦恼
	应化涅槃	佛的假身缘尽而入涅槃
净土宗	无为涅槃界	弥陀净土

---

① 《大智度论》卷2，《大正藏》第25册，第70页下。

② 涅槃具足八味，即"常、恒、安、清净、不老、不死、无垢、快乐，称为涅槃八味。若以此配以涅槃四德，常、恒为常，安、快乐为乐，不老、不死为我，清净、无垢为净"（南本《涅槃经》卷3）。

小乘智慧—缘生法现象生灭—畏惧—个人灰身灭智，声闻乘虽然知道性、相不离，但必须离一切相时，才能证得法性平等，所以小乘行者在定中即不闻，出定才闻，这种"性相差别"，也就导致了"生死涅槃"差别论，分"有余依涅槃"，"无余依涅槃"，只有"灰身灭智"才得最终解脱。大乘智慧—缘生法的真实相—了知—生佛不二、染净不二（性相不二）。

大乘行者知道"性相不离"。神秀说："悟六根本来不动，见闻之性常在，见空，又见不空等，故见中道，见佛性。"此时，能够做到"空有无碍"，"真空即为妙有"，"妙有即为真空"，"是菩萨摩诃萨得净慧眼，于一切法非见非不见、非闻非不闻、非觉非不觉、非识非不识。"①

> 涅槃不名有，有则老、死相。终无有有法，离于老、死相，眼见一切万物皆生灭故，是老、死相。涅槃若是有，则应有老、死相，但是事不然，是故涅槃不名有。又不见离生、灭、老、死别有定法而名涅槃。若涅槃是有，即应有生、灭、老、死相，以离老、死相故，名为涅槃。复次，若涅槃是有，涅槃即有为，终无有一法，而是无为者。②

"涅槃与世间，无有少分别。世间与涅槃，亦无少分别。五阴相续往来因缘故，说名世间。五阴性毕竟空，无受寂灭，此义先已说，以一切法不生不灭，故世间与涅槃无有分别，涅槃与世间亦无分别。复次，涅槃之实际，及与世间际，如是二际者，无毫厘差别。"③ "何等是涅槃？答曰：受诸因缘故，轮转生死中；不受诸因缘，是名为涅槃。"④

神秀的禅法思想和《楞伽经》《大乘起信论》有着密切的关系。"以无明灭故，心无有起；以无起故，境界随灭；以因缘俱灭故，心相

---

① （唐）玄奘译：《大般若波罗蜜多经》卷8，《大正藏》第5册，第43页中。
② 《中论》卷4，《大正藏》第30册，第35页上。
③ 《中论》卷4，《大正藏》第30册，第36页上。
④ 《中论》卷4，《大正藏》第30册，第35页中。

皆尽，名得涅槃。"① 菩提是修行结果，涅槃称为果果，依菩提而证涅槃，加行果得无漏智。

"佛性者，有因，有因因，有果，有果果。有因者，即十二因缘。因因者，即是智慧。有果者，即是阿耨多罗三藐三菩提。果果者，即是无上大般涅槃。"② "常住佛果，具足一切佛法，名菩提果。四德涅槃，名为果果。"③

因地——果地；万行——果德；因修——果证；佛教的因果关系有两种，"心果法"和"非心果法"，"心果法云何？谓一切有为法及择灭。非心果法云何？谓虚空非择灭"。④ 心果法指的是有为法，其产生是因为因果相续的缘故，后生之法相对于前因称为果，择灭虽然属于无为法，但也可以称为果，因为其由道力证悟。虚空、非择灭都不是果，所以称为非心果法。

十二因缘——菩提（佛果之智德）——涅槃（佛果之断德）。此过程包含两重因果，第一重因果是十二因缘为因，菩提（佛果之智德）为果。第二重因果是菩提（佛果之智德）为因，涅槃（佛果之断德）为果。由此看来，十二因缘称为因因，涅槃（佛果之断德）称为果果。

菩提是修行之果，通过菩提而证涅槃称为果果。"佛性者有因，有因因，有果，有果果。有因者，即十二因缘，因因者，即是智慧，有果者，即是阿耨多罗三藐三菩提。果果者，即是无上大般涅槃。善男子，譬如无明为因，诸行为果，行因识果，以是义故，彼无明体亦因，亦因因，识亦果，亦果果，佛性亦尔。"⑤ "故知经意以十二因缘为理性三因，故名为因，观因缘智望果是因，因上起因，故云因因，菩提望因名之为果，菩提果上又加涅槃，名为果果。"⑥

神秀禅法思想的因果体系：第一重因果，未显现净心——净心地——佛果，含有两重因果，未显现净心为因，净心地为果（见性返本，由性

<hr />

① 《大乘起信论》，《大正藏》第 32 册，第 578 页中。
② 《大般涅槃经》卷 27，《大正藏》第 12 册，第 524 页上。
③ （隋）智顗：《四教义》卷 10，《大正藏》第 46 册，第 759 页下。
④ 《阿毗达摩品类足论》卷 6，《大正藏》第 26 册，第 714 页中。
⑤ （北凉）昙无谶译：南本《涅槃经》卷 25，《大正藏》第 12 册，第 768 页中。
⑥ （唐）湛然：《法华玄义释签》卷 11，《大正藏》第 33 册，第 891 页下。

相分离——无住涅槃，性相不二）。第二重因果，净心地为因，佛果为果（渐断习气，成就佛果）。未显现净心—净心地，这重因果当中包括自心缘起—渐悟修持—净心成佛。

神秀禅法思想中的两重因果和《涅槃经》中所说的因果序列非常相似。第一重因果分为三个阶段，"自心缘起""渐悟修持""净心成佛"。第二重因果：净心地为因，圆满佛地未果，这一过程称为圆证佛果，因为第一重因果虽然见性，但无始以来的习气还要在第二重因果中断除。神秀禅法思想主要体现在第一重因果中。

1. 返本。神秀吸收了唯识的思想，染净依、迷悟依。染净依的理论根源在部派佛教中心性本净的思想。染净依心而有生死，迷悟依理而有迷悟，大乘佛教讲的是中道实相，性相不离，所谓的染净、迷悟之分都是因为未见实相而产生的。根据神秀的思想，既有染净依，也有迷悟依。在心性论上，依心的染净依侧重返本。神秀说："一者净心，二者染心。此二种心法，亦自然本来俱有；虽假缘合，互相因待。净心恒乐善因，染体常思恶业。若不受所染，则称之为圣。遂能远离诸苦，证涅槃乐。若堕染心，造业受其缠覆，则名之为凡，沉沦三界，受种种苦。何以故？由彼染心，障真如体故。《十地经》云：众生身中有金刚佛性，犹如日轮，体明圆满，广大无边；只为五阴重云所覆，如瓶内灯光，不能显现。又《涅槃经》云：一切众生悉有佛性，无明覆故，不得解脱。"

显然神秀的净心就是金刚佛性，而染心就是五阴重云，这显然是心性本净的思想，见道即为返本。"故知众生与佛性，本来共同。以水况冰，体何有异。"[①] 生佛不二，体性平等。净心是性，是理，染心是事是相。神秀的返本只是"见道"，"见性"。追求的是一种智慧，成就的是法身佛。

2. 事修。见性以后，证得无住涅槃。禅宗作为显教，不同于密教，密教是"即身成佛"，而显教是隔世，其原因就在于无始以来的积习没有顿除。"见道"可以"顿见"，而去除习气只能"渐除"。禅宗的"即心"为"见理"，密宗的"即身"为当下成佛。"理则顿悟，乘悟

---

① 《楞伽师资记》，《大正藏》第85册，第1283页上。

并销；事非顿除，因次第尽。"① 神秀在"悟理"中，"渐顿"思想是都有的。"言习气者，是现气分熏习所成，故名习气。"② 除的是色身的因缘果报，所破的为俱生二障，由习染而得，这种习气是与生俱来的，必须渐修才能得到。习气是行为、事件发生后，留下潜在的能力，能够影响未来的行为、事件。按照唯识的说法习气是种子的异名，禅宗见性以后所断的习气为异熟习气。习性按照唯识的说法即为所知障，是原来无明、烦恼的沉淀。《圆明论》说："凡夫无始以来烦恼熏习积累，非今不可一时顿尽之，复依今解悟，常觉现前，勿令无明烦恼重起，是名因行。习气烦恼都尽，更不得与色尘、境界重合，始名断尽。"③

神秀净、染分离的思想，在逻辑上必然导致渐修。"见道"（见性）之时必然导致顿悟，此时便能达到"性相"不二的境地。神秀所指涅槃是无住涅槃，"悟六根本来不动，见闻之性常在，见空，又见不空等，故见中道，见佛性"。生死与涅槃没有差别，性相不二。第一个是返本，体证实相之理，中道之理，了知性相不二，生死即涅槃；第二个是事修，得圆证佛果，以悲智来化度众生。"尔来无量劫，为度众生故，方便现涅槃，而实不灭度，常住此说法。"④ 佛的涅槃是入法性常住的境地，并不是薪尽火灭，肉身不在，但法身常存，如来大般涅槃之体就是法身。

二 神秀的净、染二心是否对立？

认为神秀是二元论思想（主净染分离）的，在没有搞清楚神秀禅法思想的修持阶段，其根本原因就在于把见性之前的渐修（性相分离）同见性之后的顿悟（性相不二）混淆到一起。"日日勤拂拭，莫使惹尘埃"，有两种理解，见道前拂拭尘埃是为了见性、见道，而见性后，还需拂拭吗？防止尘埃再落上？见性以后，仍需拂拭，护持净心，此时无始以来的习气未完全根除，仍需事修。

神秀认为："二乘人灭六识，证空寂涅槃，是邪定。菩萨知六根本

① 《楞严经》卷10，《大正藏》第19册，第155页上。
② 《成唯识论述记》卷2，《大正藏》第43册，第298页下。
③ 《圆明论》1卷，《北图敦煌写经》（189），第4页。
④ 《法华经》卷5《寿量品》，《大正藏》第9册，第43页中。

来不动，有声、无声，声落谢常闻，是正定。"① 这句话说二乘只能在定中证得法性平等，出定就不行了，实际上是有"性相差别"的缘故。而大乘菩萨证的是"性相不二"，"真空妙有"，不落入"顽空"也不落入"常有"，所以可称为正定。这里的菩萨，就是神秀所指见性之后，已证得无住涅槃，那么神秀又如何落入染净分离的二元论思想呢？由对大乘涅槃说进行分析，神秀的"净心成佛"悟得中道实相，在生活实践中证悟佛理，又在生活实践中，践行佛理。"非于生死外有涅槃，非于涅槃外有生死；生相涅槃无相违相。如生死涅槃，一切法亦如是，是名无二相。"②"当知佛不令众生出生死、入涅槃；但为度妄想分别生死、涅槃二相者耳，此中实无度生死至涅槃者。所以者何？诸法平等，无有往来，无出生死，无入涅槃。"③

涅槃与世界代表了本体与现象没有区别，但这只有具有了中道实相的智慧之时，才能够达到的境界。但这种本体是不能定性质的，是超思维的，康德认为本体可以思维有一定道理，但仅仅把本体当作思维的概念，否定人认识本体的能力，但按照佛教的思想，本体本身就是一种思维，一种智慧，既非有也非无，是人类达到中道的一种境界。宗教和哲学还是有区别的，宗教的目的是成佛，没有成佛的原因在于心有染的一面，和对理有迷的一面，一旦具有了中道实相的智慧，这种"性相有别"的思维即消失，从而生与佛无异，众生就是佛，那么涅槃也就是和佛合一的境界了。

"如佛经中说，断有、断非有，是故知涅槃，非有、亦非无。"④"如来灭度后，不言有与无；亦不言有无，非有及非无。如来现在时，不言有与无；亦不言有无，非有及非无。"⑤

正因为大乘菩萨能够了悟中道实相，"性相不二"，即得出"生死即涅槃"，"烦恼即菩提"的观点，以大乘菩萨的悲愿来度众生，这是大乘的各个宗派所共有的。神秀禅法思想论述的重点实际上是在三论，

---

① 《大乘无生方便门》，《大正藏》第85册，第1275页上。
② 《大乘入楞伽经》卷2，《大正藏》第16册，第599页上。
③ 《思益梵天问经》卷1，《大正藏》第15册，第36页下。
④ 《中论》卷4，《大正藏》第30册，第35页中。
⑤ 《中论》卷4，《大正藏》第30册，第35页下。

"自心缘起论""渐悟修持论""净心成佛论"的返本上。

三 从菩提角度如何理解"净心成佛"?

从菩提的角度如何理解"净心成佛"？菩提，梵语为 bodhi，有觉、智、知等名称，神秀禅法思想中的菩提，能够用天台宗、唯识宗的理论解释。天台宗将菩提分为三种：实相菩提、实智菩提和方便菩提。

实相菩提、无上菩提，悟实相理，法身。实智菩提、清净菩提，悟契合理般若。方便菩提、究竟菩提，教化众生，解脱。

"净心成佛"得"实相菩提""实智菩提"。"实相菩提"代表了菩提的客观方面，侧重于理。"实智菩提"代表了菩提的主观方面，侧重于智慧。解悟和"实相菩提"相关，悟得中道实相之理，证悟和"实智菩提"相关，以心性与实相之理相契合。

禅宗对"悟"的理解有解悟和证悟两种，"净心成佛"是证悟，解悟与证悟并非是截然分离的，在逻辑上，证悟必然含有解悟，否则如何用心性契合实相之理。明末憨山对解悟和证悟作出了解释。

> 凡修行人，有先悟后修者，有先修后悟者。然悟有解证之不同。若依佛祖言教明心者，解悟也。多落知见于一切境缘，多不得力。以心境角立，不得混融，触途成滞，多作障碍，此名相似般若，非真参也。若证悟者，从自己心中朴实做将去，逼拶到山穷水尽处，忽然一念顿歇，彻了自心，如十字街头见亲爷一般，更无可疑，如人饮水，冷暖自知，亦不能吐露向人，此乃真参实悟。然后即以悟处融会心境，净除现业流识，妄想情虑，皆融成一味真心，此证悟也。此之证悟亦有深浅不同。若从根本上做工夫，打破八识窠臼，顿翻无明窟穴，一超直入更无剩法，此乃上上利根。①

解悟依于言教明心，这样容易落于知见，并不得力，证悟是融会心境，可以净除业识。因此，神秀的"净心成佛"是证悟，到了"一念净心，顿超佛地"的地步，并不意味着修持就完成了，其实这仅仅是

---

① 《憨山老人梦游集》卷2，《卍续藏经》第73册，第469页中。

见道的过程而已。《传法宝纪》记载："忍（弘忍）、如（法如）、大通（神秀）之世，则法门大启，根机不择，齐速念佛名，令净心，秘来自呈，当理与法。犹递为秘重，曾不昌言，傥非其人，莫窥其奥。"①

　　若欲忏悔者，端坐念实相，是名第一忏悔。并除三毒心、攀援心、觉观心念佛，心心相续，忽然澄寂，更无所缘念。《大品经》云：无所念者，是名念佛。何等名无所念？即念佛心名无所念。离心无别有佛，离佛无别有心，念佛即是念心，求心即是求佛。所以者何？识无形，佛无形，佛无相貌。若也知此道理，即是安心。常忆念佛，攀援不起，则泯然无相，平等不二，不入此位中，忆佛心谢，更不须征，即看此等心，即是如来真实法性之身……亦无能观所观之意。如是等心，要令清净，常现在前，一切诸缘不能干乱……住是一心中，诸结烦恼自然除减。于一尘中具无量世界，无量世界集一毛端，于其本事如故，不相妨碍。②

　　通过念佛了悟实相，也可称为"实相念佛"，那么通过念佛悟实相理，所得即为"实相菩提"。

　　"净心成佛"得"大圆镜智"。"大圆镜智"也是菩提，"因地觉心，欲求常住，与果位名目相应。世尊如果位中，菩提、涅槃、真如、佛性、庵摩罗识、空如来藏、大圆镜智，是七种名，称谓虽别，清净圆满，体性坚凝，如金刚王，常住不坏。"③ 神秀的禅法理论称为"三论""两重因果说"，按两重因果的说法，第一重因果为返本，第二重因果为渐修断除习气。前面的文章分析过，神秀的净心在唯识上对应的是大圆镜智，神秀认为"一念净心，顿超佛地"，大圆镜智也只有佛地才具有的智慧，在慧能那里同样有，大圆镜智在悟中就可以达到的表述"自性具三身，发明成四智，不离见闻缘，超然登佛地。"④

　　这里的佛地其实和神秀所表述的佛地并无差别。唯识认为转六识、

① 《传法宝纪》，收录于杨曾文校写《六祖坛经》，宗教文化出版社2001年版，第181页。
② 《楞伽师资记》，《大正藏》第85册，第1278页上。
③ 《楞严经》卷4，《大正藏》第19册，第123页下。
④ 《六祖大师法宝坛经》，《大正藏》第48册，第356页中。

七识才能断除习气，习气在唯识那里是种子的异名。六七因中转，因为第六识起分别心，通过七识的传递作用，六识现行形成的习气储存在了八识当中，到十地菩萨所有习气才能断尽，第八识和前五识要在佛的果地上才能转成大圆镜智，圆证佛果。神秀所指佛地，表示达到了"净心"的境界，并非习气已经断尽。

慧能说："虽六七因中转，五八果上转，但转其名而不转其体也。通顿悟性智，遂呈偈曰：三身元我体，四智本心明，身智融无碍，应物任随形。起修皆妄动，守住匪真精，妙旨因师晓，终亡染污名。"① 转的是名并非体，只要顿悟四智即可至佛地，至佛地并未真正成佛，"汝若心悟，即自见性，依法修行"②，见性以后还需修行，所以并没有成佛。

"净心成佛"后，仍需依智而修。"渐修者，顿悟本性，于佛无殊，无始习气，难卒顿除，故依悟而修，渐熏功成，长养圣胎，久久成圣，故云渐修也"③ "今初心虽悟，犹有旷劫习气未顿净，须教渠净除现业流识，即修也。"④ 通过渐修顿悟本性实际上和佛的境界已经没有差别，但无始以来的习气并不能马上就能除掉，仍要依悟而修逐渐除去。憨山提出了如何渐消习气的方法，以所悟之理观照，以理缘境，历境验心，逐渐消除妄想，显得本智。

> 所证者深，其余渐修。所证者浅，最怕得少为足，切忌堕在光影门头。何者以八识根本未破，纵有作为皆是识神边事，若以此为真大似认贼为子。古人云：学道之人不识真，只为从前认识神。无量劫来生死本，痴人认作本来人。于此一关最要透，所言顿悟渐修者，乃先悟已彻，但有习气未能顿净，就于一切境缘上以所悟之理，起观照之力，历境验心，融得一分境界，证得一分法身，消得一分妄想，显得一分本智。⑤

① 《六祖大师法宝坛经》，《大正藏》第 48 册，第 356 页中。
② 《六祖大师法宝坛经》，《大正藏》第 48 册，第 359 页中。
③ （元）知讷：《高丽国普照禅师修心诀》，《大正藏》第 48 册，第 6 页下。
④ （清）钱伊庵：《宗范》卷上，《卍续藏经》第 65 册，第 298 页上。
⑤ 《憨山老人梦游集》卷 2，《卍续藏经》第 73 册，第 469 页中、下。

现代学者黄忏华在《佛教各宗大意》中对依悟而修作出了解释，"顿悟初心之后，犹有旷劫习气未除，仍宜依悟而修，净除余习，因修乃入圣位"①。黄氏谈到了悟后起修的方法"先悟后修，即普通坐禅者，皆须于悟后，更起持戒看教等修行"②。悟后的方法是习诵、持戒以此来熏修。

通过上述说明，"净心成佛"换用禅宗的术语来说，即为"见性"。不过对于"见性"，目前存在以下理解。

1. "见性"为十住③位。"佛性亦二：一者可见，二者不可见；可见者：十住菩萨、诸佛世尊；不可见者：一切众生。"④

2. "见性"为初地菩萨。"释曰：随次依前六见性修三学者，菩萨于初地通达真如，第二地学增上戒，第三地学增上心，第四、第五、第六地学增上慧……随次依后四得果，有四种者，依第七地，得无相有功用住，为第一果。依第八地，得无相无功用住，为第二果。依第九地，得成熟众生，为第三果。依第十地，得二门成熟，为第四果……释曰：初地见性如前解，第二地中戒身清净，第三地中定身清净，第四、第五、第六地中慧身清净。后四地及佛地，解脱身解脱知见身清净。"⑤见性为初地，戒、定、慧属二至六地，七至十地依次为四种果。

3. 禅宗为"理即佛"。"今虽然即佛，此是理即，亦是素法身，无其庄严，何关修证者也。"⑥禅宗以见性返本为目的，"理即佛"仅说明众生皆有佛性，并不能代表禅宗"成佛"思想。

神秀的返本实际上用果位来衡量，意义不大，一方面，禅宗思想的核心是在追求一种智慧，所以没有与破无明、断烦恼在相应的阶位对应相应的智慧这种关系，追求的是法身成佛；另一方面，神秀说得很清楚，不用经过三大阿僧祇劫，只需观心即可解脱，对于修持过程每一阶次所对应的果位，并不是关注的重点，神秀对佛教次第的修持已经做了

---

① 黄忏华：《佛教各宗大意》，台北：新文丰出版1988年版，第298页。

② 黄忏华：《佛教各宗大意》，台北：新文丰出版1988年版，第298—299页。

③ 所引《大般涅槃经》这句中的"十住"与"十地"同。

④ 《大般涅槃经》卷28，《大正藏》第12册，第530页中。

⑤ 《大乘庄严经论》卷13，《大正藏》第31册，第57页下、第58页上。

⑥ 《天台四教仪》，《大正藏》第46册，第779页上。

很大的变革。不但不关注而且要超越。但"渐悟"的修持过程并非因此而取消。

尽管如此，对于神秀并非无思想可寻，对于"返本"是"净心"的结果，在此基础上，就能成就四智，所以神秀说"观心"一法不用经历三大阿僧祇劫即在于此。另外，见性以后仍需事修，返本的净心需要保持，勤奋修持渐除习气，时常保持觉照，不能因为无始以来的习气再次沾染，因为习气并未根除，禅宗的这种思想来源应该来自《楞严经》，其根本原因在于阶位与所断习气、所成的智慧并非一一对应的关系，按照传统佛教的说法，某一阶位对应相应的觉性，断除相应的烦恼，成就相应的智慧，到了佛地就是真正的成佛，圆证佛果，在时间上是共时性的过程，而神秀把此改为了历时性，即通过"离染显净"的方法，而成大智慧，然再依此大智慧进行事修，这样对于禅宗所具有的现实意义是不可估量的，常人所认为历经"三大阿僧祇劫"的智慧，今生就可达到，这难道不是对于佛教修持思想的重大变革吗？而后习气的尽除也并未违反佛教的根本教义，这才是神秀禅法思想的关键所在。

第六章 神秀与慧能的禅法思想比较

南北宗的称法有两种理解：一种是地域上的划分。"法即一宗，人有南北，因此便立南北。"[1] 另一种是称"南天竺一乘宗"[2] 为南宗，这样南宗就成为正宗，自然就会和北宗的禅法对立了起来。《续高僧传》说达摩所传禅法为"依南天竺一乘宗讲之，又得百遍，其经本是宋代求那跋陀罗三藏翻，慧观法师笔受，故其文理克谐，行质相贯，专唯念惠，不在话言。于后达摩禅师传之南北，忘言忘念，无得正观为宗，后行中原"[3]。达摩所传的禅法就是"南天竺一乘宗"，经本由宋求那跋陀罗翻译，后来此禅法在中原流行，其根本思想是忘言、忘念，无得正观。慧能的禅法思想也很有特色，这种禅法不是通过见、闻、觉、知、来修禅定，其实这种思想在原始佛教中就有所体现，《杂阿含经》卷三十三说"比丘如是禅者不依地修禅，不依水、火、风、空、识、无所有、非想、非非想而修禅，不依此世（界），不依他世（界），非日、月，非见、闻、（感）觉、识（别），非得、非求、非随觉（受）、非随观（察）而修禅"[4]。这样，对于神秀和慧能的禅法思想比较就显得非常有意义，关系着禅门的正宗。

第一节 神秀与慧能本体论上的比较

一 一元论与二元论的判定

以往的说法一谈到神秀就称为净、染二元论，我们认为这样的说法

---

① 敦煌本《坛经》，《大正藏》第 48 册，第 342 页中。
② （唐）道宣：《续高僧传》卷 35，《大正藏》第 50 册，第 666 页中。
③ （唐）道宣：《续高僧传》卷 35，《大正藏》第 50 册，第 666 页中。
④ 《杂阿含经》卷 33，《大正藏》第 2 册，第 236 页上。

不是很准确，能否表述成本体论与缘起论不合一。神秀的心性思想不单是净、染二心，还有自心、渐悟思想，而净、染二心本身就是因为自心起用而产生的，成佛的途径是通过渐悟。因此，神秀禅法思想体系为"自心缘起"论、"渐悟修持"论、"净心成佛"论，所以说到神秀净、染二元论的说法，还不是很确切的。我们在把神秀同西方哲学的比较中，谈到了神秀与康德之间的关系，即康德提出了二元论的问题，形上与形下如何沟通？神秀的方法是渐悟修持，胡塞尔的方法是本质还原。但是如果从慧能禅法的角度看来，就根本不存在二元论的问题。

慧能所说的自性既是缘起论，又是成佛论的根据。"恶人、善人、恶法、善法、天堂、地狱尽在空中，世人性空，亦复如是。性含万法是大，万法尽是自性见（现），一切人及非人，恶知与善，恶法、善法尽皆不舍，不可染著，由（犹）如虚空，名之为大。"① 实际上在慧能那里，是将神秀禅法中的"自心缘起""渐悟修持""净心成佛"合为一体的。如果是这样，慧能所说的自性也必然地包含着三种含义，事实上也是如此。无论是慧能还是神秀都是主如来藏清净心的传统，即人人的心都是自性清净的。

如果问神秀与慧能在禅法上最大的区别是什么？我们作一比喻，神秀的修持论是一条线，从自心缘起—渐悟修持—净心成佛（人性→佛性）体现了线性的修持过程。而慧能的修持论就如同一个圆，圆的特点就在于既没有始点也没有终点，从任何一点（缘起、修持和成佛）切入，都能"明心见性"。

从人性与佛性的关系来看，神秀的禅法思想是人性逐渐接近佛性的过程，而慧能认为人性当下就是佛性。但应该着重指出的是，慧能所强调的人性与佛性的关系实际上是众生自性觉、迷的两种状态。自性觉人性就是佛性，自性迷人性就是众生。

神秀禅法中，渐中有顿，慧能禅法中顿中有渐，只不过对于不同根器的人来说，悟的快慢有所不同。他们的禅法实际上都是三根普摄的，

---

① 敦煌本《坛经》，《大正藏》第48册，第339页下—340页上。《坛经》全名为《南宗顿教最上大乘摩诃般若波罗蜜经六祖慧能大师于韶州大梵寺施法坛经》，为方便引用，故简称敦煌本《坛经》。

自道信所传"一行三昧"以来就是渐、顿并存。《大乘无生方便门》说："一念净心，顿超佛地。"《观心论》有这样顿悟的描述，"超凡证圣，目击非遥；悟在须臾，何烦皓首"①。尽管神秀也有顿悟的思想，但这都是建立在渐修的基础上，从自心缘起—渐悟修持—净心成佛的理路上并没有发生根本改变。

慧能也有渐法的思想，"法无顿渐，人有利钝，明即渐劝，悟人顿修，识自本是见本性，悟即元无差别，不悟即长劫轮回。知识，我自法门从上已来，顿渐皆立无念无宗、无相无体、无住无为本"②。神会的渐修是依悟而修，"北宗但是渐修，全无顿悟，无顿悟故，修亦非真。荷泽则必先顿悟，依悟而修。故经云：若诸菩萨悟净圆觉（悟也），以净觉心，取静为行，由澄诸念，觉识烦动等（修也），此顿悟渐修之意。"③ 慧能、神会所说的渐修实际上是修道，见道以后而修道，见理后而后事修。

对于神秀与慧能的思想是对立的还是一致的，主要依所观察的角度分析。长期以来的观点认为神秀与慧能的禅法是对立的，无论从心性修持还是从佛经来源上，都有所侧重，这种倾向自道信的禅法中就显现了出来。

神秀：观心，守心；息妄修心；常坐不卧；《楞伽经》思想。

慧能：识心见性；自在随心；坐卧皆禅；般若思想。

对于神秀与慧能禅法思想上的区分，应分阶段来看。无论神秀的"一念净心，顿超佛地"，还是慧能的"顿悟成佛"，都指的是"见道"。用禅宗的话来讲是"明心见性"，对于"见道"前神秀与慧能的差别是存在的，但"渐修"是一过程，而慧能的"顿悟"是一点。当下"顿悟"和当下"见道"的含义是一样的，那么神秀与慧能的差别自然就出来了，一个是"渐"，可理解为未见道或正在接近见道，这怎么能同慧能当下见道一样，"渐"与"顿"的区别就是"性相相分"与"性相不二"的区别。但在修道的时候，神秀和慧能在理论

① 《观心论》，《大正藏》第 85 册，第 1273 页中。
② 敦煌本《坛经》，《大正藏》第 48 册，第 338 页中、下。
③ （唐）宗密：《中华传心地禅门师资承袭图》，《卍续藏经》第 63 册，第 35 页下。

上的差别已经不大了，都是"体用相即"，"性相不二"的思想。神秀的禅法为"三论""两重因果说"，此中分为两个过程，自心缘起—渐悟修持—净心成佛，这是见性返本的过程，属于见道。而从净心再到果地成佛，是修道过程，这叫"悟后起修"，虽然见性返本，但无始以来的习气还没有除去。在"见性"之后，无论神秀还是慧能都是以"般若空宗"的智慧来指导禅修，在本质上，都是主"自性清净心"的如来藏系统。

慧能以本性来表示真如。"善知识！何名坐禅？此法门中，无障无碍，外于一切善恶境界，心念不起，名为坐；内见自性不动，名为禅。"①"故知一切万法，尽在自身心中，何不从于自心顿现真如本性。《菩萨戒经》云：我本愿自性清净，识心见性，自成佛道，实时豁然，还得本心。善知识，我于忍和尚处，一闻言下大悟，顿见真如本性。"②此处的"本性"与"性"，都具有真如与佛性的意义。

慧能与神秀在"心性本净"上，并没有什么本质的不同。只不过在具体实践上，神秀的禅法没有慧能简洁罢了，对于利根之人，慧能实则省去了渐的过程，提倡"直指人心，见性成佛"③。同样对于利根之人，对于神秀禅法来说，也能"一念净心，顿超佛地"。所以，在分析慧能与神秀是一元论还是二元论的思想时一定要具体分析。

神秀禅法结构：未显现净心—净心地—佛果，此过程为两重因果。第一重因果，未显现净心为因，净心地为果，这一过程包括自心缘起—渐悟修持—净心成佛，由性相分离悟到性相不二。第二重因果，净心地为因，成佛为果。

二 佛性论："众生皆有佛性"与"万法在自性"

慧能的禅法思想分为三个方面：佛性论、修持论和唯心净土论。修持论包括般若思想、顿悟思想、无相戒思想。

慧能的佛性论思想：

---

① 《六祖大师法宝坛经》，《大正藏》第 48 册，第 353 页中，简称契嵩本《坛经》。
② 敦煌本《坛经》，《大正藏》第 48 册，第 340 页下。
③ 契嵩本《坛经》，《大正藏》第 48 册，第 345 页下。

1. 人人都有佛性。"人即有南北，佛性即无南北，猲獠身与和尚不同，佛性有何差别？"①

2. 自性本来清净。"善知识，世人性本自净，万法在自性。"②

3. 自性含万法。"自性含万法，名为含藏识"③，"善知识！自性能含万法是大，万法在诸人性中"④，"一切善法，因善知识能发起故。三世诸佛、十二部经，在人性中本自具有。不能自悟，须求善知识指示方见；若自悟者，不假外求"⑤。"一切万法，不离自性。遂启祖言：'何期自性，本自清净；何期自性，本不生灭；何期自性，本自具足；何期自性，本无动摇；何期自性，能生万法。'祖知悟本性，谓慧能曰：'不识本心，学法无益；若识自本心，见自本性，即名丈夫、天人师、佛。'"⑥

4. 佛性是不二之法。"佛性是不二之法，《涅槃经》明其佛性不二之法，即此禅也……佛性非常，非无常。是故不断。名之不二……性非善，非不善，是故不断，名为不二。又云：蕴之与界凡夫见二，智者了达其性无二，无二之性即是实性。明与无明，凡夫见二，智者了达其性无二，无二之性即是实性，实性无二。能大师谓法师曰：故知佛性是不二之法。"⑦

从上述看出，慧能对佛性的理解，表现在如下几点：1. 人人皆有佛性，皆可以成佛。《大般涅槃经》就有这样的表述"智者了知一切众生悉有佛性。"⑧ 在天台宗那里被表述为"理即佛"。2. 自性本来清净。表明自性所表示的就是如来藏清净心。3. 自性含万法。慧能认为"自性含万法，名为含藏识"。这里显然把自性等同于藏识，那么自性是否能生恶法呢？敦煌本《坛经》认为自性可以生恶法，自性恶用就是众生，邪起就是佛。"由自性邪起十八邪含，自性十八正含，恶用即众

---

① 敦煌本《坛经》，《大正藏》第48册，第337页中。
② 敦煌本《坛经》，《大正藏》第48册，第339页上。
③ 敦煌本《坛经》，《大正藏》第48册，第343页中。
④ 契嵩本《坛经》，《大正藏》第48册，第350页中。
⑤ 契嵩本《坛经》，《大正藏》第48册，第351页上。
⑥ 契嵩本《坛经》，《大正藏》第48册，第349页上。
⑦ 《曹溪大师别传》，《卍续藏经》第86册，第50页下、第51页上。
⑧ 《大般涅槃经》卷6，《大正藏》第12册，第402页下。

生，善用即佛。"① 4. 佛性是不二之法，佛性超越了二元对立。其中的
如来藏清净心的思想反映出慧能的本体论，和神秀在禅法思想是一致
的，而且都主张人人皆有佛性，都能成佛。不过在其他方面还是有所区
别，如慧能的"自性含万法，名为含藏识"，在神秀那里表述本体的范
畴是"净心"，净心显然和藏识不同，这是二人的不同之处，需要注意
区别。

第二节　神秀与慧能的修持论比较

一　神秀"渐悟"与慧能"顿悟"

神秀和慧能的禅法思想一般以渐、顿区分。对于神秀的渐悟思想，
在"渐悟修持"与"净心成佛"中都有详细介绍，这里只作简要说明。
神秀禅法思想的因果体系：从未显现净心—净心地—佛果，包含两重因
果。第一重因果是从未显现净心—净心地，此过程为见性返本，由性相
分离—无住涅槃，性相不二。第二重因果是从净心地—佛果，此过程渐
断习气，成就佛果。

神秀从自心缘起到净心成佛这个阶段，属于渐悟，随着觉性的不断
提高（相对现象界而言），人性逐渐向佛性接近，净心成佛体现了神秀
的顿悟思想"一念净心，顿超佛地"，但前提仍然离不开"渐悟修持"，
只不过对于利根之人，"净心"可能在"一念"之前就能达到，实现
"去染显净""返本归心"。

慧能的顿悟思想：1. 识心。"我本愿自性清净，识心见性，自成佛
道，实时豁然，还得本心。善知识，我于忍和尚处，一闻言下大悟，顿
见真如本性，是故汝教法流行后代。今学道者，顿悟菩提，各自观心，
令自本性顿悟，若能自悟者，顿觅大善知识，亦道见性。"② 2. 本心即
佛。"菩提只向心觅，何劳向外求玄。"③ "见取自性，直成佛道。"④

---

① 敦煌本《坛经》，《大正藏》第 48 册，第 343 页中。
② 敦煌本《坛经》，《大正藏》第 48 册，第 340 页下。
③ 契嵩本《坛经》，《大正藏》第 48 册，第 352 页下。
④ 契嵩本《坛经》，《大正藏》第 48 册，第 352 页下。

3. 见性。"不识本心，学法无益，识心见性，即吾大意。"①

慧能的顿悟思想是教人自悟自修，"若识本心即是解脱。"修持者需要明心，让自己的本性显发出来，明心即能见性。1. 顿见真如本性。"我于忍和尚处，一闻言下大悟，顿见真如本性。"② 2. 刹那。"若悟无生顿法，见西方只在刹那。不悟顿教大乘，念佛往生路遥，如何得达。"③ "此但是顿教，亦名为大乘，迷来经累劫，悟则刹那间。"④ 3. 人们的悟性上有差异。"法无顿渐，人有利钝，明即渐劝（按：明应作迷，劝应作契），悟人顿修。识自本是见本性，悟即元无差别，不悟即长劫轮回。"⑤

慧能的顿悟思想概括为以下六点：1. 刹那。2. 领悟实相。3. 佛性显现。4. 返本自性。5. 悟无所得。6. 自性自度。顿的思想强调时间之快，西方净土即在眼前，顿悟所带来的效果是佛性得以显发，但这一切并非他力所成，皆依靠自己的力量而修得，"尽是众生，各须自性自度，是名真度。何名自性自度？即自心中，邪见烦恼愚痴众生，将正见度。既有正见，使般若智打破愚痴迷妄众生，各各自度"⑥。如何自性自度？用自己本有的般若智慧来断除愚痴迷妄。顿与渐的根本原因在于人根器上的差异。关于顿悟思想的要领可表述为"无相、无住、无念"。

"若起正真般若观照，一刹那间，妄念俱灭。若识自性，一悟即至佛地。善知识！智慧观照，内外明彻，识自本心。若识本心，即本解脱。若得解脱，即是般若三昧，即是无念。何名无念？若见一切法，心不染著，是为无念。用即遍一切处，亦不著一切处。但净本心，使六识出六门，于六尘中无染无杂，来去自由，通用无滞，即是般若三昧、自在解脱，名无念行。若百物不思，当令念绝，即是法缚，即名边见。善知识！悟无念法者，万法尽通；悟无念法者，见诸佛境界；悟无念法

---

① 敦煌本《坛经》，《大正藏》第48册，第338页上。
② 敦煌本《坛经》，《大正藏》第48册，第340页下。
③ 敦煌本《坛经》，《大正藏》第48册，第341页中。
④ 敦煌本《坛经》，《大正藏》第48册，第342页上。
⑤ 敦煌本《坛经》，《大正藏》第48册，第338页下。
⑥ 契嵩本《坛经》，《大正藏》第48册，第354页上。

者，至佛地位。"①

神秀也有顿悟的思想，但重点强调渐，强调修持的过程。慧能也有渐悟的思想，但重点强调顿，渐与顿的差异归根到底是人根器上的差异，即领悟能力上的不同。需要指出的是，无论神秀还是慧能都有"悟后起修"的阶段。

二　神秀"持心戒"与慧能"无相戒"

神秀的"持心戒"思想，"是持心戒，以佛性为戒性。心瞥起，即违佛性，是破菩萨戒。护持心不起，即顺佛性，是持菩萨戒"。

"菩萨摩诃萨，由持三聚净戒，行六波罗蜜，方成佛道；今令学者，唯只观心，不修戒行，云何成佛？答：三聚净戒者，即制三毒心也。制三毒成无量善聚。聚者会也，无量善法普会于心，故名三聚净戒。六波罗蜜者，即净六根也。"② 戒行的遵守在于能否让六根清净，护持心不起。

慧能的无相戒思想：1. 无相戒。"我此法门，从上以来，先立无念为宗，无相为体，无住为本。"③ 2. 无相。"无相者，于相而离相。"④《金刚经》说："凡所有相，皆是虚妄。"⑤ 如果能离一切诸法之相，法体自会清净。3. 无住。"无住者，为人本性。念念不住，前念、今念、后念，念念相续，无有断绝，若一念断绝，法身即离色身。念念时中，于一切法上无住，一念若住，念念即住，名系缚。于一切法上念念不住，即无缚也，以无住为本。"⑥ 4. 无念。"无念者，于念而无念。"⑦ "于诸境上，心不染，曰无念。于自念上，常离诸境，不于境上生心。"⑧

慧能的"无相戒"思想，强调以佛性为戒体，所以戒本源自性清静。无相戒的关键是不着相，于相而离相，自度自戒。"心平何劳持

①　契嵩本《坛经》，《大正藏》第48册，第351页上、中。
②　《达摩大师破相论》，《卍续藏经》第63册，第9页中。
③　契嵩本《坛经》，《大正藏》第48册，第353页上。
④　契嵩本《坛经》，《大正藏》第48册，第353页上。
⑤　《金刚般若波罗蜜经》，《大正藏》第08册，第749页上。
⑥　敦煌本《坛经》，《大正藏》第48册，第338页下。
⑦　契嵩本《坛经》，《大正藏》第48册，第353页上。
⑧　契嵩本《坛经》，《大正藏》第48册，第353页上。

戒，行直何用修禅"①"此事须从自性中起，于一切时，念念自净其心，自修自行，见自己法身，见自心佛，自度自戒。"②

从"戒体"上来看，神秀与慧能并无不同，都是以佛性为戒体，从自身的心性上下足工夫。慧能说："佛向性中作，莫向身外求。"③ 区别就在于如何通过心性来护持住这个戒体。神秀的方法是让"护持心"不起，"心瞥起，即违佛性，是破菩萨戒。护持心不起，即顺佛性，是持菩萨戒④"。慧能的方法是护持心可以有念，但此念应无所住，"于念而无念"。因此，有的人把"无念""有念"作为神秀与慧能的区别，连慧能的门人也称神秀的禅法为"枯木禅"。这只是表面上的形式而已，本质上，神秀与慧能的禅法思想在"见道"方面并无不同，都是"性相不二"的般若实相之理，与自己的心性相契合。既然如此，无论"无念"还是"有念"都落入了现象界的窠臼，从形上角度来看，并无区分。如果说是区别，那只是显发之用的不同，慧能的无相戒在人们的日常生活当中，更方便一些。

三　神秀"离妄显真"与慧能"即妄显真"

神秀与慧能由于在本体论上的差异，体现到"心性修持"上，就出现了"离妄显真"与"即妄显真"这两种方法，在成佛上的表达就是"净心成佛"和"即心即佛"。对于神秀的心性思想前面已经介绍过，神秀是主心性本净的如来藏思想，但因自心起用分为净、染二心，"离妄显真"属于修持当中的第一个过程为返本，"一念净心，顿超佛地"即为见性，中间的过程是通过"渐悟修持"来达到。"离妄显真"也就是通过渐悟修持，逐渐去掉烦恼的过程。因此，神秀的"离妄显真"可界定为观"清净心"的禅法思想。

真如的含义是真实如常没有虚妄。根据《解深密经》卷三，真如分为七种："流转真如""实相真如""清净真如""了别真如""安立真如""邪行真如""正行真如"。

---

① 契嵩本《坛经》，《大正藏》第 48 册，第 352 页中。
② 契嵩本《坛经》，《大正藏》第 48 册，第 353 页下。
③ 契嵩本《坛经》，《大正藏》第 48 册，第 352 页中。
④ 《大乘无生方便门》，《大正藏》第 85 册，第 1273 页中。

慧能所指真如为实相真如，真如是诸法的实性。"此诸法胜义，亦即是真如，真谓真实，显非虚妄；如谓如常，表无变易。谓此真实于一切位常如其性，故曰真如，即是湛然不虚妄义，亦言显此复有多名，谓名法界及实际等。如余论中随义广释，此性即是唯识实性。"① 据《成唯识论》，自性清净心，佛性如来藏，法身，法性，法界，实相，圆成实性，都是同体异名。"真如是诸法正体。"②

无论是"离妄显真"也好，还是"即妄显真"，神秀与慧能所达到的都是"见道"的境界，即用般若的智慧悟得"缘起性空"之理，即真如之理，从而达到人性与佛性的合一。无论是神秀还是慧能，讨论的都是人性和佛性的关系问题，所谈论的方法，也就是人性如何接近佛性的方法。般若思想的核心就是"缘起性空""无所得"，"无智亦无得，以无所得故……三世诸佛，依般若波罗蜜多故，得阿耨多罗三藐三菩提"③。

即妄显真，显得是真如本性。慧能把自心的本性定为真如之性。"何不从于自心，顿现真如本性。"④ "菩提本无树，明镜亦无台。佛性常清净，何处有尘埃。"⑤ 慧能认为佛与众生、烦恼与菩提无有差别。"不修即凡，一念修行，自身等佛。善知识！凡夫即佛，烦恼即菩提。前念迷，即是众生。后念悟，即是佛。前念著境，即烦恼。后念离境，即菩提。"⑥ 这都说明了性相不二的思想，所以才可以即妄显真。

慧能把般若思想同心性思想结合在了一起。"菩提自性，本来清净，但悟此心，直了成佛。"⑦ 般若体现在心性上就是菩提自性。"般若常在，不离自性，悟此法者，即是无念、无忆、无著。莫起诳妄，即自是真如性用。用知惠（智慧）观照，于一切法不取不舍，即见性成佛道。"⑧《坛经》说："善知识！菩提般若之智，世人本自有之，只缘心

① 《成唯识论》，《大正藏》第 31 册，第 48 页上。
② 《无量寿经优婆提舍愿生偈注》卷下，《大正藏》第 40 册，第 840 页下。
③ 《般若波罗蜜多心经》，《大正藏》第 08 册，第 848 页下。
④ 敦煌本《坛经》，《大正藏》第 48 册，第 340 页下。
⑤ 敦煌本《坛经》，《大正藏》第 48 册，第 338 页上。
⑥ 契嵩本《坛经》，《大正藏》第 48 册，第 350 页中。
⑦ 契嵩本《坛经》，《大正藏》第 48 册，第 347 页下。
⑧ 敦煌本《坛经》，《大正藏》第 48 册，第 340 页上。

迷，不能自悟，须假大善知识，示导见性。当知愚人、智人，佛性本无差别，只缘迷悟不同，所以有愚、有智。"①

"即妄显真"与"离妄显真"这个问题的实质，还是在心性的染、净上。无论"即"还是"离"，依据的都是清净真如心，"离妄显真"的结果就是"即妄显真"，性相不二。神秀认为定慧所依皆是如来藏清净心，"离念名体（定），见闻觉知（慧）是用"②。"心为出世之门户，心是解脱之开津。"③"但能摄心内照，觉观常明。绝三毒，永使消亡，六贼不令侵扰。自然恒沙功德，种种庄严，无数法门，悉皆成就。超凡证圣，目击非遥。悟在须臾，何烦皓首。"④

这就是神秀泯除妄心，返归真心的思想"离妄显真"。慧能区分了妄心、善心、本性。妄心，即"菩提本清净，起心即是妄"⑤。"为一切众生，自有迷心。"⑥ 善心，即"若遇大乘顿教法，虔诚合掌志心求"⑦。"在家能行，如东方人心善。"⑧"识心见性，自成佛道。"本性（本性与性指真如、佛性）即"但识自本心，见自本性，无动无静，无生无灭，无去无来，无是无非，无住无往"⑨。

"人心不思，本源空寂。"⑩ 慧能这种本性无生无灭，本源空寂的思想就是般若空观的思想，慧能说起心就是妄，不起心就是清净菩提，可见慧能的"即妄显真"是有前提的，心不起才行。当然慧能在表现自性清净本心的思想上，主要以"本性"来表示真如，清净本心。众生解脱的依据依然在真如本心。这在神秀的禅法思想中，同样有般若的思想，从本体论上来说，慧能的缘起论和本体论合一，必然就会产生"即妄显真"的修持理路。

---

①　契嵩本《坛经》，《大正藏》第 48 册，第 350 页上。
②　《大乘无生方便门》，《大正藏》第 85 册，第 1274 页中。
③　《观心论》，《大正藏》第 85 册，第 1273 页上。
④　《观心论》，《大正藏》第 85 册，第 1273 页中。
⑤　敦煌本《坛经》，《大正藏》第 48 册，第 341 页下。
⑥　敦煌本《坛经》，《大正藏》第 48 册，第 340 页中。
⑦　敦煌本《坛经》，《大正藏》第 48 册，第 341 页上。
⑧　契嵩本《坛经》，《大正藏》第 48 册，第 352 页中。
⑨　契嵩本《坛经》，《大正藏》第 48 册，第 362 页上。
⑩　敦煌本《坛经》，《大正藏》第 48 册，第 342 页下。

"即妄显真"与"离妄显真"体现出了顿与渐的区别。神秀在谈到自心起用时，分为净、染二心，净、染二心自然本来俱有，说明人的心性不净的先天性、必然性、不可避免性。在时间的先后上，先有缘起论而呈现的染态，而后才有去染显净的觉悟，当然从逻辑在先上看，心性本净是成佛的根据，神秀的心性本净论从本体与现象割裂了开来，现实的心是必染的，这就有一个从发生论到本体论的修持过程，把形而下的现实心转换为形而上的净心。而在慧能那里本体论、缘起论、修持论合一，逻辑上必然会得出心性本净是现实的一面，现实的心本身就是形而上的心，"菩提般若之知，世人本自有之。即缘心迷，不能自悟，须求大善知识示道见性"①。这也是神秀北宗与慧能南宗在渐、顿上的差别。

　　慧能的妄心称为现实心，这样净心就在现实心当中，只不过因为迷而不能显现。"慧能又十分强调净心就在妄心之中"《坛经》说："何不从于自心顿现真如本性"②"自色身中，邪见烦恼，愚痴迷妄，自有本觉性"③"净性于妄中"④ 慧能认为烦恼即菩提。"凡夫即佛，烦恼即菩提。前念迷即凡夫，后念悟即佛。前念著境即烦恼，后念离境即菩提。"⑤ 烦恼即菩提是有前提的，根本就在于着境就是烦恼，离境就是菩提。

　　天台宗学者慧思说："若眼识能见，识无自体，假托众缘，众缘性空，无有合散，一一谛观，求眼不可得……无断无常，眼对色时，则无贪爱。何以故？虚空不能贪爱，虚空不断无明，不生于明，是时烦恼即是菩提，无明缘行即是涅般，至老死亦复如是。"⑥ 烦恼即菩提的根据在于以"缘起性空"作为观行，明"诸法实相"之理，虚空不能贪爱，虚空不断无明，不生于明，所以烦恼即菩提。由此看出，慧能观当下心的禅法思想和天台宗观烦恼心的禅法尤其一致性。

---

① 敦煌本《坛经》，《大正藏》第 48 册，第 338 页中。
② 契嵩本《坛经》，《大正藏》第 48 册，第 340 页下。
③ 敦煌本《坛经》，《大正藏》第 48 册，第 339 页中。
④ 敦煌本《坛经》，《大正藏》第 48 册，第 341 页下。
⑤ 契嵩本《坛经》，《大正藏》第 48 册，第 350 页中。
⑥ （陈）慧思：《法华经安乐行义》，《大正藏》第 46 册，第 699 页上。

四 神秀"从定发慧"与慧能"定慧不二"

宗密谈到了神秀的《五方便》,"第二开智慧门,依《法华经》,开示悟入佛知见也,谓身心不动,豁然无念是定,见闻觉知是慧,不动是开,此不动即能从定发慧"①。定与慧究竟是相分还是相即,片面地说相分相即都不对,这还是要看定慧在神秀禅法中处于哪一个阶段,如果是见道前,定慧是相分的,但见道以后定慧是相即。尽管如此,神秀是以身心不动来统摄定慧的,二乘人是定慧相分,但只破我执,出定便不能证空寂。神秀禅法中的定慧思想:

> 定:豁然无念是定,恢复、保持本觉净心。二乘有定无慧。
> 慧:见闻觉知是慧,五根在见闻觉知中不受外境影响。二乘有慧无定。
> 定慧双等:不动即能从定发慧,出定亦能得自在。菩萨定慧双等。

有的学者持一种观点把神秀的这种定慧思想作为与慧能的区别,其实这是在定中的状态,神秀非常明显的强调"出定亦能得自在",否则是邪定,只是二乘人的禅定。当达到从定发慧的"见性"之后,亦是慧能的"定慧不二",即"性相不二",这同慧能的思想是一致的。

《大通禅师碑》记载神秀的禅法,"趣定之前,万缘尽闭,发慧之后,一切皆如"②在定之前,万缘尽闭,这还是小乘的境界,关键在于发慧之后,一切皆如,这就是大乘"性相不二"的境界。《大乘无生方便门》说:"眼见色心不起是根本智,见自在是后得智;耳闻声心不起,是根本智;闻自在,是后得智;鼻觉香心不起,是根本智;觉自在,是后得智……"渐修的次第关系。

上述表明根本智已经证悟法性,"耳闻声心不起"这句话非常明显地表明是在定中证悟(无相的),不过这成了"但空",出定以后所得

---

① (唐)宗密:《圆觉经大疏释义钞》卷3,《卍续藏经》第9册,第533页上。
② 《佛祖历代通载》卷12,《大正藏》第49册,第586页下。

的无分别的心称为后得智，自在便是出定以后"有相观空"所得的状态，知道万法都是虚幻之相。

> 若见有动，亦是动。若见不动，亦是动。不见有动，不见不动，是真不动……二乘之人，心外见不动，起念执不动，摄五根六识不行，是小乘败坏不动。菩萨知六根本来不动，内照分明，外用自在，是大乘真常不动。①

有的学者认为神秀也是定慧相分的，这只看到了神秀渐修的阶段，但见道之后，仍持这个看法，并以此作为南北宗的区别是不对的。见道之后，南北宗的禅法思想实际上是一致的，都是性相不二的境界。

根本智与后得智的比较。根本智，平等智，根本智证得真理，离相。后得智，差别智，证得真理后的智慧，有相。"根本智，亦名无分别智，谓此智不依于心，不缘外境，了一切境，皆即真如，境智无异。"（《三藏法数五》）根本智既无我，也无我所，根本智的作用是可以证悟真如之理。

慧能南宗的定慧思想。定："心地无乱自性定"②，"即定之时惠在定"③；慧："心地无痴自性慧"④，"即惠之时定在惠"⑤；定慧不二："定惠体一不二"⑥。

定慧的关系是体用相即，"定惠犹如何等？如灯光，有灯即有光，无灯即无光，灯是光知体，光是灯之用，即有二体无两般，此定惠法亦复如是"⑦。"善知识，遇悟成智。善知识，我此法门，以定惠为本第一，勿迷言惠定别，定惠体一不二，即定是惠体，即惠是定用。即惠之时，定在惠。即定之时，惠在定。"⑧

---

① 《北宗五方便》第三号本，《铃木大拙全集》卷3，东京：岩波书局1968年版，第196页。
② 契嵩本《坛经》，《大正藏》第48册，第358页下。
③ 敦煌本《坛经》，《大正藏》第48册，第338页中。
④ 契嵩本《坛经》，《大正藏》第48册，第358页下。
⑤ 敦煌本《坛经》，《大正藏》第48册，第338页中。
⑥ 敦煌本《坛经》，《大正藏》第48册，第338页中。
⑦ 敦煌本《坛经》，《大正藏》第48册，第338页中。
⑧ 敦煌本《坛经》，《大正藏》第48册，第338页中。

如果参照道信对念佛法门的描述来看，和慧能的坐禅不起念，并没有什么太大的区别。"问：云何能得悟解法相，心得明净？信曰：亦不念佛，亦不捉心，亦不看心，亦不计念，亦不思惟，亦不观行，亦不散乱，直任运，亦不令去，亦不舍住，独一清净，究竟处心自明净。"①

　　慧能说："何名坐禅？此法门中，一切无碍，处于一切境界上，念不起为坐，见本性不乱为禅。""坐禅元不着心，亦不着净，亦不言不动"，慧能融合空观般若的思想"随心自运，无执无著"这就是禅定。

　　　　善知识！何名坐禅？此法门中，无障无碍，外于一切善恶境界，心念不起，名为坐；内见自性不动，名为禅。善知识！何名禅定？外离相为禅，内不乱为定。外若着相，内心即乱；外若离相，心即不乱。本性自净自定，只为见境，思境即乱。若见诸境心不乱者，是真定也。善知识！外离相即禅，内不乱即定。外禅内定，是为禅定。《菩萨戒经》云："我本元自性清净。"善知识！于念念中，自见本性清净，自修自行，自成佛道。②

　　当然禅定的形式并不固定，有行、有坐、有卧，当然这是针对具有上根利智的人，"行亦禅坐亦禅，语默动静体安然"③。只要能达到"随心自运，无执无着"的境界，至于禅定形式、所处环境，都是无关紧要的。值得肯定的是在禅定的形式上，慧能比神秀更加活泼一些，从本质上说，无论神秀的"定慧双等"还是慧能的"定惠体一不二"都是一样的，只不过实现的方法、过程有所不同。

第三节　神秀与慧能的"唯心净土"思想

　　神秀谈到"心净则佛土净"，"一念净心，顿超佛地"，可见神秀的净心思想和净土思想密切相关，究其神秀北宗对于净土的思想最后还是

　　① 《楞伽师资记》，《大正藏》第 85 册，第 1287 页中。
　　② 契嵩本《六祖坛经》，《大正藏》第 48 册，第 353 页中。
　　③ （明）黎眉等编：《教外别传》卷 4，《卍续藏经》第 84 册，第 191 页下。

要归到"性相不二"上，净心与净土不二，心净则国土净，或可称为"心土不二"，这种思想和道信的"一行三昧"有很重要的关系。事一行三昧是从现实心—念佛—观想佛—观法界实相，此为禅观。理一行三昧是从观法界实相—真如，此为禅悟。

慧能的"唯心净土"思想：1. 自心见自性弥陀。"世尊在舍卫城中，说西方引化经文分明，去此不远。若论相说，里数有十万八千。即身中十恶八邪，便是说远。说远为其下根，说近为其上智。人有两种，法无两般。迷悟有殊，见有迟疾。迷人念佛，求生于彼，悟人自净其心。所以佛言：随其心净，即佛土净。使君，东方人但心净即无罪，虽西方人，心不净也有愆。东方人造罪，念佛求生西方。西方人造罪，念佛求生何国？凡愚不了自性，不识身中净土，愿东愿西，悟人在处一般，所以佛言，随所住处恒安乐。"①

2. 心净即国土净。"佛向性中作，莫向身外求。自性迷即是众生，自性觉即是佛。……自心地上觉性，如来放大光明，外照六门清净，能破六欲诸天。自性内照，三毒即除，地狱等罪一时消灭，内外明彻，不异西方。不作此修，如何到彼？"②

在禅净合一的思想上，慧能与神秀的观点是一样的。神秀的禅修体现为渐进的三个过程上，最后的"一念净心，顿超佛地"的境界，为见道的境界，后面仍然要接着修道。而"禅净合一"的本质就是"心土不二"，"性相不二"，并非心外另有净土，但要达到"心土不二"的境界，只有悟道后，才能得到。在这一点上，慧能与神秀并没有什么大的区别。

这在道信、弘忍那里已完全体现出来。道信依《文殊说般若经》，所提倡的念佛法门，就是把理一行三昧与事一行三昧结合了起来，在念佛中达到"性相不二"的境界，而慧能把这个范围更有所扩大，将"一行三昧"扩大到人们的正常生活当中，"善知识！一行三昧者，于一切处行住坐卧，常行一直心是也。《净名经》云：直心是道场，直心是净土。莫行心谄曲，口说法直，口说一行三昧，不行直心，非佛弟

---

① 契嵩本《坛经》，《大正藏》第48册，第352页上。
② 契嵩本《坛经》，《大正藏》第48册，第352页中。

子。但行直心，于一切法上无执着，名一行三昧"①。

慧能的般若思想：1. 般若三昧。"以智慧观照，于一切法不取不舍，即是见性成佛道。善知识！若欲入甚深法界，及般若三昧者，须修般若行，持诵《金刚般若经》，即得见性。"② "善知识！智慧观照，内外明彻，识自本心。若识本心，即本解脱。若得解脱，即是般若三昧，即是无念。何名无念？若见一切法，心不染著，是为无念。"③ "若见一切法，心不染著，是为无念。用即遍一切处，亦不着一切处。但净本心，使六识出六门，于六尘中无染无杂，来去自由，通用无滞，即是般若三昧、自在解脱，名无念行。"④

2. 一行三昧。"直心是道场，直心是净土……口说一行三昧，不行直心。但行直心，于一切法勿有执着。"⑤ 直心即清净心。

3. 一相三昧。"若欲成就种智，须达一相三昧、一行三昧。若于一切处，而不住相，于彼相中，不生憎爱，亦无取舍，不念利益成坏等事，安闲恬静，虚融澹泊，此名一相三昧。若于一切处，行、住、坐、卧，纯一直心，不动道场，真成净土，此名一行三昧。"⑥

敦煌本《坛经》对般若三昧的记载，"若识本心即是解脱，既得解脱即是般若三昧，悟般若三昧即是无念。何名无念？无念法者，见一切法，不著一切法，遍一切处，不著一切处"⑦。与契嵩本并无太大差异，无念即般若三昧，即为解脱。

慧能对神秀的一行三昧进行了批评。

　　直心是道场，直心是净土。莫心行谄曲，口但说直；口说一行三昧，不行直心。但行直心，于一切法勿有执着。迷人著法相、执一行三昧，直言常坐不动，妄不起心，即是一行三昧。作此解者，

① 契嵩本《坛经》，《大正藏》第48册，第352页下。
② 契嵩本《坛经》，《大正藏》第48册，第350页下。
③ 契嵩本《坛经》，《大正藏》第48册，第351页上。
④ 契嵩本《坛经》，《大正藏》第48册，第351页上、中。
⑤ 契嵩本《坛经》，《大正藏》第48册，第352页下。
⑥ 契嵩本《坛经》，《大正藏》第48册，第361页上、中。
⑦ 敦煌本《坛经》，《大正藏》第48册，第340页下。

即同无情，却是障道因缘。善知识！道须通流，何以却滞？心不住法，道即通流；心若住法，名为自缚。若言常坐不动是，只如舍利弗宴坐林中，却被维摩诘诃。善知识！又有人教坐，看心观静，不动不起，从此置功，迷人不会，便执成颠。如此者众，如是相教，故知大错。①

慧能批评神秀主要集中于两点：1. 常坐不动。2. 心住于法。按照慧能的观点，对于顿悟的人来说，当然这种做法是不可取的，但神秀的这种禅法是渐修的过程，在未见道时，依此法修持，当见道之后，神秀的思想也是"性相不二"的思想，所以慧能以见道的角度对比神秀未见道的角度当然有所偏颇。当然对于神秀"一念净心"后的事修，对于慧能同样避免不了。此外，慧能提到了"一相三昧"和"一行三昧"，实际上"一行三昧"是"一相三昧"的基础，有了"直心"才能做到"于一切处而不住相"。

第四节　关于慧能禅法的一个问题：无念为何又念念相续？

慧能与神秀在动静观上的表现也截然不同，慧能主张"念念相续"，"无住者，为人本性，念念不住，前念、念（今）念、后念，念念相读（续），无有断绝。若一念断绝，法身即是离色身。念念时中，于一切法上无住。一念若住，念念即住，名系缚。于一切法上，念念不住，即无缚也，以无住为本"②。神秀被批评为"直言常坐不动，妄不起心，即是一行三昧。作此解者，即同无情，却是障道因缘"③，"枯木禅"从理论上分析，形上与形下的心性决定了真如不离现实，现实不离真如。现实的心是动的，念念相续的，那么顿悟的这个真如心也是动的，这是慧能缘起论、修持论、本体论合而为一的应有之义。

---

① 契嵩本《坛经》，《大正藏》第 48 册，第 352 页下、第 353 页上。
② 敦煌本《坛经》，《大正藏》第 48 册，第 338 页下。
③ 契嵩本《坛经》，《大正藏》第 48 册，第 353 页上。

需要一提的是，慧能谈到了"无念"，但无念并非从动静观上而立论，慧能的无念是描述心性所处的状态，不受外境所染的状态，"于一切境上不染，名为无念；于自念上离境，不于法上念生"①。神秀也强调不受外境所染，但强调寂的一面，通过静来达到，而慧能同样强调不受外境所染，但强调动的一面，念念相续而达到，虽然相续但不住，住即有所束缚。念者，即"念真如本性"；不断念，即"一念绝即死，别处受生"②；念上离境，即"无念者，于念而不念"③。

迷人于境上有念，念上便起邪见，一切尘劳妄念，从此而生。④
无者，无何事？念者念何物？无者无二相，无诸尘劳之心。念者，念真如本性。真如即是念之体，念即是真如之用。真如自性起念，非眼、耳、鼻、舌能念。真如有性，所以起念；真如若无，眼、耳、色、声当时即坏。善知识！真如自性起念，六根虽有见闻觉知，不染万境，而真性常自在。⑤

"真心处垢不垢，处净不净，初生不生，处灭不灭。譬如随色摩尼宝珠，若人得之，无不成佛。"⑥ 如果从修持的角度来看，慧能的顿悟反而比神秀的渐悟更难。对于顿渐的区分，许多人都提出异义，认为神秀也有顿悟思想，但我们认为神秀的禅法思想从发生论到本体论之间有一个过程，所以神秀的渐修不能被质疑，也不容被否定的，而慧能的本体论、缘起论、修持论合一的思想从顿悟上看也没有问题的。当然这不是把顿与渐相绝对化，但至少是为主的。"不怕念起，只怕觉迟。"⑦ 可见动念也不是并非不可，这是针对上根之人而说的，动念前提是见性，对于下根之人，当然应从不动念开始，同样是饿来便吃，困来便睡，但

① 敦煌本《坛经》，《大正藏》第48册，第338页下。
② 契嵩本《坛经》，《大正藏》第48册，第353页上。
③ 敦煌本《坛经》，《大正藏》第48册，第338页下。
④ 契嵩本《坛经》，《大正藏》第48册，第353页上。
⑤ 契嵩本《坛经》，《大正藏》第48册，第353页上、中。
⑥ （元）梵琦：《楚石梵琦禅师语录》卷7，《卍续藏经》第71册，第580页上。
⑦ 《憨山老人梦游集》卷6，《卍续藏经》第73册，第5页上。

上、下根之人截然不同，关键的区别就在于是否见性。

慧能的顿悟难于神秀的渐悟，所以慧能通过强化日常人们的行为道德规范来弥补自己的不足。神秀的净心过于超验性，尽管静坐观心易于慧能的动悟，便于掌握，但要达到净心还是很难的，这相当于成佛还是遥遥无期的，而慧能的道德性同日常人们的生活结合在了一起，尽管成佛同样很难，但道德上的约束可能更为实际，这也许就是南宗后来兴盛，北宗逐渐衰弱的一个原因。

第七章　神秀禅法思想对普寂的影响

在神秀之后，普寂担当起传播禅宗北宗禅法思想的重任。普寂在禅法思想上，继承了神秀的思想，突出了戒律的思想。在北宗的传播上，扩大了北宗的影响，并引起神会的攻击。这也间接地说明，到了普寂神秀北宗的发展可以说达到了顶峰。

第一节　普寂的生平及文献

在考察普寂的生平时，主要依据的文献为《宋高僧传》《旧唐书》、李邕的《大照禅师塔铭》，并将这些文献数据比对来介绍。神秀门下弟子最多，但影响最大的当属普寂，被公认为神秀的第一高足。《宋高僧传》卷九对普寂的生平作了简要的介绍。

> 释普寂，姓冯氏，蒲州河东人也。年纔稚弱，率性轩昂。离俗升坛，循于经律。临文揣义，迥异恒流。初闻神秀在荆州玉泉寺，寂乃往，师事凡六年。神秀奇之，尽以其道授焉。久视中，则天召神秀至东都论道，因荐寂乃度为僧。及秀之卒，天下好释氏者咸师事之。中宗闻秀高年，特下制令普寂代本师，统其法众。开元二十三年，勅普寂于都城居止，时王公大人竞来礼谒。寂严重少言，来者难见其和悦之容，远近尤以此重之。二十七年，终于上都兴唐寺，年八十九。时都城士庶谒者，皆制弟子之服。有制赐谥曰大慧禅师，及葬河南。尹裴宽及其妻子，并缞麻列于门徒之次，倾城哭送，间里为之空焉，裴尹之重寂职有由矣。寂之阐化神异颇多，裴

皆目击，又得心印归向越深，时多讥诮。裴日夕造谒执弟子礼，曾无差脱。一日诣寂，寂悬知弟子一行之亡，及寂之终灭，裴之悲恸，若丧所亲，缞绖徒步出城，妻子同尔。①

据赞宁的《宋高僧传》记载，普寂俗家姓冯，是蒲州河东（山西永济）地方的人。普寂年幼的时候，体质比较弱，不过性格十分率直（此处和普寂传播禅法时不苟言笑有所对应）。后来，普寂进入佛门钻研经律，当他听到神秀在玉泉寺传法时，便动身前往投奔，在玉泉寺服侍神秀有六年光景。在这期间，神秀非常赏识普寂，把自己所学全部传给普寂。久视年间，武则天召神秀到洛阳论道，因为普寂受到神秀的推荐，武则天准许普寂剃度为僧。到了神秀圆寂后，天下喜欢学习佛法的人都来投奔普寂。唐中宗在神秀年事已高的情况下，就让普寂带替神秀统领弟子。开元二十三年（735），普寂奉召在都城居止。因为受到皇帝的器重，朝廷中的王公官员也来礼拜，不过普寂为人比较严肃，话也不多，尽管来拜见的人很难见到普寂和颜悦色，但仍然对普寂非常器重。开元二十七年（739），普寂在兴唐寺住持，终年89岁。当时都城的士庶都对普寂执弟子之礼。朝廷赐普寂谥号为大慧禅师，葬于河南。《释氏通鉴》引用《旧唐书》的记载与《宋高僧传》的记载有些不同，所封谥号为大照禅师。

> 京都普寂禅师示寂，寂事秀禅师，秀荐于则天，得度为沙门。秀殁，天下奉释氏者，咸师事之。中宗闻其高行，制令代秀统其法众。开元中，有旨，移寂于都城居止，王公士庶争来礼谒。及卒，凡士庶曾谒见者，皆制弟子之服。敕赐号大照禅师，葬日河南尹裴宽及妻子，并衰麻列于门徒之次，士庶倾城哭送，市易几废。（《旧唐史》）②

李邕在《大照禅师塔铭》中写到："和上讳普寂，俗冯氏，长乐信

---

① （宋）赞宁：《宋高僧传》卷9，《大正藏》第50册，第760页下。
② 《释氏通鉴》卷9，《卍续藏经》第76册，第98页中。

都人也。其先毕公高之后，毕万入晋，受邑于魏，支子食采冯城，因而得姓。"根据李邕为普寂所记载的碑文来看，又和前面的史传上，又有比较大的差异，籍贯上为长乐信部（河北冀县）不同于蒲州河东（山西永济），不过塔铭说得更为详细，姓氏、籍贯都和普寂的先祖有关。"其先毕公高之后，毕万入晋，受邑于魏，支子食采冯城，因而得姓。"李邕所写这段资料的引文出于一个典故，"冯氏世本姬姓，周文王第十五子毕公高之后，毕万封魏，支孙食采于冯城，因氏焉。"（《通志·氏族略·以邑为氏》）另外，李邕对普寂所从学经论、戒律的老师都一一进行了记载，"大梁璧上人以义解方闻，敷演云会，遂听《法华经》、《唯识》、《起信》等论。巨石投水，其入甚多；修阪走丸，所适弥远。重依东都端和上受具，转奉南泉景和上习律，超契心地，忽见光明，随止作行，得亲近处"。普寂的戒律老师有两位，一位是大梁璧上人；另一位是南泉景和尚，所以碑文再谈到普寂禅法的特点时，说他"禅戒"并重是有可靠根据的。

在李邕的记载中增加了普寂投奔法如的情节，"将寻少林法如禅师，未臻止居，已承往化，追攀不及，感绝无时。芥子相投，遇之莫遂，甘露一注，受之何阶？翌日，远诣玉泉大通和上，膜拜披露，涕祈咨禀"（《大照禅师塔铭》）。可见当时法如的名气应在神秀之上，普寂在途中得知法如圆寂，转而投奔神秀。

通过上述史料的分析，实际上塔铭所记载的是最为可信的，石刻的碑文后世很难篡改，而且所记载的年代离普寂也最近，所以记录的内容十分详细。大概可以从传承谱系、政治交往、禅法传授对普寂作一概括。

在传承谱系上，普寂为神秀北宗禅法的继承者。普寂临终付嘱说："吾受托先师，传兹密印，远自达摩菩萨导于可，可进于璨，璨锺于信，信传于忍，忍授于大通，大通贻于吾，今七叶矣。"（《大照禅师塔铭》）普寂称自己为七祖，传法谱系达摩—慧可—僧璨—道信—弘忍—神秀—普寂，已经传承了有七代了。独孤及也有类似的说法，认为神秀传普寂。独孤及在《舒州山谷寺觉寂塔隋故镜智禅师碑铭并序》说："秀公传普寂，寂公之门徒万人，升堂者六十有三。"①
《楞伽师资记》也记载神秀之后为普寂，将普寂列为第八代，"第八，
唐朝洛州嵩高山普寂禅师……自宋朝以来。大德禅师。代代相承。起自
宋求那跋陀罗三藏，历代传灯，至于唐朝，总八代，得道获果有二十四
人也②。"严挺之在《大智禅师碑铭》中提道"禅师法轮，始自天竺达
摩。大教东派三百余年，独称东山学门也。自可、璨、信、忍至大通，
递相印嘱，大通之传付者，河东普寂与禅师（按：义福）二人。即东山
继德，七代于兹矣"（《全唐文》卷280）。由上面的比对发现，在传承代
数上，有所差异，但能肯定一点的是，神秀传给普寂，这是能够肯定的。

在政治上，普寂同朝廷交往密切，受到朝廷的礼遇和尊重。唐中
宗时，普寂被钦定为神秀的嫡传。706年，神秀圆寂后，中宗下诏，
令普寂继神秀"心宝"，"统领徒众，宣扬教迹"，足见朝廷对普寂的
器重。"神龙中，孝和皇帝诏曰：大通禅师降迹阎浮，情存汲引，戒
珠圆澈，流洞鉴于心台；定水方澄，结清虚于意府。原其行也，既无
人而无我；测其理也，亦非断而非常。然而示彼同凡，奄随运往，形
虽已谢，教洒恒传。其弟子僧普寂，夙参梵侣，早法筵，得彼髻珠，
获兹心宝。但释迦流通之分，终寄于阿难；禅师开示之门，爰资于普
寂。宜令统领徒众，宣扬教迹，俾夫聋俗，咸悟法音"（《大照禅师
塔铭》）。

普寂圆寂的时候，朝廷官员及其门徒出城哭送，玄宗赐谥号大通禅
师。李邕在《塔铭》中说："自南自北，若天若人，或宿将重臣，或贤
王爱主，或地连金屋，或家蓄铜山，皆毂击肩摩，陆聚水咽，花盖拂
日，玉帛盈庭。""河南尹裴宽及其妻、子并缞麻列于门徒之次，倾城
哭送，闾里为之空焉。"③（《宋高僧传》卷九《唐京师兴唐寺普寂传》）
玄宗下诏"普寂资于粹灵，是为法器，心源久寂，戒行弥高……宜稽
其净行，锡以嘉名，示夫将来，使高山仰止，可号大照禅师"。

在禅法传授上，普寂声望很高，受到弟子爱戴。李邕把普寂的声望

---

① （唐）独孤及：《镜智禅师碑铭并序》，《全唐文》卷390，中华书局1983年版，第
3972页。

② 《楞伽师资记》，《大正藏》第85册，第1290页下。

③ 《宋高僧传》，《大正藏》第50册，第760页下。

同唐玄宗并提，"四海大君者，我开元圣文神武皇帝之谓也；入佛之智，赫为万法宗主者，我禅门七叶大照和尚之谓也"。（《大照禅师塔铭》）"大君"指唐玄宗，"大照"是普寂的谥号。"及神秀卒，天下好释者，咸师事之。"（《旧唐书·神秀传》）

表 7 - 1　　　　　　　　　　　　普寂年谱

永徽元年（650）	普寂出生
久视年间（700）	武则天命度普寂为僧
长安年间（701—704）	普寂被派往嵩山嵩岳寺
中宗神龙二年（706）	唐中宗让普寂代神秀统领众僧
玄宗开元十三年（723）	普寂应诏住洛阳敬爱寺①
开元二十三年（735）	唐玄宗敕命普寂到京城长安
开元二十七年（739）	普寂卒于兴唐寺，世寿89岁，玄宗赐号大慧禅师（大照禅师）

普寂相关的文献有，独孤及《舒州山谷寺觉寂塔隋故镜智禅师碑铭并序》、（唐）李邕：《嵩岳寺碑》（《全唐文》卷263）、严挺之《大智禅师碑铭》（《全唐文》卷280）、（唐）净觉《楞伽师资记》《宋高僧传》卷九、《大照禅师塔铭》（《全唐文》卷262）、《隆兴佛教编年通论》卷十六、《景德传灯录》卷四、《佛祖历代通载》卷十三等。

第二节　以神秀、普寂为代表的北宗禅法

神秀法语当中的"屈曲直"来自《大智度论》中的话，"一切禅定摄心，皆言三摩提，秦言正心行处，是心从无始世来，常曲不端，得此正心行处，心则端直，譬如蛇行常曲，入竹筒中则直"②。

---

① （唐）李邕：《大照禅师塔铭》，《全唐文》卷262。
② 《大智度论》，《大正藏》第25册，第234页上。

神秀向普寂提到《思益梵天所问经》（后秦鸠摩罗什译）和《楞伽经》，"此两部经，禅学所宗要者"（李邕《大照禅师塔铭》）。

1. 普寂的禅法思想以"摄心息虑"为核心。普寂所说的"摄心一处，息虑万缘"的观心思想直接来源于神秀。"其始也，摄心一处，息虑万缘，或刹那便通，或岁月渐证。总明佛体，曾是闻传；直指法身，自然获念。滴水满器，履霜坚冰。故能开方便门，示真宝相；入深固藏，了清净因；耳目无根，声色亡境，三空圆启，二深洞明。"（《大照禅师塔铭》）"凝心入定，住心看净，起心外照，摄心内证。""开顿渐者，欲依其根"，对于顿渐的修持法门"加之思修，重之勤至"修行当中，重于思虑。北宗神秀、普寂的禅法要领是"凝心入定，住心看净，起心外照，摄心内证"（唐）（独孤沛：《菩提达摩南宗定是非论》）。

2. 普寂提倡戒定并重。普寂在禅法上突出了戒律的影响，"爰自六叶，式崇一门，未诵戒经，或传法要。大通以凡例起谤，将弃我闻深解，依宗遽求圣道"（《大照禅师塔铭》），普寂说："文字是缚，有无是边，何不以正戒为墙，智常为座，发广大愿，修具足慈。"（《大照禅师塔铭》）"尸（戒）波罗蜜是汝之师，奢摩他（定）门是汝依处。"（《大照禅师塔铭》）

我们引宗密的话对以神秀、普寂为代表的北宗禅法思想作一总结，宗密在《禅源诸诠集都序》将北宗归纳为"息妄修心宗"。

> 初息妄修心宗者，说众生虽本有佛性，而无始无明覆之不见，故轮回生死。诸佛已断妄想，故见性了了，出离生死，神通自在。当知凡圣功用不同，外境内心各有分限，故须依师言教，背境观心，息灭妄念。念尽即觉悟，无所不知。如镜昏尘，须勤勤拂拭。尘尽明现，即无所不照。又须明解趣入禅境方便，远离愦闹，住闲静处，调身调息，跏趺宴默，舌拄上腭，心注一境。南侁、北秀、保唐宣什等门下，皆此类也。[1]

---

① （唐）宗密：《禅源诸诠集都序》卷2，《中国佛教思想资料选编》第二卷，第2册，石峻等编，中华书局1983年版，第430页。

第三节　神秀、普寂系的法嗣传播[①]

　　北宗神秀禅师法嗣一十九人：五台山巨方禅师、河中府中条山智封禅师、兖州降魔藏禅师（3）、寿州道树禅师、淮南都梁山全植禅师（已上五人见录）、荆州辞朗禅师、嵩山普寂禅师（46）、大佛山香育禅师、西京义福禅师（8）、忽雷澄禅师、东京日禅师、太原遍净禅师、南岳元观禅师（1）、汝南杜禅师、嵩山敬禅师、京兆小福禅师（3）、晋州霍山观禅师、润州茅山崇珪禅师、安陆怀空禅师（已上一十四人无机缘语句不录）。[②]

　　《景德传灯录》载普寂弟子有二十四人，其中以普寂和义福的弟子最多。"前嵩山普寂禅师等法嗣四十六人。"[③]"终南山惟政禅师（普寂禅师出二十四人一人见录）、广福慧空禅师、常越禅师、襄州夹石山思禅师、明瓒禅师（南岳）、敬爱寺真禅师、兖州守贤禅师、定州石藏禅师（河北定州）宋高僧传、南岳澄心禅师（南岳）、南岳日照禅师（南岳）（再传弟子）、洛京同德寺干禅师、苏州真亮禅师、瓦棺寺璇禅师、弋阳法融禅师（《唐间州长乐寺法融传》载，法融（746—835），再传弟子（河南演川西）、广陵演禅师、陕州慧空禅师、洛京真亮禅师、泽州亘月禅师、亳州昙真禅师（山东济宁）《景德传灯录》禅法、都梁山崇演禅师（安徽南部）、京兆章敬寺澄禅师、嵩阳寺一行禅师、京兆山北寺融禅师、曹州定陶丁居士、大雄猛禅师（西京义福禅师出八人）、西京大震动禅师、神斐禅师、西京大悲光禅师、西京大隐禅师、定境禅师、道播禅师、玄证禅师、西京寂满禅师（降魔藏禅师出三人）、西京定庄禅师、南岳慧隐禅师、神照禅师（南岳元观禅师出）、京兆蓝田深

---

　　① 这部分内容涉及对《景德传灯录》所列的谱系进行统计，并依据《高僧传》进行对照，对于在谱系中所记载的弟子是再传还是亲受，不作历史的考证，这不是论述的重点，但要指出的是在灯录对传承法嗣的录入中，是有误的，如同一人以不同名字记为两人，或再传弟子作为亲受弟子计数，这些都能根据其他文献资料及相关的年代进行推测。
　　② 《景德传灯录》卷4，《大正藏》第51册，第224页上、中。
　　③ 《景德传灯录》卷4，《大正藏》第51册，第226页中。

寂禅师（小福禅师出三人）、太白山日没云禅师、东白山法超禅师、岘山幽禅师（霍山观禅师出）、益州无相禅师（资州处寂禅师出四人）、益州长松山马禅师、超禅师、梓州晓了禅师、西京智游禅师（义兴斐禅师出二人）、东都智深禅师（已上四十五人无机缘语句不录）。"①

不过到了816年，柳宗元在撰写《曹溪第六祖赐谥大鉴禅师碑并序》说道，"今布天下，凡言禅皆本曹溪"，这句话表明当时北宗的声势已经减弱，声势已经不如慧能的南宗。"大鉴禅师"的称号是宪宗（805—820年在位）敕谥六祖慧能的。实际上到9世纪后期，北宗神秀——普寂的传承还没有中断，并没有完全被慧能南宗所取代，影响力仍然广泛。

> 释日照，姓刘氏，岐下人也。家世豪盛，幼承庭训博览经籍，复于庄老而宿慧发挥。思从释子，即往长安大兴善寺昙光法师下，禀学纳戒，传受经法靡所不精。因游嵩岳，问圆通之诀，欣然趋入。后游南岳登昂头峯，直拔苍翠便有终焉之志，庵居二十载，属会昌武宗毁教。照深入岩窟，饭栗饮流而延喘息。大中宣宗重兴佛法，率徒六十许人，还就昂头山旧基，结苦盖构舍宇。复居一十五年，学人波委。咸通中示灭，春秋一百八岁。至三年二月三日，入塔立碑存焉，天下谓其禅学为昂头照是欤。②

咸通中866年，日照出生于866－108＝758年，普寂（651—739），可见日照并非普寂亲传。这段话对普寂的再传弟子日照做了详细的解释，从中看出北宗当时发展的一些端倪。日照曾经在昂头此修持有二十多年。到了会昌年间，唐武宗（在位时间为840—846年）灭佛，日照便隐居于岩窟。到了唐宣宗（在位时间为847—859年）振兴佛法时，日照率领弟子六十多人，在昂头山旧基重新建立舍宇。此后，

---

① 《景德传灯录》卷4，《大正藏》第51册，第224页下。
② 《宋高僧传·唐衡山昂头峯日照传》卷12，《大正藏》第50册，第778页中。

又居住了有十五年左右。如果从唐宣宗大中十三年（859）爆发黄巢农民起义，到907年朱温废掉唐哀帝，自立为梁太祖，唐朝正式灭亡起算，禅宗北宗的势力一直延续到了唐末，并非随着南宗慧能的兴盛而衰亡，由此可见禅宗北宗在唐朝的影响还是非常大的。

第八章 神秀禅法思想与西方
哲学的沟通

  用哲学的方法分析神秀禅法思想的论文较为少见，我们拟采用康德的二元论哲学和胡塞尔现象学分析神秀的禅法思想。禅宗所说的佛性具有本源性、本质性的意义，人性具有现实性的意义。因此，从禅宗的角度来看，佛性与人性的关系就相当于康德所说的本体与现象的关系，可与康德哲学作比较研究。对本体的理解，中西哲学差异很大，不像西方哲学那样把本体置为超验的实存，中国禅宗的心性学把本体纳入人性当中，认为本体可修、可证、可悟，其根据就在于人有觉性。本章将神秀的禅法思想同西方哲学沟通，尝试以一种新的视角来审视中、西方哲学的共性与差异性，力求中、西方哲学的对话与交流。

第一节 以康德"二元"论哲学分析
神秀"渐悟修持"思想

  北宗神秀禅法常与南宗慧能并提，合称为"南顿北渐"[1]。不过神秀禅法思想的本质并不在于"渐"[2]，而是神秀通过"渐悟修持"解决

———————

  ① "在蕲州东山开法时，有二弟子，一名慧能，受衣法居岭南为六祖。一名神秀，在北扬化。其后神秀门人普寂，立本师为第六祖，而自称七祖。其所得法虽一，而开导发悟，有顿渐之异，故曰南顿北渐，非禅宗本有南、北之号也。"（参见《景德传灯录》，《大正藏》第51册，第269页中）

  ② "一念净心，顿超佛地"为神秀的"顿悟"思想，只要"离念净心"就可解脱。渐与顿的区别是神秀对修持阶段的两个划分，渐为顿的基础，渐是见道前的"性相相分"阶段。"一念净心，顿超佛地"是见道时的境界，这种境界是"性相不二"的，也就是常说的"真空妙有"。神秀所提的"六根本来不动，有声、无声，声落谢常闻"说的就是"性相不二"的思想。（参见《大乘无生方便门》，《大正藏》第85册，第1275页上）

了禅宗中的二元论问题。禅宗中的二元论问题实际上是关于人性与佛性的问题，形而下的人性①如何能与形而上的佛性相合一，这个问题在康德哲学那里以另外一种形式表现了出来，即本体与现象的关系问题，他认为人类认识的只能是现象，对于本体是认识不了的，其原因就在于人没有"知性直观"②，这种直观具有形上的意义。不过神秀的"渐悟修持"以佛教哲学特有的理论解决了这个问题，从形而下的"自心缘起"经过"渐悟修持"，达到形而上的"净心成佛"，这一修持过程把人性和佛性完满地贯通了起来，以佛教中的"知性直观"——"觉性"解决了本体界与现象界如何沟通的问题。

一　"二元"论问题的提出：本体与现象不合一

在哲学史上，本体与现象、超验与经验、形上③与形下、思维与存在等这类二元论问题始终贯穿在哲学的发展当中。这类二元论问题，在康德哲学那里被很好地提了出来，他为人类理性划界，为认识论提供参考依据，认为人类的理性不能从现象界达到本体界。换言之，康德提出了本体界与现象界不合一的观点。在佛教理论中，论述现象生起的理论称为缘起论，也可以称为发生论，"缘"就是条件，因、缘相互和合产生果，也就是哲学上所说的现象。为了弄清本体与现象的关系，有必要对康德的哲学思想作一回顾梳理。

康德将世界划分为本体界和现象界，毋庸置疑，本体界与现象界是不同的，人们的理性思维永远也达不到本体界，本体界与现象界之间有一道不可逾越的鸿沟。康德把一般对象分成本体和现象，现象是一个与

---

①　关于人性的问题是非常重要的，哲学上所立的本体论、认识论、实践论等都和人性相关，而在中国哲学里对人性的探讨，更演变成了对人安身立命的终极存在的探讨。人性与佛性的关系问题在南、北禅宗当中更为突出，对人性的理解不同，直接导致了顿、渐两种法门。

②　"知性直观"也就是非感性直观，康德认为在纯粹理性批判领域"知性直观"是不可能的。"知性直观"这个概念其实相当重要，这种直观直接决定了人能否认识本体的可能性，这种直观的对象也可以称为本体，具有"知性直观"的能力也就是悟性，这样神秀所指的觉性颇有"知性直观"的意味。

③　形上即形而上学，德国哲学家沃尔弗（Christian Wolff，1679—1754）解释的比较详细，他把本体论、宇宙论、神学、心理学等理论学科都归为形而上学，所以对本体论的研究即属于形而上学的研究。

本体相对应的概念，现象和知识相关，本体与物自体也有所不同。①

康德认为知识来源于经验材料与先天知性范畴（如偶然、必然；可能、现实等），知识＝经验材料＋先天形式（先天的意识形式），知识从时间先后来说，后于经验，而先天形式先于经验，所以康德的认识论是先验唯心论。康德说"知性不能直观，感官不能思维。只有从它们的互相结合中才能产生出知识来"②。

人类有知性，但没有知性直观，所以不能认识本体。"知性直观"是一种智慧，颇有点像禅宗常说的悟性。康德说："理智的是指通过理智得来的知识说的，这些知识同时也达到我们的感性世界；而智慧的是指只能通过理智来表现的对象说的，这些对象是我们任何一种感性直观都达不到的。"③ 简言之，康德认为本体只是一个思考的对象，但不是一个认识的对象。康德承认："思维一个对象和认识一个对象并不是一回事。因为属于认识的有两种东西：首先是概念，通过它一般来说一个对象被思维（范畴），其次是直观，通过它该物件被给予。"④

康德认为人类的知识来自先天综合判断。"在所有思维主词与谓词之关系的判断（我在这里只考虑肯定判断，因为随后运用到否定判断上是轻而易举的）中，这种关系以两种不同的方式是可能的。要么谓词 B 属于主词 A，作为（以隐蔽的方式）包含在概念 A 中的某种东西；要么 B 虽与概念 A 有关联，但却完全在它之外。在第一种场合里，我把判断称为分析的，在第二种场合里，我则把它称为综合的……前者通过谓词未给主词的概念增添任何东西，而是指通过分析把它分解成在它里面已经（虽然是模糊地）思维过的分概念；与此相反，后者则给主

---

① 本体与物自体是有所区别的，本体是不可认识的，而物自体具有不可认识的这种性质，所以康德把物自体称为本体，我们的倾向是为了不过于纠缠细节，把本体、物自体都看成可思维但不可认识的概念，康德也是这样描述的，他在《纯粹理性批判》，第二部分《先验逻辑论》，第二编《先验辩证论》，第二卷《论纯粹理性的辩证推理》，第三篇《纯粹理性的理想》，第四章《论上帝存在的本体论证明的不可能性》中，对用本体的方法证明上帝的存在进行了否定，其根本原因在于他认为本体可以思想，但不可认识，对于本体的直观是无效的，如果按照这种说法，本体就成了知性思维的产物。

② ［德］康德：《纯粹理性批判》，邓晓芒译，杨祖陶校，人民出版社 2004 年版，第 52 页。

③ ［德］康德：《未来形而上学导论》，庞景仁译，商务印书馆 1982 年版，第 88 页。

④ ［德］康德：《纯粹理性批判》（第 2 版），李秋零主编，中国人民大学出版社 2004 年版，第 111 页。

词的概念增添一个在它里面根本未被思维过、且不能通过对它的任何分析得出的谓词。"① 分析判断指判断中的宾词原本就蕴含知识的内容，因为宾词本来就包含在主词当中。综合判断的宾词不是包含在主词当中，而是由我们的经验添加的，是我们经验的结果。综合判断又划分为先天综合判断和后天综合判断，唯有先天综合判断构成了我们的科学知识，这种知识具有普遍的必然性。尽管本体不是认识的对象，但却是认识的对象，其根本原因就在于本体虽然不可以感知，但却可以思维。

康德为知识确定了可靠的依据，它们都依赖于先天综合判断。康德通过对知识来源的分析，实际上是为理性限定了自己的范围，从这方面讲，他认为《纯粹理性批判》所起的作用是消极的。"浮光掠影地浏览一番这部著作，人们将人为察觉到，它的用处毕竟只是消极的，也就是说，永远不要冒险凭借思辨理性去超越经验的界限；事实上这也是它的第一个用处。"② 但是另外，康德又认为《纯粹理性批判》所起的作用是积极的，为实践理性开辟了道路。"因此，一项限制思辨理性的批判，虽然就此而言是消极的，但由于它借此同时排除了限制或者有完全根除理性的实践应用的危险的障碍，事实上却具有积极的和非常重要的用处，只要人们确信，纯粹理性有一种绝对必要的实践应用（道德上的应用），在这种应用中它不可避免地扩展越过感性的界限，为此它虽然不需要从思辨理性得到任何帮助，但尽管如此却必须针对它的反作用得到保障，以便不陷入与自己本身的矛盾。"③

那么康德如何为知识划界，说明本体呢？"因此，如果假定有一种非感性的直观的一个客体被给予，那么，人们当然就可以通过已经蕴含在前提条件中的一切谓词来表象它，说它不具有任何属于感性直观的东西，从而说它没有广延或者不再空间中，它的存续不是时间，在它里面看不到变化（时间中诸般规定的序列），等等。然而，如果我只是指出

① ［德］康德：《纯粹理性批判》（第2版），李秋零主编，中国人民大学出版社2004年版，第31—32页。

② ［德］康德：《纯粹理性批判》（第2版），李秋零主编，中国人民大学出版社2004年版，第15页。

③ ［德］康德：《纯粹理性批判》（第2版），李秋零主编，中国人民大学出版社2004年版，第15页。

直观的客体不是怎样，却不能说在它里面究竟包含着什么，这毕竟不是真正的知识；在这种情况下，我根本没有表象一个客体对我的纯粹知性概念来说的可能性，因为我不能给予与它相应的直观，而只能说我们的直观对它无效。但这里最重要的是就连一个范畴也不能被运用于这样一种某物。"①

这段话实则包含了康德对本体三个方面的说明：首先，它是一种被给予的非感性直观的一个客体；其次，这个客体不属于真正的知识；最后，对于这个客体的直观是无效的。思想一个物自体是可能的，不违反逻辑。但它只是一个思想的东西，在认识领域没有积极意义，只有消极意义，是一个界限概念，康德称为本体。康德对本体、现象、知识等一系列的范畴进行说明，实际上就是要提醒我们，人类认识的仅仅只是现象，康德为人类的认识能力划定了界限，在现象界与本体界之间设置了一道不可逾越的鸿沟。

上面的论述表明，康德认为人类的理性思维只能局限在现象界，对于本体界只能依靠道德，人类理性是无能为力的。康德实际上为我们提出了一个二元论的问题，现象界如何通达本体界？这正是我们利用康德"二元"论哲学理解神秀禅法中"渐悟修持"的理路。

在二元论问题上，康德与神秀是一个问答关系，同样康德与胡塞尔也是一个问答关系。康德的二元论问题在胡塞尔现象学那里已经有了解决，胡塞尔认为通过"本质还原"可以使一般在个别中显现，实际上就是把形上与形下沟通了起来，现象学说明了一般与个别的关系，即一般如何在个别中显现，这与神秀如何将人性贯通到佛性，有着相同的理路。因此，神秀禅法思想与胡塞尔现象学处在横向结构上，具有可比性。

二 神秀的二元论问题："净心"与"自心"不合

如果利用康德哲学对神秀禅法思想诠释，首先要做的是对相关术语的转换。神秀禅法思想为"自心缘起"论、"渐悟修持"论和"净心成佛"论，其中"自心缘起"与"净心成佛"分别代表了康德所指称的

---

① ［德］康德：《纯粹理性批判》（第 2 版），李秋零主编，中国人民大学出版社 2004 年版，第 111 页。

现象界和本体界，那么"渐悟修持"所产生的依据就在于，康德所认为的本体界与现象界是不合一的，换一句话说，即本体论与发生论不合一。既然如此，"渐悟修持论"的产生自然成为逻辑上的必然。康德认为现象就是质料加上人的先天范畴而成，所以康德的认识论是先天认识论。神秀以"自心缘起"论的方式说明了现象界产生的原因，这与康德对现象的解释不同，佛教对于世界上所有的现象称为万法，我们可以把万法理解为康德所说的现象界，神秀认为这些现象的产生是因为自心而起，这实际上就是哲学上的认识发生论。

神秀对自心的解释主要有三种含义。

第一，自心具有缘起论的含义。

缘起如果用哲学上的术语解释就是发生论，不过神秀的发生论是从认识论的角度说的，和通常哲学上所说的宇宙发生论不同。"心者万法之根本，一切诸法唯心所生。"①

神秀所提到的心就是自心。诸法与万法含义相同，用现代术语解释就是指存在、所有的现象。世上所有的现象都由心所显现，"所生"具有认识发生论上的含义，说明自心和现象之间的一种因果关系。神秀的"自心缘起"是有为法，以缘起说明缘生，开显出"此有故彼有，此生故彼生"② 的道理，但神秀不单单指这一点，文中又谈到"一切善恶皆由自心"，既解释众生处于轮回的原因，又说明"自心缘起"是众生解脱的依据，那么如何解脱呢？依缘起而开显寂灭，以"自心缘起"的有为法开显出"净心成佛"的无为法。

第二，自心具有二元论的含义。

> 了见自心起用，有二种差别。云何为二？一者净心，二者染心。此二种心法，亦自然本来俱有；虽假缘合，互相因待。净心恒乐善因，染体常思恶业。若不受所染，则称之为圣。遂能远离诸苦，证涅槃乐。若堕染心，造业受其缠覆，则名之为凡，沉沦三

---

① 《达摩大师破相论》，《续大正藏》第 63 册，第 8 页下。
② 《大乘中观释论》，《大正藏》第 30 册，第 149 页下。

界，受种种苦。①

当自心起用的时候，这个自心却发生了变化，分为净、染二心，可见自心具有二元的含义。首先，净、染二心可以作为终极根据，因为二者自然本来俱有，不存在生因的问题；其次，二者分别是"圣""凡"的根据，成佛与否都归结到净、染二心上；最后，这个二元论也可作为伦理上善、恶的根据。"故知一切善恶，皆由自心，心外别求，终无是处。"善是与净心相应的思想行为，恶是与染心相应的思想行为。这里的善是自性善，与净心相应，恶能召感苦果，与染心相应，善的原因在"净心"，恶的原因在"染心"。

第三，自心内含有终极价值的指向。

修持的目的在于成佛，那么自心仅仅作为"心者万法之根本"是不够的，理论上必须要有一个成佛的根据，这个根据就是净心，净心就是自心内含有终极价值的指向。"一念净心，顿超佛地。"② 净心是众生本来就具有的自性清净心，也就是真如。

派生万物的自心不具有终极的根据。这里的终极根据包括一种价值指向，禅宗具有很强的实践性，成佛是价值取向的目的，自心包括净、染二心，善、恶都由自心出，那么自心作为一个二元混合体是不可能作为成佛的根据的。另外，自心具有不定性。当自心起用（随缘）的时候，就发生了变化，分为净、染二心，成为圣、凡的根据落到了净、染二心上，自心的存在也就失去了价值上的意义，只具有发生论上的意义，和价值无关。"自心缘起"是以佛教的方式说明了康德的现象界，只不过对现象发生的原因和康德的解释有所不同。

"净心"相当于康德所说的本体界。神秀所说的本体与康德有所不同，康德认为本体可以作为概念去思考，但你却不能认识，而神秀则认为本体即净心、佛性，本来在人心当中，只不过由于妄念而被遮掩，不能显现，只要能够"一念净心"就可"明心见性"。尽管在本体理解上神秀与康德不同，但同样彰显出了一种二元论思维，禅宗通过改变人的

---

① 《达摩大师破相论》，《续大正藏》第 63 册，第 8 页下。
② 《大乘无生方便门》，《大正藏》第 85 册，第 1273 页下。

认识思维——觉性来达到形下人性与形上佛性的合一。这样说来，本体论与认识发生论就有了沟通的可能，中观的般若智慧就说明了这一点，所谓"性相不二""真空妙有""诸法实相"皆是主观认识的改变，而用哲学术语来说，实存并没有发生什么变化。觉性成了从现象界（认识发生论）到本体论的结合点就有了逻辑上的必然性，本体本身也就具有了思维的属性，这和康德把本体仅仅当作思维的一个概念是不同的，当真如和智慧结合到一起的时候，修持论就转向了心性论。

神秀认为净心具有四种含义：

1. 净心具有种子义、本觉义。净心不但是众生成佛的依据，也是众生发菩提心，信心的来源。神秀北宗的禅法思想是通过观心离念，显现真心，把处于可能性、应然性、潜在性的，处于因位上的净心通过觉性一步步引向最后处于现实性、实然性、果位上的净心。"众生身中有金刚佛性……只为五阴重云所覆，如瓶内灯光，不能显现。"① 神秀的净心有现有（本有）还是当有（始有，将来成佛的可能）的一个区分，因位上的净心是本有，果位上（返本）的净心是当有。这里的净心是理佛性，本有非始，自心起用分为染净二心的净心是理佛性，处于凡夫因位上的众生，显然这里的净心不具有果位上的意义，否则也不用修持了。净心属于正因佛性。

2. 净心具有真如义，涅槃空性义，法身佛。这其中的变化是通过觉性来得以实现的，最后体现果位净心的就是究竟觉。显然净心有因位与果位上的区分，因位上的净心实则具有种子义，与果位上的净心性质上是一样的，但在相上有所差别，也就是显隐的状态不同。果位上的净心就是真如，法身佛，"真如者，自是金刚不坏，无漏法身"② 。这是吸收了《大乘起信论》空如来藏的思想。空指的是自性空，从修持的角度来看是指脱离了烦恼。

具有真如义的净心是行佛性，始有非本。说明了佛果是通过渐修而逐渐得到的，神秀说："为因中修戒定慧，破得身中无明重迭厚障，成

①　《达摩大师破相论》，《卍续藏经》第 63 册，第 8 页下。
②　《达摩大师破相论》，《卍续藏经》第 63 册，第 10 页上。

就智慧大光明，是法身佛。"① 法身是破除无明的智慧智体，果位上的净心也即是智体。

3. 净心具有智慧义、菩提义，报身佛。神秀说："身心俱不动，即寂灭，是菩提灭诸相故，又身心俱离念，即是圆满菩提。"②"知六根本不动，觉性顿圆，光明遍照是报身佛。"③ 法身佛尽管破得无明，但显现还是通过报身佛，具体的体现就是觉性顿照。此处吸收了《大乘起信论》的思想。

4. 净心具有果德义。神秀说："心是众善之源，即心为万德之主，涅槃常乐，由息心生。"这是从净心的因位上讲的，由息心生很明确地说明这一点。净心是生因佛性，是众善之源。"依离念无量恒沙功德，依恒沙功德是净，依是没是法身体？是没是依身心？离念是法身，由离念，故转无量恒沙生灭，成无量恒沙功德，恒沙功德依离念住是依。是没是聚义？无间修行，任持功德，不散是聚，聚诸功德，充满法身，犹离念，故万境皆真。"这是从已经离念果位上的净心讲的，聚诸功德，万境皆真。

净心类似于慧解脱罗汉，净心从因与果、涅槃与菩提、法身佛与报身佛、说明了净心成佛论的理论框架。我们概括为两点：一是，涅槃、菩提、果德、究竟觉说明果位净心（返本）本体之义，把空性、智慧、果德、觉性集中于净心之中，是成佛（返本）的结果。二是，从本觉义、发生义（众善之源）、本有义（众生皆有佛性），来说明因位净心的种子义。不过因位净心由于染心的缘故不能显现，只有去掉染心才能成就佛果。"但能摄心，离诸邪恶，三界六趣，轮回之业，自然消灭，能灭诸苦，即名解脱。"④"佛性者，即觉性也。但自觉觉他，觉知明了，则名解脱。故知一切诸善，以觉为根，因其觉根，遂能显现诸功德树，涅槃之果德，因此而成，如是观心，可名为了。"⑤

这就决定了神秀离念渐修的修持思想是去掉染心，使净心显现。神

---

① 《大乘无生方便门》，《大正藏》第 85 册，第 1274 页中。
② 《大乘无生方便门》，《大正藏》第 85 册，第 1275 页中。
③ 《大乘无生方便门》，《大正藏》第 85 册，第 1274 页中。
④ 《观心论》，《大正藏》第 85 册，第 1271 页上。
⑤ 《达摩大师破相论》，《卍续藏经》第 63 册，第 9 页上。

秀的净心在果位上的法身就是破除无明，具有觉照之义的智慧。因此，心性本净的涅槃空性和觉照之智构成了返本净心的应有之义。

神秀通过"自心缘起"说明净心与染心之间的关系，实际上也就说明了本体与现象之间的关系。自心缘起→渐悟修持→净心成佛，其实就是说明人如何从"性相分离"（二元论）的"自心缘起"上，通过"渐悟修持"到"性相不二"（一元论）的"净心成佛"上。神秀通过这一修持理路说明了本体与现象的关系，与康德所说截然不同。对于这种"性相不二"的境界，如何通过"渐悟修持"来完成呢？

三 神秀对二元论问题的解决："渐悟修持"论①

禅宗通过改变人的认识思维——"觉性"来达到人性与佛性的合一。那么什么是"觉性"呢？神秀提出了关于觉性的三个概念，"本觉""初觉""究竟觉"，经过和梁译《大乘起信论》觉性概念比对，发现两者之间竟然非常的相似，对于神秀的觉性思想，我们参照《大乘起信论》中的觉性思想进行阐释。

表 8 - 1　梁译《大乘起信论》与《大乘无生方便门》的文献比对

觉性	《大乘起信论》	《大乘无生方便门》
本觉	"所言觉义者，谓心体离念。离念相者，等虚空界无所不遍，法界一相即是如来平等法身，依此法身说名本觉。"②	"佛是西国梵语，此地往翻名为觉。所言觉者，为心体离念。离念相者，等虚空界无所不遍。法界一相即是如来平等法身，于此法身说名本觉。"③
始（初）觉	"本觉义者，对始觉义说，以始觉者即同本觉。始觉义者，依本觉故而有不觉，依不觉故说有始觉。"④	"觉心初起，心无初相，远离微细念。"⑤

---

① "渐悟修持"体现为觉悟的程度，本觉、初觉、随分觉、究竟觉等。
② 梁译《大乘起信论》，《大正藏》第 32 册，第 576 页中。
③ 《大乘无生方便门》，《大正藏》第 85 册，第 1273 页下。
④ 梁译《大乘起信论》，《大正藏》第 32 册，第 576 页中。
⑤ 《大乘无生方便门》，《大正藏》第 85 册，第 1273 页下。

续表

觉性	《大乘起信论》	《大乘无生方便门》
究竟觉	"又以觉心源,故名究竟觉。"① "如菩萨地尽,满足方便,一念相应,觉心初起,心无初相,以远离微细念,故得见心性,心即常住,名究竟觉。"②	"性常住名究竟觉。"③

神秀所论及的净心实则可区分为"因位上的净心"和"果位上的净心",两者性质相同,但又不同,在用上有所隐显。净心的两种区分相当于"在缠真如"与"出缠真如"的区分,而净心的体性并未有丝毫的改变,"果位上的净心",只是返本而已,并非别有一个净心,"净心"从因位到果位的纽带就是觉性。代表因位上的净心就是本觉、始觉,代表果位上的净心就是究竟觉。

神秀认为本觉即为如来平等法身。"法界一相,即是如来平等法身,于此法身说名本觉。觉心初起,心无初相,远离微细念。"④ 而在《大乘起信论》如来法身所指即为真如,"真如自体相者,一切凡夫、声闻、缘觉、菩萨、诸佛,无有增减,非前际生、非后际灭,毕竟常恒。从本已来,性自满足一切功德。所谓自体,有大智慧光明义故,遍照法界义故,真实识知义故,自性清净心义故,常乐我净义故,清凉不变自在义故。具足如是过于恒沙不离、不断、不异、不思议佛法,乃至满足无有所少义故,名为如来藏,亦名如来法身"⑤。真如、如来藏、法身,无论凡夫还是菩萨,众生皆有佛性,自性原本清净。本觉、如来法身、真如即说明处于因位的净心体性原本清净。

神秀称《大乘起信论》中的始觉为初觉,始觉是从自心缘起角度讲的,相当于康德所提的现象界。《起信论》将始觉按次第(觉性的深浅与否)分为四个阶位,不觉、相似觉、随分觉和究竟觉。尽管在成佛之前,

---

① 梁译《大乘起信论》,《大正藏》第32册,第576页中。
② 梁译《大乘起信论》,《大正藏》第32册,第576页中。
③ 《大乘无生方便门》,《大正藏》第85册,第1273页下。
④ 《大乘无生方便门》,《大正藏》第85册,第1273页下。
⑤ 《大乘起信论》,《大正藏》第32册,第579页上。

觉悟有高低、深浅之分，但都可以称为始觉。《起信论》说："始觉义者：依本觉故，而有不觉；依不觉故，说有始觉。"什么叫作始觉，因为有本觉所以有不觉，因为有不觉所以有始觉。这段话说明了本觉、不觉、始觉之间的次第关系，这不能理解为时间上的先后，而只是一种逻辑关系上的说明，并不能认为先有个始觉，实际上觉性是始终存在的，只不过放到现象界中进行分析，就有了本觉、不觉、始觉的区分。

　　不觉就是不知道真如法，因为起心动念所以有不觉，尽管如此但不觉仍然不离本觉，依觉才会有迷，离开觉性也不会再有不觉。《起信论》认为不觉就是无明，本觉、不觉、始觉之所以有所区分，原因就在于清净本性被妄念所染，从而流转于生死当中。法藏亦有此观点，"生诸染法，流转生死，以本觉熏不觉故，生诸净法，返流出缠，成于始觉"[1]。

　　因为有本觉，所以才有不觉，而始觉又是相对于不觉来说的，只有通过始觉才能断掉不觉之惑，断掉不觉之后，返回本觉原有的体性，始觉达到究竟的状态就同本觉无二了，这也即是返本。"依此法身，说名本觉。何以故？本觉义者，对始觉义说。以始觉者，即同本觉。始觉义者，依本觉故而有不觉，依不觉故说有始觉。又以觉心源故，名究竟觉；不觉心源故，非究竟觉。此义云何？如凡夫人觉知前念起恶故，能止后念，令其不起。虽复名觉，即是不觉故。如二乘观智，初发意菩萨等，觉于念异，念无异相，以舍粗分别执着相故，名相似觉。如法身菩萨等，觉于念住，念无住相。以离分别粗念相故，名随分觉。如菩萨地尽，满足方便，一念相应，觉心初起，心无初相，以远离微细念故，得见心性，心即常住，名究竟觉。"[2]

表 8 – 2　　　　　　　　　　　　　　　　觉的含义

究竟觉：第十地菩萨至佛果。"远离微细念""彻见心性"
随分觉：初地至第九地菩萨。"远离法执"，"逐地增悟"
相似觉：声闻、缘觉二乘、三贤位菩萨。"远离我执"，"觉知我空"
不觉：十信位（外凡位）。"无断惑之智"

①　《大乘起信论义记》，《大正藏》第 44 册，第 256 中。
②　《大乘起信论》，《大正藏》第 32 册，第 576 页中。

到了"究竟觉"就能断除无明，"彻见心性了"，这即是神秀所称的"一念净心，顿超佛地"的境界。对于觉性不同的划分，与所得智慧和所断烦恼的程度相关。《起信论》中还谈到"相似觉""随分觉"的概念，在神秀的禅法中并未提到，我们知道这和《起信论》所说的阶位相关，从凡夫到佛都有相应的次第。不过神秀虽没有谈到这类概念，但在修持中，体现出了次第关系。"身是菩提树，心如明镜台。时时勤拂拭，勿使惹尘埃。"① "日日勤拂拭"体现了"逐地增悟"的渐修思想，拂去一分尘埃，即证得一分真理，当所有尘埃拭去之后，明镜觉照的功能便能完全显发。本觉、始觉的概念是相互依存的概念，都是从"自心缘起"而来，本觉—不觉—始觉—断不觉—本觉，这种"由迷返本"的过程即是由不觉返回到本觉的过程，神秀所说的修持架构在逻辑理路上和《起信论》从"在缠本觉"到"出缠本觉"的返本思想是完全一致的。

神秀以"自心缘起""渐悟修持""净心成佛"，说明了形下人性与形上佛性是如何相贯通的，以佛教哲学特有的方式，解决了康德哲学所提出的二元论问题。神秀的禅法思想与康德哲学在解决本体与现象的关系问题时，最大的区别就在"知性直观"上，康德认为人类没有"知性直观"也就是"非感性直观"，所以认识不了本体。

> 如果我们把本体理解为一个这样的物，由于我们抽掉了我们直观它的方式，它不是我们感性直观的客体；那么，这就是一个消极地理解的本体。但如果我们把它理解为一个非感性的直观的客体，那么我们就假定了一种特殊的直观方式，即智性的直观方式，但它不是我们所具有的，我们甚至不能看出它的可能性，而这将会是积极的含义上的本体。②

康德认为如果知性直观持消极态度的，这才产生了本体界与现象界相分离的问题。如果持积极态度，通过智性直观我们就能认识本体，但

---

① 契嵩本《六祖大师法宝坛经》，《大正藏》第48册，第348页中。
② ［德］康德：《纯粹理性批判》，邓晓芒译，杨祖陶校，人民出版社2004年版，第226页。

我们没有这种能力。

> 因为我们的理智不是直观的官能，而是已经提供出来的直观在一个经验里连结的官能，因此经验必须包含我们的概念的一切对象，然而一旦超出经验，则一切概念，由于缺乏任何直观可以作为它们的根据，都将是毫无意义的。①

知性直观的对象就是本体，但知性直观对我们毫无意义。神秀禅法思想在论述如何从自心缘起达到净心成佛时，所提到的觉性似乎担当起了康德所说的"知性直观"（"智性直观"）的责任，如果是这样，知性直观就同人的另一种认识能力联系了起来，这种能力便是智慧、悟性。当然，神秀的禅法思想带有浓厚的佛教色彩，在禅法说明上也是着重于人性与佛性的关系，这与康德哲学还是有区别的。

第二节　从现象学的角度分析
神秀禅法的修持思想

现象学说明了一般与个别的关系，即一般如何在个别中显现，这与神秀如何将人性贯通到佛性，有着相同的理路。在理论层面，如何从本质还原到先验还原上，现象学作了大量说明，而在实践层面，如何通过"观空看净"到"观心看净"上，也就是如何从形下修持到形上本体的渐修工夫上，神秀则给出了具体步骤。因此，现象学的还原与禅宗的看净在逻辑理路上是一致的，二者在理论和实践层面可以互为补充。

从现象学的角度分析神秀的禅法思想，我们遇到了前所未有的困难，二者是各自独立的思想系统，在发展史上没有交涉、时空上没有交叉，分析难度很大。不过通过梳理，从现象学的角度分析神秀禅法的进路大致可以通过"格义"的方式进行。现象学是认识事物的方法，其口号是"回到事情本身"，担负的任务是要为科学寻找一个根基，而以神秀的禅法思想其目的是要"成佛"，具有宗教上的道德意义，这是二

---

① ［德］康德：《未来形而上学导论》，庞景仁译，商务印书馆1982年版，第89页。

者的根本分歧，但是从哲学的角度来看，又并非不可分析，他们都是要探寻一个最具终极意义的东西。现象学方法在步骤上分为本质还原和先验还原，其中先验还原又高于本质还原，这是在纯粹自我的内意识中实现的。神秀的禅法思想认为人的心性是本净的，只要通过"观心看净"的方便法门，就能达到成佛的目的，两者从哲学思维上看都有趋向终极意义的一个倾向，还有一点应当指出的是并非任何西方哲学都能与神秀禅法思想进行比较，现象学是一门意识哲学，这种哲学打破了西方哲学长期存在的二元对立，把一般和个别在本质直观中联系了起来，而神秀的禅法思想就是通过修持证悟佛法，把形上与形下相互打通，这就为二者的沟通奠定了基础。现象学侧重于意识的理论分析，但缺乏切实可行的步骤；禅宗讲究的是"言语道断，心行处灭"① 因此，神秀的禅法侧重于修持实践，没有涉及最基本的深层意识描述，这是其薄弱之处。本章的目的就是从现象学的角度来分析神秀禅法思想区域中的盲点，以期加深对神秀北宗禅法思想的理解。

《大乘无生方便门》给出了我们具体的修持过程，总彰佛体；开智慧门；显示不思议法；明诸法正性；自然无碍解脱道。为了能够用现象学的方法进行说明，本书对《大乘无生方便门》的修持步骤重新安排说明，修持次第依然按原文。

一　悬置意义的持心戒

所谓的悬置，实际上是在表明一种态度，一种对自然态度的摈弃，如果自然态度不摈弃，那么所谓的现象学方法无异于空谈。胡塞尔认为："在认识批判的开端，整个世界、物理的和心理的自然、最后还有人自身的自我以及所有与上述这些对象有关的科学都必须被打上可疑的标记。它们的存在，它们的有效性始终是被搁置的。"② 在现象学进行本质直观时，不能有任何的先入之见，这实际上是避免了一种演绎思维，而神秀的禅法思想也是如此，对于禅修者来说，首先要转变自己的态度，把自己的心不起念同戒律合而为一。从外在受戒的仪式到内

---

① 《楞伽师资记》，《大正藏》第 85 册，第 1290 页上。
② ［德］胡塞尔：《现象学的观念》，倪梁康译，上海译文出版社 1986 年版，第 28 页。

在受戒的实质，神秀都进行了阐明，实际上是把对世界的认识纳入心的范畴，纳入意识当中。现象学和神秀禅法的相同之处就在于我们进入新的认识之前，都要摈弃原有的态度，不过胡塞尔说明了为什么要进行悬置的原因，具有理性的因素，而神秀禅法思想中更多地体现了强烈的宗教性，通过人们对宗教的信仰激发出一种无坚不摧的信念，在实践层面把态度的转变同戒律联系起来，增强了严厉性，强调了必须性。

《大乘无生方便门》开篇便谈到了"戒禅合一"的这种思想，神秀称为"持心戒"，即持戒与修禅是一样的。"堪受净戒菩萨戒，是持心戒，以佛性为戒。性心瞥起，即违佛性，是破菩萨戒，护持心不起，即顺佛性，是持菩萨戒。"① 这段话其实表明戒的两层含义：第一，戒的载体落到了心上，通过修持心性就能达到持戒的目的。第二，戒律的严厉性。只要一动心就是违背佛性，就是破菩萨戒。菩萨戒就是大乘菩萨所持的戒律，其内容为三聚净戒，即"摄律仪戒、摄善法戒、饶益有情戒"。戒相上在家菩萨戒与出家菩萨戒有所区别，如果根据《梵网经菩萨心地品》，出家菩萨的戒相为十重戒，四十八轻戒；如果根据《优婆塞戒经受戒品》，在家菩萨的戒相为六重戒，二十八轻戒。对于这么多戒条的持守，神秀却都归结到了心上，与传统的持戒截然不同，他指出"如经所说：三聚净戒者，誓断一切恶；誓修一切善；誓度一切众生。今言制三毒心，岂不文义有所乖也……既知所修戒行不离于心。若自清净故，一切功德悉皆清净……随其心净，则佛土净。若能制得三种毒心，三聚净戒自然成就"②。修持戒律只要通过修持心性就能做到，只要我们的心念清净，这个世界也会变得清净。"随其心净，则佛土净"是引用《维摩诘经》"若菩萨欲得净土，当净其心；随其心净，则佛土净"中的话。神秀将对戒律的持守都转化到人的思想上，而不仅仅是表面，行为上的约束尚可通过自己的严格要求而做到，对于思想上的约束，难度就大了。我们可以看出神秀通过持戒的说明，实则是改变了大家对待经验事物的态度，当然形式还是要执行的，受戒实际上是在

---

① 《大乘无生方便门》，《大正藏》第85册，第1273页中。
② 《观心论》，《大正藏》第85册，第1271页上。

增加个人的一种宗教信念，让他们对成佛深信不疑。《华严经》说："信为道源功德母，长养一切诸善根。"有了宗教信仰，才会落实到具体的实践上。

受戒的仪式是这样的，"各各胡跪合掌，当教令发四弘誓愿：众生无边誓愿度、烦恼无边誓愿断、法门无尽誓愿学、无上佛道誓愿证，次请十方诸佛为和尚等，次请三世诸佛菩萨等，次教受三归，次问五能：一者、汝从今日乃至菩提，能舍一切恶知识不？能。二者、亲近善知识不？能。三者、能坐持禁戒，乃至命终不犯戒不？能。四者、能读诵大乘经，问甚深义不？能。五者、能见苦众生，随力能救护不？能。次各称已名忏悔罪言过去、未来及现在身口意业十恶罪①"。"次请十方诸佛为和尚等，次请三世诸佛菩萨等"，"次教受三归"，"次问五能"，"次各称已名忏悔罪"，这些都是在禅修之前，所必须进行的受戒仪式，和传统的菩萨戒并没有什么太大的区别，不过神秀把对戒条的持守转变到"观心"上，他在《观心论》中以"心"的角度重新对菩萨戒作了诠释。"今令学者，唯须观心，不修戒行，云何成量善聚会者，以能制三毒，即有三量善普会于心，故名三聚戒也。波罗蜜者，即是梵言，汉言达彼岸，以六根清净，不染世尘，即出烦恼，可至菩提岸也，故名六波罗蜜。又问：如经所说，三聚净戒者，誓断一切恶，誓出烦恼，可至菩提岸也。"②

在神秀那里观心就是修戒，其旨趣在于六根不染世尘，也就是说不要陷入经验世界中去，这是为禅修前所做的准备工作。"次请十方诸佛为和尚等，次请三世诸佛、菩萨等"，"次教受三归"，"次问五能"，"次各称已名忏悔罪"，这些菩萨戒中的内容如果说是仪式的话，实际上还是经验世界的一部分，但这是最初步，主要的作用是让你作出决定，增强自己的信念。神秀的巧妙之处在于将戒的作用不仅仅停留在仪式上，而将戒融入了修持者自己本身的心性当中，六根清净，不起心，即是对戒的持守。胡塞尔认为现象学首先要进行悬置，中止所有的判断，也就是不要有任何的自然态度，这样才能进入本质直观当中，当然

---

① 《大乘无生方便门》，《大正藏》第 85 册，第 1273 页中。
② 《观心论》，《大正藏》第 85 册，第 1271 页下。

胡塞尔的目的是通过本质还原、先验还原，进入一种前反思、前判断的视域中去，这表明一点，无论是神秀禅法的修持，还是现象学的还原，在进入实质的认识阶段之前，都必须对以往的自然态度全部抛弃，不过禅修在抛弃之外，又增加了许多宗教性的内容，而神秀又巧妙的转化到心性上，一切认识从"心"开始。

从上面的论述中看出，神秀的持心戒在转变经验态度时的逻辑理路是这样的：首先，通过宗教仪式让人们作出承诺，表达出自己的虔诚信念；其次，把心识不起同戒律的遵守相绑定，这样对戒律的遵守就转变到了心识不起上；最后，不但抛弃了原有的世界观，连宗教本身的戒条都抛弃了，只要确信心识不起就是持戒，明白这一点即是对原有态度的转变。

为什么禅宗和现象学都要做这种准备工作呢？胡塞尔的发生现象学认为意识在历时上是一个不断奠基的过程，自我分为先验的自我和经验的自我，所以无论是佛教还是现象学，在禅修之前，本质直观之前的我肯定是一个经验的自我，一个不真实的自我，但在这个经验的自我中，又有某种趋向于真我的可能，注意只是可能，他们的任务就是如何实现这种真我，这也是佛教所讲的佛性本有，从因中说果，对未来的一种预设，心性虽然本净，但被客尘所染，不过众生皆有佛性，只要除去无明，便能成佛。

二　本质还原的观空看净

在禅法的修持上，有一种叫作空三昧，观因缘本性是空的。神秀的"观空看净"实际上就是空三昧，把观空转化为智慧。

虚空实际上是禅所观的对象。根据巴利佛教，禅修所观的对象称为业处，梵语为 karma-sthāna，不同的禅修者根据自身情况选择不同的所观对象，其中虚空属于十遍处中的一个。业处共有四十种：

> 十遍处（十一切入）：地、水、火、风、青、黄、赤、白、光明、虚空。十不净想：膨胀、青瘀、脓烂、断坏、食残、散乱、斩研离散、血涂、虫臭、骸骨。十随念：佛、法、僧、戒、舍（施）、天、死、身、安般（出入息）、寂止。四梵住（四无量心）：

慈、悲、喜、舍。四无色：空无边处、识无边处、无所有处、非想非非想处。食厌想、界差别。

对于不同性格的人观想不同的业处，其中十遍处又分为两类"四色遍处"和"六遍处"。"四色遍处"针对的是对治嗔心重的人，"六遍处"针对的是一切性格者。虚空属于"六遍处"，也就是无论什么性格的人都可以通过观"虚空"（虚空的法性）周遍于所有对象，而悟道。小乘化地部观六遍处当中的地，所以名为化地部。

这种禅法的来源是小乘上座系的五部禅法。传统的观行方法是从四禅（静虑）—解脱（观想）—胜处（观想）—遍行（观想）。

"以何加行，修空无边处定？由何加行，入空无边处定？谓初业者，先应思惟墙上、树上、崖上、舍上等诸虚空相，取此相已假想胜解，观察照了无边空相，以先思惟无边空相而修加行，辗转引起初无色定，故说此名空无边处。"[①] "修此定前，于加行位，厌有色身，思无边空，作空无边解，名空无边处。"[②] "空无边处定"是属于无色界之定，先通过观墙、树、崖等有形物所具有的虚空相，再观照无边无际的空间，通过加行即加功用行，泯灭掉所有色相，将心住于虚空不动，使万物的差别之相消失，从而使心达到一种自在明净的境界。也就是通过观虚空的方法而离欲。具体的方法就是泯灭眼识的一切色想，以及其他四识耳、鼻、舌、身的有对想，还有不善想，最后达到"思惟修习，空无边处定相"的境界。所以这种观空是仅仅局限于小乘的禅定上。禅宗属于大乘佛教，同样观虚空，大小乘的区别在哪呢？最根本的区别在于达成能够了悟"但生即不生，灭即不灭"而悟道，虽有生灭，而法性常存，色不离空，空不离色。

由上面的对虚空的论述中，我们看出小乘对于空的理解相比较于大乘还是浅显的，观虚空在四禅八定中，属于"空无边处解脱"，是修行者在潜除了色之后，在心里显现出无边虚空，进而把虚空作为对象进行观想的修持方法，其对虚空的理解只是"色""空"，"有""无"，还

---

① 《大毗婆沙论》卷84，《大正藏》第27册，第432页下。
② 《俱舍论颂疏论》卷8，《大正藏》第41册，第864页上。

远未达到大乘佛教所理解的空性。可见在神秀的禅法思想里，观"虚空"与小乘的观空是有区别的。不过神秀禅法的思想并不排斥小乘的禅法思想，大乘佛教包容小乘佛教，小乘上的禅定方法依然是神秀禅法的理论来源之一，不过加入了大乘佛教的般若空性思想，而这是与小乘禅法所不共的，从神秀禅法最初所观的虚空来看，"思维上下一时平等看"仍然具有空间的含义，这和小乘没有什么重大的区别，关键是用般若之智所观的空性。

本质还原的观空看净实际上是在体认外在的理。"佛告须菩提：凡所有相，皆是虚妄，若见诸相非相，则见如来。"① 实相体认万物缘起，没有自性的道理，把万物还原为空的本质。达到真我的过程并不是一蹴而就的，必须有一个过程，首先要进行本质还原，在胡塞尔那里，本质也是现象，能够被人们所直观，"本质直观的本义就是在个别中直接看到普遍，在现象中直接把捉到本质"②。如果是这样的话，万物作为缘起的无自性的空性也可以在直观中被把握了。在本质还原中，作为认识的"我"，实际上是经验的我，纯粹心理学的我，而不是顿悟的我（超验自我），这就是神秀禅法思想中渐修的含义，要想达到顿悟的我，就必须有一个从体认外在的理到体认内在的心的一个过程。

"凡所有相，皆是虚妄，看心若净，名净心地，莫卷缩身心，舒展身心，放旷远看，平等尽虚空看。和问言：见何物？子云：一物不见。和：看净细细看，即用净心眼，无边无涯除远看。和言：问无障碍看。和问见何物？答：一物不见。和向前远看，向后远看，四维上下，一时平等看，尽虚空看，长用净心眼看。"③ 观空看净是在于观出一种"空"的意义，虚空的含义是虚无形质，空无障碍，一方面，虚空从空间上看没有障碍，没有边际；另一方面，虚空用来比喻真如之理，是万物的本质、真因。现象学悬置掉了存在，实际上是将存在纳入意识的内存在中，进行直观，"我们还直观它们并且在直观它们的过程中能够直观到它们的本质、它们的构造、它们的内在特征"④。按照常识、经验的理

① 《金刚经》，《大正藏》第 8 册，第 749 页上。
② 张祥龙：《现象学导论七讲》，团结出版社 2003 年版，第 6 页。
③ 《大乘无生方便门》，《大正藏》第 85 册，第 1273 页下。
④ ［德］胡塞尔：《现象学的观念》，倪梁康译，上海译文出版社 1986 版，第 31 页。

解，观"虚空"，"无有一物"，这样能取得认识吗，而现象学认为可以，因为这是有意义的，如"圆的方""飞的马"，可以作为意向对象而存在的，从这个角度来讲是真的。空的本质和六根的本质是一样的，本质就在现象当中，通过想象力进行综合。这种认识的关键就在于他是一个经验的自我，而经验的自我意味着作为一个凡人，禅修是有意义的，不是可望而不可即的。

这里需要注意的是本质直观和事物的实际存在并没有什么必然联系，即使事物不存在也没有关系，本质还原通过知觉可以对不存在的事物进行想象，想象在胡塞尔那里指的就是直观，"想象同样是一种直观，它能够把它并不直接在场的东西呈现出来。所以想象在某种意义上已经进行了天然的现象学还原"①。神秀的"观空看净"恰恰就运用了现象学的这种方法，从前后、四方上下看，尽虚空的看？真的一物不见吗？首先在旁边引导的人就不能视而不见。可见，这里实际上是运用了自己的想象力，"我把直观反思的知觉和想象并列在一起"②。通过联想来看虚空，来看万物的本质，通过想象力的不断变更，把握变动不居的内在意识流中所不变的东西，通过比较，得到本质，这种空就是自己的内时间意识之流和想象共同参与而成，得到空的本质，但是这种观空还仅仅限于本质还原，在旁边人的引导下，一物不见，这种一物不见的空和佛教的缘起性空的空性实际上是不同的，不过观空的目的就在于要运用修持者本身的想象力，把这种一物不见的空融入万物空的本质中去，以一种非经验的原初方式把握空性，破的是对万物的着相，如果能看到物，说明自己就执着物相，与《金刚经》的精神"凡所有相，皆是虚妄"相违背，所谓的"观空看净"，就是通过自己的想象力把握空性的本质，这就是看净。在胡塞尔那里就是通过直观而得到本质，实际上是在自己的直观当中加进了抽象思维，进行了综合，"知觉在胡塞尔的意向性解释里边已经带有了思维的含义。思想和直观在某种程度上已经被打通了。抽象直观、本质直观已经加进思想了"③。不过这种一般、本

---

① 张祥龙：《现象学导论七讲》，团结出版社 2003 年版，第 79 页。

② ［德］胡塞尔：《现象学的观念》，倪梁康译，上海译文出版社 1986 年版，第 31 页。

③ 张祥龙：《现象学导论七讲》，团结出版社 2003 年版，第 71 页。

质是能够被感受到的，"既非先天就有的，也非要到当场经验它们（按：指一般）时才突然有的。如果你把它从概念上、观念上实现出来，就可能变成传统意义上的一般了。但是在最原本的地方，它是活生生的，由潜在的模糊状态被遭遇和实现于直观之中的"①。这就和禅宗的体悟相通了。

三　先验还原的观心看净

从观空到观心，神秀的这种禅法思想从大乘佛教在中国的发展，在逻辑里路上有着惊人的一致，佛教在传入中国后也正是经历了一个从"空"到"有"的发展理路，从观空到观心，把空理与心性相打通。本质还原的观空看净实际上在起作用的是一个经验的自我，佛教认为这个我是五蕴和合的我，一个不真实的我，禅修的真正目的是顿悟，达到顿悟的这个我，神秀禅法的目的就在于"一念净心，顿超佛地"②。将人性和佛性相沟通，从经验进入超验，个别与一般相即相融，从而达到超验自我的境地，超验自我不在彼岸，就在此岸。在这里看空毕竟还有一个经验自我的心识活动，在看净的过程中，要逐渐停止这种经验自我的心识活动，慢慢地降低意识的活动幅度，排除掉经验意识与万物的联结，因为这也是虚妄的，连本质还原本身这过程都是虚妄的，要进行抛弃，所破的是"烦恼障"和"所知障"，"烦恼障"以"我执"为根本，"所知障"以"法执"为根本，只有破掉二障，不着于外相，最后才能达到"一念净心，顿超佛地"。的境界，让自己的心与真如佛性相契合，达到顿悟的境界。神秀禅法思想在这里实现了一个质的飞跃，从观空的到离念、从外到内、从理到心、从经验自我到先验自我的一个重大转变。"不见六根相，清净无有相，常不间断，即是佛。是没是佛？佛心清净离有离无，心不起心真如，色不起色真如。心真如故心解脱，色真如故色解脱，心色俱离即无一物，是大菩提树。"③"虚空无心，离念无心。无心则等虚空无所不遍，有念即不，离念即遍。"④"灭六识证

---

①　张祥龙：《现象学导论七讲》，团结出版社 2003 年版，第 90 页。
②　《大乘无生方便门》，《大正藏》第 85 册，第 1273 页下。
③　《大乘无生方便门》，《大正藏》第 85 册，第 1273 页下。
④　《大乘无生方便门》，《大正藏》第 85 册，第 1274 页上。

空寂涅槃有声无声"①，"心理湛然清净是真性"② 虚空无心的状态实际上是前思维，尚未主客二分的状态，所谓的着相，实际上就是主、客二分，禅宗在这里的描述仅仅限于"离念无心""佛心清静""心真如故心解脱"这样的描述，在佛教看来，无心就是离开妄念的真心，指的是一种不执着于外物的自由境界，这些词语看似简单，实则深奥，如果真的达到这种境界，成佛不就是件很简单的事，人是由五蕴假合而成，眼、耳、鼻、舌、身属于色，意属于识，心不起就是离念，色不起就是色根清静，也不着外相，这就叫真如。在具体的做法上，神秀要求不但身形不动，而且不要有情感。"证得六根不动，了贪、嗔、痴性空"③这句话在《大乘无生方便门》中连续出现了四次，可见神秀在"看净"的具体实践上，特别强调不动，其实这还是《金刚经》上的思想，"不取于相，如如不动。何以故？一切有为法，如梦、幻、泡、影，如露亦如电，应作如是观"④。不动就是定，定自然不会进行取舍，一切事物都是虚幻不实。

实际上，我们并不能理解其中的深意，颇有点神秘主义的味道。如果不考虑其中的宗教因素，那么，现象学对这方面的描述，其实对我们很有启发，禅宗所描述的这种状态是先验自我所呈现出的一种状态，这种先验自我实际上是反思前的意识，意识可以划分为前反思意识——反思意识——意识，修悟的状态实际上就是一种前反思状态，用胡塞尔的术语来说就是"非反思的边缘境域"，"域"（Horizont）表示的是一种非对象化，其作用在于可以构成对象，这种状态是人进入一种下意识、潜意识的状态，这里面没有任何的目的性，相当于"灭六识，证空寂涅槃"的一种状态，眼、耳、鼻、舌、身、意已经毫无意义，六识的存在只会对象化、主客二分化。如果对于一个禅修者来说，在修持之前，有追求"顿悟成佛"的目的的话，而在这种状态下，就丧失了任何的目的，没有任何对象化的存在，实际上，意识的三种划分意味着意识经历的三个阶段，这种模式意味着一个双向可逆的过程。还原也就是

---

① 《大乘无生方便门》，《大正藏》，第 85 册，第 1274 页下。
② 《大乘无生方便门》，《大正藏》，第 85 册，第 1278 页上。
③ 《大乘无生方便门》，《大正藏》，第 85 册，第 1275 页下。
④ 《金刚经》，《大正藏》，第 8 册，第 749 上。

回到活动的初始，无论禅宗也好还是现象学也好，其目的都是要回到人的前反思状态，主客二分前的状态，在这种状态下，只有先验纯粹的意识。先验自我（经验自我，这两者是一个双向结构，由先验自我到经验自我是构造，由经验自我到先验自我是还原）。

如果把神秀禅法思想仅仅与悬置、本质还原、先验还原、联系起来，我觉得还并没有用现象学的方法把北宗的禅法思想说清楚，神秀禅法的修持过程实际上是从一个发生论走向本体论的过程，由发生论意义上的心性不净走向本体论意义上心性清净的一个过程。[①]

经验思维是已经存在的事实，否则也不用进行现象学还原和禅修了。这种自然态度、经验的自我产生的根源前文没有分析，实际上神秀认为是自心起用产生净、染二心而成的，这里显然具有了道德上的意义。禅宗毕竟是宗教，成佛才是最终的目的，而胡塞尔对此的解释是对西方传统哲学的经验论和唯理论的批判，要为科学寻找一个根基，并未对道德层面进行深入的解释。如果从认识发生论的角度来看，神秀认为人性是染的，不净的，会陷入轮回当中，作为一个宗教信仰者的目的就是要摆脱轮回，不再受报。如果从成佛论来看，神秀又认为心是净的，"一念净心，顿超佛地"指的就是人们可以达到成佛的境界，而这种净心境界所处的意识状态就是胡塞尔发生现象学的前反思状态。发生现象学实际上就是说明在意向性的主动构成之前的一个构成阶段，在这里意向对象还没有出现，主客还没有分开，是一个前对象化的东西，显然这

---

① 本书当中的发生论与发生现象学不是同一个含义，发生论是从认识论上来说的，发生现象学的使用在于说明回溯到我们最初认识的一个源头，如果这样讲，又有歧义，认识论的发生也有一个源头，这两者如何区分呢？论述的前提是从禅宗的角度思考的，现象学只是用来说明意识的构成和发生，并不具有道德的意义，笔者只是借用其方法对禅修的意识进行形上说明，作一个原发性的追溯，如果从道德上的角度讲，作为依据的应当是神秀的禅法思想。成佛和心性本净、本不净的思想直接相关，笔者认为从认识发生论的角度来看神秀的心性思想是本不净的，他认为净、染二心本来俱有，承认染的先验性，然而从本体的角度来看心性又是本净的，说明一方面人人可以成佛、能够成佛；另一方面又说明烦恼可断，染心可除，这样看来，认识发生论就落到了经验的层面，这就借助了现象学还原的方法，通过还原从认识万物的本质——空性，再到认识人的心性——本净（前反思意识），现象学的构成方面说明了人的前反思状态、潜意识状态是如何构造的，在这里面，笔者认为是神秀的心性思想所达到的净心状态，所指的形上层面也是处于这个状态当中。所以，发生论与发生现象学在这里所使用的含义是有所区分的，一个是经验的形下层面，心因染而轮回，一个是超验的形上层面，心因净而成佛。

里面构成了本体，胡塞尔最突出的贡献就在于把"现象"与"本体"相打通，通过直观得到本质，但现象学对道德的意义没有说明，如果从佛教来看，这里的意识状态实际上就是指心性清净、无染的状态。

因此，发生论的意义说明了人们为什么要禅修的根源，在于我们一到这个世界上就是心不净的，但同时又包含有心净的可能，神秀北宗的修持就是从发生论走向本体论，从经验的自我走向先验的自我的过程，这就是用现象学来阐释神秀禅法思想对我们的最大启示。①

---

① 胡塞尔的先验自我实际上指的就是纯粹意识，具有如下含义：第一，构成作用。先验自我作为主体极，他在《纯粹现象学通论》中指出："这就是所探索的余留下来的'现象学剩余'，虽然我们已'排除'了包含一切物、生物、人、我们自己在内的整个世界严格说，我们并未失去任何东西，而只是得到了整个绝对存在，如果我们正确理解的话，它在自身内包含着、'构成着'一切世界的超验存在。"（［德］胡塞尔：《纯粹现象学通论》，李幼蒸译，商务印书馆 1996 年版，第 136 页）先验自我含有超验的特性，对世界具有构成的作用，但这种构成与"唯我论"截然不同，它并没有对这个世界作出种种的规定。第二，本质显现。"如果在对世界和属于世界的经验主体实行了现象学还原之后留下了作为排除作用之剩余的纯粹自我（而且对每一体验流来说都有本质上不同的自我），那么在该自我处就呈现出一种独特的——非被构成的——超验性，一种在内在性中的超验性。因为在每一我思行为中由此超验性所起的直接本质的作用，我们均不应对其实行排除。"（［德］胡塞尔：《纯粹现象学通论》，李幼蒸译，商务印书馆 1996 年版，第 151—152 页）这里的本质不应理解为单一的本质，而是本质的集合，由超验自我所呈现出来的本质不能进行排除。正是先验自我具有构成、呈现的种种特性，才打破了康德物自体和现象界之间所不可逾越的鸿沟。神秀禅法思想的观心，也就是显现先验自我的这个过程，通过不动念的方法，进入胡塞尔所称的这种前反思的、主客尚未分立的状态。

第九章　关于神秀禅法思想的
两个问题

第一节　神秀禅法中的"定"与小乘
"定"有何区别?

神秀的禅法思想是渐修法门,讲究的是"观心看净",以静坐为主,所以这也常常导致南宗门人对北宗的非难。如果从另一角度来看,那么这也成为北宗门人禅修的一个很重要的特点,所以,对于神秀北宗来说,对"定"的修持具有非常重要的意义。神秀北宗仍然属于大乘佛教,这必然表现在对待如何"定",与小乘有着显著的不同,即使如此也不能把大、小乘的禅法思想机械地割裂开来,大乘禅定中也有小乘的禅定方法,不过大、小乘禅定的目的不同,小乘禅定的目的是解脱,而禅宗禅定的目的是见性。

一　印度佛教关于定、禅那、止观、禅定的思想

定,梵语为 sumādhi 音译为三昧、三摩地,意译等持。意思是心能够专注于所缘之境,达到心不散乱的境界。

按名称和功能,三昧可以分为两类:1. 名三昧,如空三昧、无相三昧、水三昧等。2. 按功能所分的三昧有金刚三昧。"若有比丘得金刚三昧者,火所不烧,刀斫不入,水所不漂,不为他所中伤。"① 从对金刚三昧的论述,我们看到三昧多少带有神通的意味,修成了金刚三昧,烦恼种子已经被断除。

---

① 《增一阿含经·十不善品》卷45,《大正藏》第2册,第793页下。

按所受果报的角度来看，定分为生定与修定，依照果报而生于色界、无色界的称为生定；在欲界而修的定称为修定。定属于心的一种作用，《俱舍论》把定归为十大地法中的一种，唯识论把定归结到五别境当中。此外，定在分类上还有散定、禅定等，散定是欲界有情的心与境相应而起。

比较常见的有四禅八定，八定包括色界的四禅和无色界的四定，合起来为八定，四禅被包含在八定中。

欲界，六趣，处五趣杂居地。色界，初禅—离生喜乐地，二禅—定生喜乐地，三禅—离喜妙乐地，四禅—舍念清净地。无色界，空无边处—空无边处地，识无边处定—识无边处地，无所有处定—无所有处地，非想非非想处定—非想非非想地。从欲界、色界到无色界共九地。

dhyāna，汉译为禅那、禅、静虑。在《瑜伽师地论》中，禅即静虑，分为四种：初禅（离生喜乐）、二禅（定生喜乐）、三禅（离喜妙乐）、四禅（舍念清净）。定与禅那还是有所区别的，sumādhi 是一种广义上的定，与禅那也有相对应的地方。定有许多种分类，列举其中的有寻有伺三摩地（定即三摩地）进行与四禅的对应。

有寻有伺三摩地——初禅。无寻唯伺三摩地——初禅以上，二禅之近分定。无寻无伺三摩地——二禅至非想非非想处定。

止的梵文是 śamatha，samatha，译止、奢摩他，奢摩他观，指心里寂静的状态。观的梵语是 vipaśyanā，vipassanā 译作观、毗钵舍那，指用来观察的智慧，止观常常并用。"四禅八定"通过止观而实现，将心注于一境，用智慧来观照实相，可见止观是修定的方法。

禅有有漏的，也有无漏的，包括色界的四禅定，还有欲界和无色界的定。

由止和观所处欲界、色界、无色界所处的不同位置，我们看到观是在止前面的。这说明有观，才能有止。止，无色界定。观，欲界，色界；第四禅，止观均等。

现对以上的名词作一整理：

Samadhi，三昧，三摩地，意为等持，对应前面所说的定。"一切禅定摄心，皆言三摩提，秦言正心行处，是心从无始世来，常曲不端，得此正心行处，心则端直，譬如蛇行常曲，入竹筒中则直。"①

Samapati，三摩钵底，意为等至，身心有安和之相。

Samapduua，三摩半那，已入定。"三摩半那（初欲入定，名三摩钵底，正在定中，名三摩半那，定之前后异名）。"②

Sanmanita，三摩呬多意为等引，三摩呬多为九相住心中第九相住心。

Dhyāna，禅那，色界以上四禅。"一切禅定亦名定，亦名三昧。四禅亦名禅，亦名定，亦名三昧。除四禅，诸余定亦名定，亦名三昧，不名为禅。十地中，定名为三昧。"③ 一切禅定可称为定、三昧，四禅也可称为禅、定、三昧。除四禅外，其余的定可以成为定、三昧，但不能称为禅，十地菩萨中的定称为三昧。

samatha，奢摩他，舍摩他、奢摩陀、舍摩陀，止，熄灭烦恼。

citta-eka-agrat，质多医迦阿羯罗多。"释曰：心一境性名之为定……问：何等名心一境性？答：谓能令心专注一所缘。问：何等名静虑？答：由定寂静，能审虑故。"④

dadharma-sukhavihra，现法安乐。

drsta-dharma-sukha-vihara，现法乐住。

vimokṣa，音译毗木叉、毗目叉，vimukti 音译作毗木底，有为解脱。

mukti，作木叉、木底，无为解脱，指摆脱烦恼的束缚，而得自在，也就是精神上的自由境界。

Aṣṭau vimokṣāḥ，八解脱。

禅定，从字面上能够看出这是禅（Dhyāna，禅那）与定⑤（samādhi，三摩地、三昧）相合成的一个词，按大乘佛教的六波罗蜜来讲，是其中的禅定波罗蜜（梵 dhyāna-pāramitā），或称禅那三昧，禅指色界，定指无色界，有四禅八定（色界四禅 + 无色界四定），"禅者，是其中国

---

① 《大智度论》卷23，《大正藏》第25册，第234页上。
② （唐）慧琳：《一切经音义》卷13，《大正藏》第54册，第386页下。
③ 《大智度论》卷28，《大正藏》第25册，第268页中。
④ 《俱舍论颂疏论本》，《大正藏》第41册，第970页上。
⑤ 梵文 samādhi 和 samatha 是不同的，前者指"定"；后者指"止"，人们往往误用 samatha 表示定（三摩地、三昧）是不正确的。

之言。此翻名为思惟修习，亦云功德丛林。思惟修者，从因立称，于定境界，审意筹虑，名曰思惟。思心渐进，说为修习，从克定，名思惟修寂。亦可此言当体为名……所言定者，当体为名。心住一缘，离于散动，故名为定。言三昧者，是外国语，此名正定，定如前释，离于邪乱，故说为正言、正受者"①。到了禅宗，对禅定的理解和原有的本意已有所不同，禅为妄念不生，定为见性，如果见性，即使凡夫，也入佛位。"云何为禅？云何为定？答：妄念不生为禅，坐见本性为定。本性者，是汝无生心。定者对境无心，八风不能动。八风者，利、衰、毁、誉、称、讥、苦、乐，是名八风。若得如是定者，虽是凡夫，即入佛位。"②

通过上面的分析看出，定（三摩地、三昧）、禅那、止观三者的区别。定（三摩地）、禅那、止观的区别并不是主要目的，在佛教中，这些具体的修持方法都要上升到具体实践的角度。所以，从修持来看这几种方法是相互交错的。现在将上面的论述以《瑜伽师地论》中关于禅定方法作一分类。

禅那：初禅，二禅，三禅，四禅。解脱（背舍）：八解脱，八胜处，十遍处。等持：三三摩地（空、无相、无愿），有寻有伺等三摩地，大、小、无量三摩地，喜、乐、舍俱三摩地（初到四禅以上），五圣智三摩地，圣五支三摩地，有因有具圣正三摩地，金刚喻定。等至：五现见等至，八胜处，十遍处，四无色定，二无心定（无想定，灭尽定）。

解脱能够作为涅槃的别名，不过这里的解脱是特指的含义，即作为禅定分类的一种，摆脱三界烦恼的八种禅定（八解脱），其含义是指脱离束缚，而得一种自在，对于小乘佛教来说就是解脱自己，成就阿罗汉。"八解脱者，名为解脱绝下缚故。"③"什曰：亦名三昧，亦名神足，或令修短改度，或巨细相容，变化随意，于法自在解脱无碍，故名解脱。"④

无论是哪一种禅修，都表明以下三点，1. 这些禅定都是以四禅为

① 《大乘义章》卷13，《大正藏》第44册，第718页上。
② （唐）慧海：《顿悟入道要门论》卷上，《卍续藏经》第63册，第18页上。
③ 《大乘义章》卷13，《大正藏》第44册，第718页中。
④ 《注维摩诘经》卷1，《大正藏》第38册，第327页下。

最基础的。2. 这些禅定都是修定的方法，从而所得的果在色界、无色界之中，无论哪一种禅定都有阶次之分。3. 对不同性格的人，有不同的禅观方法对治。

二 禅定的作用：断除烦恼

上文所述三点分别从基础、果位、性格三个维度来说明禅定。由于关于佛教的名相术语太多，似乎很难找到禅定当中最核心的思想——禅定究竟修的什么，我们想这实际上是归结到对切入点的选择问题上。最好的切入点是对以上四种禅定的最高阶段分析，看看究竟修的是什么内容，最后找出共同点，这个问题也就迎刃而解了，同时也便于后面同神秀禅定思想的比较分析。

禅那分为四禅，第四禅在色界是处于最高的阶位，为舍念清净地，到了四禅的境界寻、伺、喜、乐、出入息都已经断除，但还有舍念，以舍念护持心清净，在贪嗔痴慢疑中，没有嗔。

解脱当中的八解脱，最高位是第八解脱——灭尽定解脱，这是想受尽。

等持当中的金刚喻定是定中最高的，能够破除一切随眠，对于声闻乘来说是阿罗汉，对于菩萨来说是出于十地的等觉。

从修行阶位的角度来看，不同修行阶位的区别是以所断的烦恼①来作出划分的。当然在分析修行的维度上，还有从小乘涅槃的维度看待的。（参照《俱舍论》）除烦恼障（妨碍觉悟）的是有余涅槃，除解脱障的是无余涅槃，大乘唯识以我执为烦恼障，不得正智为所知障等。

六根本烦恼：贪、嗔、慢、四无明、五疑、五不正见；五钝使：贪、嗔、慢、四无明、五疑；五不正见：身见、边见、见取见、戒禁取见、邪见；五利使：身见、边见、见取见、戒禁取见、邪见。

印度世亲所著的《阿毗达摩俱舍论》是说一切有部的论典，俱舍见道位除八十八使；修道位灭除的贪、嗔、痴、慢等，共有八十一种，

---

① 烦恼有见惑、思惑、理惑、事惑、自相之惑、共相之惑、尘沙惑、无明惑，等等，在不同的佛教体系以及不同的佛教经典当中，对烦恼的分类和含义都有很大的不同。所以，本文在论述这些烦恼当中是在特定的经典当中讨论，其中选取的是俱舍和唯识，因为二者对心的讨论十分详细。

见道位灭除十种思惑，共八十一品。

小乘俱舍见惑八十八使。欲界三十二：苦谛十，贪、嗔、痴、慢、疑、身见、边见、邪见、见取见、戒禁取见；集谛七——贪、嗔、痴、慢、疑、邪见、见取见；灭谛七——贪、嗔、痴、慢、疑、邪见、见取见；道谛八——贪、嗔、痴、慢、疑、邪见、见取见、戒禁取见。色界二十八、无色界二十八：苦谛九——贪、痴、慢、疑、身见、边见、邪见、见取见、戒禁取见；集谛六——贪、痴、慢、疑、邪见、见取见；灭谛六——贪、痴、慢、疑、邪见、见取见；道谛七——贪、痴、慢、疑、邪见、见取见、戒禁取见。无色界二十八：集谛六——贪、痴、慢、疑、邪见、见取见；灭谛六——贪、痴、慢、疑、邪见、见取见；道谛七——贪、痴、慢、疑、邪见、见取见、戒禁取见。

思惑十使，三界共九地，每地共九品（九品者，上上、上中、上下、中上、中中、中下、下上、下中、下下），合起来共八十一品。欲界一地共九品，贪嗔痴慢（每品）。色界、无色界八地，共七十二品，贪痴慢（每品）。

须陀洹人断尽见谛烦恼。斯陀含、阿那含未断尽修道烦恼。阿罗汉断三见谛、修道烦恼尽，不生三界。大乘唯识见惑立一百十二种，"百二十八根本烦恼者，见道所断欲界四十，上界各三十六，并修道十六，有一百二十八种"[1]。

欲界，苦集灭道四谛各有十惑，合为四十：贪、嗔、痴、慢、疑、身、边、邪、取、戒。色界、无色界之各四谛，除嗔为九惑，共为七十二：贪、痴、慢、疑、身、边、邪、取、戒。

大乘唯识所立思惑十六：欲界　贪、嗔、痴、慢、身见、边见。色界、无色界：贪、痴、慢、身见、边见。

大乘对烦恼的解释。"烦恼障者，谓执遍计所执实我，萨迦耶见而上首，百二十八根本烦恼，及彼等流诸随烦恼，此皆扰恼有情身心，能障涅槃，名烦恼障。"[2] 小乘烦恼见思二惑共九十八，称作九十八随眠。大乘见思二惑为百二十八，称作百二十八根本烦恼。从大小乘烦恼所

① 《成唯识论述记》，《大正藏》第43册，第560页中。
② 《成唯识论》卷9，《大正藏》第31册，第48页下。

列，我们看出身见，边见等惑在小乘中的思惑是没有的，而在大乘识中还有，就因为唯识认为见惑是后天的烦恼，二小乘认为是迷四谛之理，这在见道时已经断除。

小乘俱舍：见惑，执迷四谛之理。修惑（思惑），执迷事物现象。

大乘唯识：见惑，后天烦恼，心分别起。修惑（思惑），先天烦恼，俱生起。

唯识断烦恼障，所知障。在大乘看来烦恼不是像小乘那样去追求断烦恼个目标，而是认为"缘起性空"，烦恼也没有实在性，是因分别心而起（后天产生的烦恼，禅宗见性所断烦恼为此烦恼，先天的烦恼属于习气，悟后起修而断），应该用般若之智去观照，这才是大乘的核心所在。对于小乘佛教而言，要想通过禅定获得解脱，最快的也要三生时间，小乘的禅定侧重于断烦恼，而大乘佛教讲究"烦恼即菩提"，悟"缘起性空"后，再用般若智慧观照烦恼，知烦恼并无自性，因心分别而起，所以并无什么烦恼可断，"见惑性空"才是智。

> 见有惑可断，是惑而非智。若见惑性空，是智而非惑。是则见有惑之智，此智亦须断。诸惑之性空，此惑不须断。经云：若人欲成佛，勿坏于贪欲。又云：烦恼即菩提等。此并就智见惑性、相尽无断，方为实断也……经云：一切众魔及诸外道，皆吾侍也。此则虽惑而顺也。有漏善品趋向人天，违出离道，此则虽善而违也……诸惑就实，无非称理，如云烦恼，即菩提等，善亦准此。善法存相，亦有乖真如，住事布施，不到彼岸，惑亦准此。《思益》云：如来或说净法为垢、惑法为净，谓贪着净法为垢，见垢法实性为净。①

见惑实际上就是知见上的烦恼，属于知识论，因意根与法境相应而产生，经前文的介绍有执着五蕴、十二处的身见，执着于常、断的边见等。修惑是在修道位上所断的惑，因为执着情意而起，四惑因眼耳鼻舌身五根与色声香味触对应而产生。天台宗将教分别教与圆教，在断惑

---

① （唐）法藏：《入楞伽心玄义》1卷，《大正藏》第39册，第432页下—433页上。

上，二者是不同的，天台宗圆教在断惑上，分为两类，同断和异断。天台宗认为"一心三惑"可同断，断一惑即等同于断三惑，得一智即等同于得三智。异断上，初信位断三界见惑，六信位断三界思惑，七、八、九三信位断界内外的尘沙惑，从初住到十地逐渐断四十品无明。值得一提的是，天台圆教的见惑、思惑之区分，并非如同小乘那样见道上断见惑（理惑），修道上断思惑（事惑），而是以"根本无明"为理惑，见思惑、尘沙惑为事惑。别教认为见、思、尘沙惑的体性是有所区别的，所以应该按照次第来逐渐断除，三智即一切智、道种智，一切种智也是按照次第而修得。断惑次第为，空观—破见思惑——切智（证空寂理）—真谛理；假观—破尘沙惑—道种智（了差别法）—假谛理；中观—破无明惑——切种智（通本性体）—证中道法身。

三 禅定的过程：见道与修道①

"见道"就是破掉"见惑"，即禅宗所讲的"明心见性"，南北宗都不例外。从上面对"定""烦恼"的分析上，我们发现见道与修道的过程就是不断地断除烦恼，烦恼的种类、程度随着修道位次的逐渐升高而不断地减少、减弱。那么如何理解见道与修道？见道与修道无论在大乘和小乘都离不开断烦恼与成菩提。小乘佛教以见道作为区分凡、圣的标准，见道时所处的智为八忍八智中的第十六心，道类智，到了这个阶段，已经生起无漏智，可以照见真谛的道理，作为声闻乘来说，见道时已得须陀洹初果，三界的见惑烦恼已经断掉。小乘俱舍宗的见使（惑）如下：

欲界：苦法智忍 苦谛见惑；苦法智 苦惑；集法智忍 集谛见惑；集法智断集惑；灭法智忍 灭谛见惑；灭法智 断灭惑；道法智忍断道谛见惑；道法智 断道惑。

---

① 此处所讨论的见道与修道，是以一切有部和唯识宗的理论框架下进行讨论，一是这两派最具代表性，二是和前面所讨论的都能连贯上。在佛教内部的不同派别中对见道和修道的理解是有差异的，一切有部以前十五心为见道，第十六心道类智为修道，成实论以十六心全属见道，大众部则是顿现见道，相比之下一切有部成为渐现观。还有一点应当提出的是，本书前面分别讨论了定、禅那、止观等之间的概念，而定的范围最大，又因为本书讨论的以北宗神秀禅定的思想，所以在此描述修持的过程时，统一用成禅定。

色界、无色界：苦类智忍　断上二界苦谛见惑；苦类智　断苦惑；集类智忍断上二界集谛见惑；集类智　断集惑；灭类智忍　断上二界灭；谛见惑；灭类智　断灭惑；道类智忍　断上二界道谛见惑；道类智断道惑。

忍为断道，智者为证道。前十五心为见道，道类智为修道。"见道者，苦法智忍为初，道类智忍为后。其中总有十五刹那，皆见道所摄，未见见谛故。至第十六道类智时，无一谛理未见。今见如习曾见，故修道摄。"① 小乘成实宗，以入"无相行"为见道，以无量心断诸烦恼。"入圣之初，于四真谛，推求明白，名为见道。于四圣谛，重虑增进，说为修道。位分何处，若依成实，入无相位，名为见道。故彼论言，信法人，入见谛道，名无相行。世第一后须陀果前，空观无间，名无相行。若依毗昙，苦忍已去十五心顷，名为见道。"② "十六中，前十五心，是须陀向，判为见道。末后一心是须陀果，见道不收。"③ "若依成实宗，见道之中有无量心，故彼文言，以无量心断诸烦恼中非八非九。言非八者，说见道中有无量心，相续断惑，破阿毗昙定说八忍。言非九者，说修道中有无量心，破阿毗昙于一一地定九无碍（按，九解脱）。何故毗昙定说八忍？彼宗观有，有局别见易明故。何故成实说无量心？彼宗教空，空无分限，见难分故。"④

小乘的修持步骤是先见道明四谛理，在修道而行禅定。大乘法相唯识分真见道和相见道，"诸相见道，依真假说世第一法无间而生、及断随眠，非实如是。真见道后，方得生故，非安立后，起安立故。分别随眠，真已断故。前真见道，证唯识性；后相见道，证唯识相，二中初胜，故颂偏说。前真见道，根本智摄；后相见道，后得智摄"⑤。真见道并没有像小乘那么多步骤，而是将见道仅仅归到一心上，所证之智为根本无分别智，小乘《俱舍论》所立的十六心，大乘唯识称为相见道，为见道之后而有的。大乘唯识的相见道所证之智为后无分别智，其中又

① 《阿毗达摩俱舍论》卷23，《大正藏》第29册，第122页上。
② 《大乘义章》卷17，《大正藏》第44册，第789页下。
③ 《大乘义章》卷17，《大正藏》第44册，第790页上。
④ 《大乘义章》卷17，《大正藏》第44册，第797页下。
⑤ 《成唯识论》卷9，《大正藏》第31册，第50页中。

分为三心相见道（含在真见道中）和十六心相见道。大乘菩萨的见道位，也称通达位，是在第一阿僧祇劫的末了所得，到了此阶段为初地菩萨。这时对于"我空"，"法空"的道理已有所领悟，已经断除烦恼障和所知障，但并未根除。所以见道后并未意味着已经圆满，还有十种障未断，要依着无分别智接着修道。只有到了第十地金刚心位时，才能断掉烦恼障和所知障的种子，最后成就佛果，而成无学道。"加行无间，此智生时，体会真如名通达位，初照理故，亦名见道。"① "见道者，唯在初地初入地心。今此修道，除初入地心，出相见道已住，出地心乃至第十地终金刚无间道来，并名修道。"②

真见道：三心相见道；证我空；证法空；证我空、法空。相见道：十六心观四谛别相。

我们对大乘唯识的三心真见道称为渐证渐断说。"真见道，谓即所说无分别智，实证二空所显真理，实断二障分别随眠，虽多刹那，事方究竟，而相等故，总说一心，有义此中，二空二障渐证渐断，以有浅深粗细异故。"③ 前面讲过，无论是小乘还是大乘，见道与修道都是以所断烦恼而定的。大乘佛教的修道是指菩萨见道以后，登入初地，逐渐修到十地的过程。修所断的烦恼是见道以后不同于见道时所断的有漏法，即不同于分别起的俱生起烦恼。

小乘：见道，断八十八使见惑，一果罗汉，起无漏智。修道，断八十一品修惑，二、三果罗汉。无学道，非所断无漏法；四果罗汉。

大乘：见道，断分别起烦恼所知二障，第一阿僧祇劫。修道，断俱生起之二障，初地至第十地金刚无间道，第二至第三阿僧祇劫一大半。无学道，非所断无漏法，由清净自性所生的身业、语业非所断。

此外，按法的性质，所断的烦恼还有，自性断、不生断、缘缚断。无学道对小乘来说就是阿罗汉的无漏智，此时三界的烦恼都已断掉，已证得真谛之理。对于阿罗汉来说，无学道在阿罗汉的根基上也有钝与利的区分，钝根的阿罗汉解脱的时间就比较长，所以此时的解脱称为时解

---

① 《成唯识论》卷9，《大正藏》第31册，第50页上。
② 《成唯识论述记》卷10，《大正藏》第43册，第573页中。
③ 《成唯识论》卷9，《大正藏》第31册，第50页上。

脱（爱心解脱）。利根的阿罗汉解脱时间很快，所以称为不时解脱（不动心）解脱。大乘的无学道是指到了十地菩萨金刚心断掉所有烦恼后，所得的佛果。修道是长久的过程，"修道是不猛利道，数数修习，久时方断九品烦恼"①。

大乘的修道是从初地菩萨开始到十地金刚无间道，此间过程都属于修道。对于唯识宗来说所断的是俱生起烦恼的种子。"今此修道，除初入地心出相见道已住，出地心乃至第十地终金刚无间道来，并名修道。"②

通过在见思烦恼上、见修二道上，我们发现小乘与大乘有着非常大的区别，主要体现在心识上，对于小乘来说，意识限于眼、耳、鼻、舌、身、意六识，烦恼当然就与这六识相关，用天台宗的判教理论来作为对应，相当于小乘的藏教和通教。当然部派佛教中已出现超过六识外的心识，如上座部的"不可说我"，论一切有部将众生分决定无性者、有无不定者、决定有佛性者三类，分别部以空为佛性。因此，部派佛教对佛性的理解为后来大乘佛教的心识发展奠定了基础。

大乘佛教，唯识宗立八识，多了末那识、阿赖耶识，这也促成了烦恼的种类发生了变化，修持方法也发生了变化。以阿赖耶识的异熟果或以如来藏清净心说明万法根源，用天台宗的话来讲都称为别教，别的意思是此菩萨教法与小乘是不共的，华严宗则称为始教。按印顺的提法，如来藏清净心说明万法根源，属真常唯心论，这也是华严宗的特质，那么华严宗自然依此为终教了。

小乘与大乘心识上的差别，实际归结到有无"因佛性"的问题，决定着成佛与否。小乘只能断六识的烦恼所以证成罗汉，小乘认为声闻都不能成佛。而大乘有"因佛性"，破除细微识，无明，所以就能证成佛果，这就是二者的重要区别。烦恼上的区别，根据天台宗的表述，在见惑（理惑）与思惑（事惑）③ 的理解是不同的，天台宗分别教与圆教，在断惑上，二者是不同的。天台宗圆教，在断惑上，分为两类，同

---

① 《大毗婆沙论》卷51，《大正藏》第27册，第267页上。
② 《成唯识论述记》卷10，《大正藏》第43册，第573页中。
③ 为防止天台宗的见、思惑与小乘相混淆，用理惑和事惑进行区分。

断和异断。异断上，初信位断三界见惑，二信至七信断思惑，八至十信破尘沙、伏无明。值得一提的是，天台宗别教、圆教的见惑思惑之区分，并非如同小乘那样见道上断见惑（理惑），修道上断思惑（事惑），而是以"根本无明"为理惑，见思惑、尘沙惑为事惑。天台宗认为，无明惑用中观破除。清楚了小乘与大乘在见、思烦恼上、见、修二道上的区别，我们就能够更好地分析神秀禅法的禅定思想。按《大乘起信论》的说法见道为初地，见性为佛地，见道与见性不同，神秀其实在"见道"上做了大胆的改革，打破了传统的次第，把见道推到了佛地的见性，这样神秀就将果位的"见性"境界提到了因位作为修证目标，"一念净心，顿超佛地"即是见性境界，亦为见道，顿渐之分即见道之分，见性之分，是否到佛地境界之分，这才是真正的内涵，南北二宗在此处是一致的。

四 神秀的禅定：菩萨戒、观空、看心

我们有一章专门分析神秀禅法思想中的"戒、观空、看净"，那是从现象学的角度分析，这一次是从与小乘的对比来分析。禅定所达到"心、意、身"不动的状态并不是一蹴而就的，神秀在阐发禅定思想和凡夫、二乘有什么不同时，前提是修持者已经具有了这种禅定的般若智慧，能够了悟见、闻之根本不动，这说明已经见道了。前面讨论的禅定过程是见道与修道，见道与修道在修持过程中处于一个什么样的环节呢？

"论曰：苦法智忍为初，道类智忍为后。其中总有十五刹那，皆见道所摄，未见见谛故。至第十六道类智时，无一谛理未见。今见如习曾见，故修道摄。"[1]（《俱舍论》卷二十三）从《俱舍论》这段话，我们看出，从欲界"苦法智忍"就已经见道了，到了无色界的"第十六道类智"，为修道所摄，即俱舍认为前十五心为见道，第十六心为修道。唯识认为"道类智"属于见道。

小乘佛教见道的内涵包含以下几点：1. 见道与烦恼的关系。见道断除三界"苦、集、灭、道"四谛下的见惑。2. 见道与智的关系。见

---

① 《说一切有部俱舍论》卷23，《大正藏》第29册，第122页上。

道时的智分为法智和类智两类，两智又各分为"忍"和"智"，认为断惑之智，属于无间道位，无间道是刹那之间就能断掉烦恼。"智"是证理之智，属解脱道位。已生无漏智，能够照见真谛之理，是证理的智慧。3. 见道与果位的关系。小乘见道者可得初果须陀洹果，见道以前属于凡夫，见道以后就属于圣者了。

无间道：生空智，断我执。法空智，断法执。解脱道：生空智，证我空理。法空智，证法空理。

小乘见道所断的烦恼为见惑，见惑的成因是因为意识对法尘分别而产生的，凡夫尚未见道之前所修的是三贤四善根。修道所断的惑比见道更难断除，需要更长的时间。依《俱舍论》来看小乘佛教，对于见道时所断的惑，也并非需要很长的时间，无间之中刹那就可完成，顿的意味十足。

大乘佛教（唯识为例）见道的内涵包含以下几点：1. 见道与烦恼的关系。断分别起烦恼，烦恼所知二障。2. 见道与智的关系。生无分别智，证悟真如，见"我空""法空"，无分别智与真如之间关系是平等的。3 见道与果位的关系。大乘见道者为初地菩萨，初地为极喜地。

那么这种见道又从何而入呢？这就不得不提神秀禅修的次序，"持戒""观空""观心"，这就说明"持戒""观空""观心"是见道的法门。神秀北宗的禅法思想从理论上分为三大步骤："自心缘起"论、"渐悟修持"论、"净心成佛"论，这只是一个"返本"的过程，属于"见道"，这在佛教的修持上，工夫还远远没有做完，后面还有修道，那么在"见道"的具体步骤上，实际上就体现在了"持戒""观空""观心"这个过程当中，我们前面讲的是形而上的理论，现在讲的是形而下的过程。神秀的禅法再见道上，并未显现出渐的特点，小乘的无间道都有顿法，何况神秀的禅法呢。南北宗顿与渐真正的分水岭不是时间上的长久，而是方法的不同，神秀的渐中也有顿，慧能的顿中也有渐关键是方法不同，即见道与修道的过程不同。

持戒，在神秀的五方便法门中，首先就是讲的受持菩萨戒，这和小乘有着很明显的区别，我们认为"菩萨戒"导致了小乘禅定与神秀所说禅定的根本差异，这种根本差异就体现在菩提智慧上，菩提心上，上求佛道，下化众生。小乘发的心是出世的心，出离的心，追求的是自己解脱。

大乘：解（理），一实相印、诸法实相。证，无生法忍，诸法实相观，佛果。空，法空、众生空。时间，三大阿僧祇劫。

小乘：解（理），三法印（对有为法的差别观，假像观）。证，涅槃寂静，无生。观诸行无常→断我执→离我慢→得涅槃，无相，性空→无生，阿罗汉果，辟支佛果。空，众生空。时间，速则三生，迟则一百劫。

诸法实相就是无相，能够观一切缘起都没有自性。观空，说到观空，前面提到十边处中的空无边处解脱，还有空三昧等，小乘的观空并未达到真正的解脱，而只是得一种自在，而这种自在也是应该要断除的，所以后面还有八胜解，抑制这种自在。根据《八识规矩颂》，八识心王与心所有一对应：

前五识，各有三十四个心所，遍行心所五，别境心所五，善心所十一，中随烦恼心所二，大随烦恼心所八，根本烦恼中的贪、嗔、痴三烦恼。

第六识，作用范围最广，五十一个心所均与之相应。

第七识，有十八个心所与之相应，遍行心所五，大随烦恼心所八，别境中的慧心所，以及根本烦恼中的贪、痴、慢、见、四心所。

第八识，唯五遍行心所与之相应。

神秀通过观空达到了悟空性的道理，最后观心，断掉贪、嗔、痴三毒，而达到返本见性的目的。共同点是空间意义上的空，借鉴了小乘的思想，但不同于小乘。

五　神秀禅定的核心：以"定"悟得"性相不二"

前面论述了定、禅那、止观、禅定等关于修定方法的说明，集中讨论了两个问题：一是定和烦恼之间的关系；二是修定的过程，修定就是不断见道与修道的过程。小乘的禅法思想，以世间定的角度来看，主要应为"四禅八定"，这种定的特点就是在定中能够灭除自己的烦恼，但一旦出定又受世间境界所缘，而重新生起烦恼。禅定是要断烦恼，要见道，同时还要修道，神秀的禅定思想同样的具有这些因素。二乘的心不动因为没有智、理，所以贪恋禅味。

神秀把"心"不动的含义扩大到智。"问：是没是不动？答：心不动。心不动是定、是智、是理；耳根不动，是色、是事、是慧，此不动是从定发慧，方便开慧门。问：是没是慧门？耳根是慧门，作没生开慧门？闻声耳根不动是开慧门。是没是慧？闻是慧，五根总是慧门，非但能发慧，亦能正定，是开智门。问：是没是智门？意根为智门。作没生开智门？意根不动是开智门。作没生转意成智即得智，是名开智慧门，与汝开智慧门竟，有力度众生。"①

神秀的这段话里面实际谈到了识与境之间的关系，若不考虑意根，眼、耳、鼻、舌、身可以分为五境，色境、声境、香境、味境、触境，其中色境与声境称为不至境，因为色根与声根必须同境相分离，才能起作用。香境、味境、触境称为至境，鼻、舌、身三根不同于眼、耳必须与境接触才能起作用。现在单独讨论意根，意根所对的境称为法境，广义的法是指一切法，狭义的法当然是指除五境以外的法，因为有些法五境已经涵盖。这一类色法是无质之色，为意识所缘的对象，为五根不能领纳，计有五种。

色境：颜色，形色，无表色。声境：内声，外声，内外声。香境：三实（好香，恶香，平等香）三假（俱生香，和合香，变异香）。味境：甘、酸、咸、辛、苦、淡。触境：坚、湿、暖、动四种，又有轻、重、滑、涩等二十余种。法境：法处所摄色，有部认为有无表色、心所、不相应行、无为。

神秀禅法的"定"。意根："意根不动，转意成智"，开智门。心："心不动是定是智是理"。五根（眼、耳、鼻、舌、身）："闻声耳根不动，发慧和正定"，五根总是慧门，开慧门。

问：有几种人开得智慧门？答：有三种人。是谁？凡夫、二乘、菩萨。凡夫有声即闻无声，声落谢不闻。二乘有声、无声、声落谢不闻，不闻。菩萨有声、无声、声落谢常闻。问：三人一种开得智慧一门，缘何没？二乘人贪着禅味，堕二乘涅槃。二乘人开得慧一门，是慧于耳根边，证得闻慧。昔所不闻而今得闻，闻已心生

① 《大乘无生方便门》，《大正藏》第85册，第1274页中。

欢喜，欢喜即动。畏动执不动，灭六识，证空寂涅槃。有声、无声、声落谢不闻。不闻贪着禅味，堕二乘涅槃。菩萨开得慧门，闻是慧，于耳根边证得闻慧。知六根本来不动，有声、无声、声落谢，常闻、常顺不动修行，以得此方便正定，即得圆寂，是大涅槃。①

凡夫有声音了就听得到，没声音了就听不到，声音现在有就听得到，声音过去了就听不到，这是因为凡夫有分别心，执着于外境。小乘"灭六识，证空寂"由定发慧，在定中不闻，出定则闻。小乘不知道闻性是常住的，其原因就在于二乘但见空、无常、苦、无我，所以有定而无慧。因此，小乘的定是邪定，而不是正定。所以，在小乘行者修行到一定的阶位上，要想转入大乘，必须要回小向大。按照神秀的说法，凡夫为散定，二乘为邪定，只有大乘才是正定。

表9-1　　　　　　　　　　　　　凡夫、小乘、大乘

凡夫	有声音闻，无声音不闻。	欲界有情心与境相应而起。	散定
小乘	从闻发慧，不知道闻性常住，灭六识证空寂。	二乘但见空、无常、苦、无我，有定无慧。	邪定
大乘	有声、无声，常闻常顺不动修行。	悟六根本来不动，见闻之性常在，见空，又见不空等，故见中道，见佛性。	正定

神秀的修"定"论，在于入定和出定都能达到"性相不二"的境界，所以对于相对的二元范畴，在神秀的禅法里都是相即的，慧能南宗门人对于神秀的批评，有失偏颇，说北宗追求静坐等。

心（意根）：智；理；知（体）；性；涅槃（体）；寂。

耳根（五根）：慧；事；见（用）；相；菩提（用）；觉。

_____

① 《大乘无生方便门》，《大正藏》第85册，第1274页下。

由此表明，大小乘在修行上各自的理路：小乘，断惑（无间道）—解脱（证理）；神秀，见性（见道）—事修（修道）（大乘的见、修道与小乘是不同的，见天台），神秀见道、修道所断的惑是不同的，见道所断的理惑为"根本无明"，修道为"见思惑（这里的见思惑就是小乘的见思惑了）、尘沙惑"，在禅修的逻辑理路的次序上是相反的，但这并不能表明大乘与小乘截然不同，而是大乘禅法包容了小乘，小乘有的大乘都有，小乘没有的大乘也有。大乘由智发慧，无思惟是大智，神秀所追求的定不仅有寂静的意思，还包括所追求的一种大智慧，目的在于见性，北宗神秀禅法思想中的见性就是"离念净心"、"一念净心，顿超佛地"。实际上，不应该把大乘、小乘的禅法思想割裂开来，两者相融合的关键点即在于在禅观中要有空观。

因此，大小乘的区别在于是否能够了悟"但生即不生，灭即不灭"而悟道，虽有生灭，而法性常存，色不离空，空不离色，《心经》上即有"观自在菩萨，行深般若波罗蜜多时，照见五蕴皆空，舍利子，色不异空，空不异色，色即是空，空即是色"①。讲的就是这个道理，"行深"指的就是禅定，"五蕴皆空"即无我。"答曰：定有二种，一者观诸法实相；二者观法利用。譬如真珠师，一者善知珠相贵、贱、好、丑，二者善能治用。"②　"心不动，是定、是智、是理。耳根不动，是色、是事、是慧。此不动是从定发慧方便。"神秀所认为的心不动，实际上就是意根，智与理是通过转意成智而得的。"寂照者，因性起相。照寂者，摄相归性。"

菩萨：闻，"闻不动，不同尘"。

二乘人：闻，"出定即闻"。不闻闻，"昔所不闻，而今得闻，心生欢喜"。闻不闻，"二乘人出定即闻，在定不闻，在定无慧，不能说法，亦不能度众生。出定心散，说法无定"。

凡夫：闻，闻即动，动同尘。

不动并非说明神秀同意枯禅、枯坐，"贪着禅味，堕二乘涅槃，是

① 《般若波罗蜜多心经》，《大正藏》第 8 册，第 848 页下。
② 《禅法要解》卷上，《大正藏》第 15 册，第 290 页中。

名无慧方便缚"①"一念净心，顿超佛地"②"悟在须臾，何须皓首"③。
神秀的弟子普寂也是"豁然自证，禅珠独照"④"皆证佛心也"⑤。如果
追到最后的理路上，实际是大小乘对涅槃的看法不同。声闻乘虽然知道
性、相不离，但必须离一切相时，才能证得法性平等，"慧眼于一切法
都无所见"。所以小乘行者在定中即不闻，出定才闻，这种"性相差
别"，导致了"生死涅槃"差别论，分"有余依涅槃"，"无余依涅
槃"，只有"灰身灭智"才得最终解脱。小乘只证到空性，不见中道，
只利己，不利他。

大乘行者知道"性相不离"，神秀说："悟六根本来不动，见闻之
性常在，见空，又见不空等，故见中道，见佛性。"此时，能够做到
"空有无碍"，"真空即为妙有"，"妙有即为真空"，"慧眼无所见而无
所不见"。神秀对大乘行者的称谓为菩萨，可见这时的观，已经是见道
而观了。"由有定惠，藏诸功德，法相圆满藏无漏法等，是法华经藏。
凡夫、二乘所不能到，天魔外道不能坏。"⑥

神秀禅定所达境界是自然无碍解脱。"不起心思议，则离系缚，即
得解脱。"⑦ 神秀的方法虚空归结到最后其实是以"缘起性空"作为观
行。"若眼识能见，识无自体，假托众缘，众缘性空，无有合散，一一
谛观，求眼不可得，亦无眼名字……无断无常，眼对色时则无贪爱。何
以故？虚空不能贪爱，虚空不断无明，不生明，是时烦恼即是菩提，无
明缘行即是涅般，至老死亦复如是。"⑧ 神秀的禅法思想关于定，是在
追求的一种智慧，这与小乘通过禅定断除烦恼，解脱自己的理路是完
全不同的。究其根本原因实则是小乘与大乘心识上的差别，这就是有
无"因佛性"的问题，决定着成佛与否。小乘只能断六识的烦恼所以
证成罗汉，小乘认为声闻都不能成佛，而大乘有"因佛性"，破除细

① 《大乘无生方便门》，《大正藏》第 85 册，第 1273 页中。
② 《大乘无生方便门》，《大正藏》第 85 册，第 1273 页中。
③ 《大乘无生方便门》，《大正藏》第 85 册，第 1273 页中。
④ 《楞伽师资记》，《大正藏》第 85 册，第 1290 页下。
⑤ （唐）张说：《唐玉泉寺大通禅师碑》，《全唐文》卷 321。
⑥ 《大乘无生方便门》，《大正藏》第 85 册，第 1276 页上。
⑦ 《大乘无生方便门》，《大正藏》第 85 册，第 1277 页中。
⑧ （陈）南岳思大禅师：《法华经安乐行义》，《大正藏》第 46 册，第 699 页上。

微识、无明，所以就能证成佛果，什么是因佛性？就是神秀的本觉、究竟觉。

第二节　神秀的"成佛"与竺道生的"成佛"有何区别？

关于禅宗"顿悟成佛"的思想，一般的理解是从"理成佛"的方面来理解，天台智顗大师就把禅宗的成佛定为凡夫位，那么对于神秀的禅法在成佛果位上究竟如何理解呢？

一　部派佛教的成佛思想

四圣为声闻、缘觉、菩萨、佛。小乘佛教将声闻的修道阶位分为四个果位：即须陀洹果、斯陀含果、阿那含果和阿罗汉果。

须陀洹果，已入圣人之流，欲界天上、人间往返七次。断尽三界见惑，不堕三恶趣。斯陀含果；欲界天上人间各一次，断尽三界见惑，欲界思惑前六品；阿那含果；不再来欲界受生死，断尽三界见惑，欲界九品思惑。阿罗汉果；永入涅槃不受分段生死　断尽三界见惑，欲界九品思惑，色无色界八地七十二品思惑。

见惑即见道时所断的烦恼，见是分别的意思，六根之意根对法尘所起的邪见，如常见、断见等。见惑有十种，身见、边执见、邪见、见取见、戒禁取见、贪、嗔、痴、慢、疑。前五见是见之性，称五利使，后五见非见之性，称五钝使。"于此所辩九十八中，八十八见所断，忍所害故。十随眠修所断，智所害故。"[1] 神秀在《观心论》中，强调消灭贪、嗔、痴三毒，这是针对欲界的人来说的，因为色界、无色界皆无嗔。

修惑也就是思惑，指贪、嗔、痴、慢、疑等思想上的错误。思惑的品数有八十一，即欲界五趣（天、人、畜生、饿鬼、地狱）一地，色界四禅天为四地，无色界四空天为四地，共九地，每地九品，共八十一品。欲界一地中，有九品贪嗔痴慢。九品者，上上、上中、上下、中

---

[1] 《俱舍论》卷109，《大正藏》第29册，第99页下。

上、中中、中下、下上、下中、下下。上八地各有九品，除嗔。

见惑：欲界，苦、集、灭、道　贪、嗔、痴、慢、疑、身、边、邪、取、戒，四十使。色界、无色界，苦、集、灭、道　贪、痴、慢、疑、身、边、邪、取、戒，七十二使。思惑：欲界，贪、嗔、痴、慢、身见、边见，六使。色界、无色界，贪、痴、慢、身见、边见，十使。合计，一百二十八使。

阿那含果罗汉在色界继续修持，不再返欲界受生。

小乘声闻在修道上，以断三界的见惑和思惑的不同程度作为罗汉四个果位之间不同的标准，其中在具体的果位中，又由时间的不同长短来作为划分的标准。声闻乘所修的四谛法，成佛时间最快的也需要三生时间，最长的要经六十劫，修行的法门是七方便。缘觉乘又称辟之佛乘，如果悟在佛住世时代，听闻佛说十二因缘之理而悟道的人，在无佛时代是自己悟十二因缘，而成佛道的人。菩萨的法门分为五十二个阶位，十信、十住、十行、十回向、十地、等觉、妙觉。说明了从凡夫到成佛之间的一个过程，如果把十信放到十住之中的第一住，则只有四十二个阶位。同样在菩萨的修行中也要经过漫长的时间，三大阿僧祇劫，才能修成正果。律宗对菩萨经三大阿僧祇劫，五十二位，判为四位。

第一阿僧祇劫所修：愿乐位，愿乐信解，自利利他，此当十信、十住、十行、十回向。第二阿僧祇劫所修：见位，见道位，此当初地。修位，修道位，此当二至七地。第三阿僧祇劫所修：究竟位，渐进至于佛地，此当八地至妙觉。成佛须经三大阿僧祇劫，第一阿僧祇劫所成就的果位是阿毗跋致菩萨。

第一阿僧祇劫：资粮位，十住[①]、十行、十回向；加行位，四寻思观（暖、顶），四如实智（忍、世）。第二阿僧祇劫：通达位（见道位），初地，入心；修习位（修道位），初地，住心，出心；二到七地。第三阿僧祇劫：修习位（修道位），八到十地、等觉；究竟位，妙觉。

天台宗学者智顗大师的判定：凡夫位，对于佛法，闻信全无，理即。凡夫位，对于佛法，有闻有信，名字即。五品弟子位，外凡位，观行即。十信位，内凡位，相似即。十住位、十行位、十回向位、十地

---

① 第一发心住内（包括十信），凡夫修十信须经一万大劫才能成就。

位、等觉位，菩萨位，分证即。妙觉位，佛位究竟即。

化法四教包括藏、通、别、圆，藏教指小乘。通教，指各个大乘经的通说。别教，指与小乘不共的大乘特有的教说。圆教，圆满的教说，如《华严》《涅槃》和《法华》等。

二　竺道生的顿悟成佛思想

在竺道生之前的支道林、道安和僧肇所说的顿悟称为"小顿悟"，他们认为七地前的六地并没有悟到真性，只有渐修到七地才能够顿悟，但此时还未圆满，到成佛还有三地。"寻得旨之匠，起自支、安。支公之论无生，以七住为道慧阴足。十住则群方与能。在迹斯异，语照则一。安公之辩异观，三乘者始篑之日称，定慧者终成之实录，此谓如求，可随根而三。入解，则其慧不二。"① 竺道生认为理不可分，一悟即为顿悟。"竺道生法师大顿悟云：夫秤（称）顿者，明理不可分，悟语照极，以不二之悟，苻不分之理，理智惠释，谓之顿悟。"② 在顿悟之前仍有渐修。

竺道生在论证他的顿悟思想时，通过中观般若的方法说明众生成佛的思想。"生曰：若谓己与佛接为得见者，则己与佛异相去远矣，岂得见乎？若能如自观身实相，观佛亦然，不复相异，以无乘为得见者也。"③ "生曰：若以见佛为见者，此理本无。佛又不见也，不见有佛，乃为见佛耳。"④ "生曰：既观理得性，便应缚尽泥洹。若必以泥洹为贵而欲取之，即复为泥洹所缚。若不断烦恼，即是入泥洹者，是则不见泥洹异于烦恼，则无缚矣。"⑤

佛性，观点："一切众生皆有佛性。""宋长安龙光寺有竺道生……又六卷《泥洹》先至京都，生剖析经理，洞入幽微，乃说一阐提人皆得成佛，于时大本未传，孤明先发，独见忤众。"⑥

---

① （梁）僧佑：《出三藏记集》卷9，《大正藏》第55册，第68页中。
② 《肇论疏》，《卍新纂续藏经》第54册，第55页中。
③ 《注维摩诘经》卷8，《大正藏》第38册，第410页上。
④ 《注维摩诘经》卷8，《大正藏》第38册，第410页上。
⑤ 《注维摩诘经》卷8，《大正藏》第38册，第345页中。
⑥ 《法苑珠林》，《大正藏》第53册，第466页下。

论证，般若中观思想，从法、法性、实相角度来谈佛性。

1."以法为佛性"。"生曰：以体法为佛，不可离法有佛也。若不离法有佛是法也，然则佛亦法矣。"① "佛者即是佛性，何以故？一切诸佛以此为性。案，道生曰：夫体法者，冥合自然，一切诸佛莫皆然，所以法为佛性也。"②

2."佛性是种生义"。"道生曰：佛性是种生义，故是因非果也。"③

3."当理者是佛"，从觉悟来谈佛性，即因因。"当理者是佛，乖则凡夫"④ "因因者，即是智慧。安，道生曰：智解十二因缘，是因佛性也，今分为二，以理由解得，从理故成佛果，理为佛因也，解既得理，解为理因，是谓因之因也。"⑤ "生曰：既以思欲为原，便不出三界，三界是病之境也，佛为悟理之体，超越其域。"⑥ "生曰：佛既称迦旃延，为善分别义……而佛无致讥之义，迦旃有受诘之事，其故何耶，佛以穷理为主。"⑦ "生曰：夫恋生者，是爱身情也……虽已亡惑无身，终不掇理，于理不掇，必能穷之，穷理尽性，势归兼济。"⑧

4."顿悟成佛""理不可分""以不二之悟，符不分之理""竺道生法师大顿悟云：夫称顿者，明理不可分，悟语极照。以下二之悟，符不分之理。……见解名悟，闻解名信，信解非真，悟发信谢，理数自然，如果就自零。悟不自生，必籍信渐。"慧达在《肇论疏》中说："而顿悟者，两解不同。第一竺道生法师大顿悟云，夫称顿者，明理不可分，悟语照极。以不二之悟，符不分之理。理智恚释，谓之顿悟。"⑨

佛性即法身、法性、实相，道生认为众生与佛不相分离。目前并没有明确的文献资料说明神秀吸收了竺道生的思想。但通过对神秀的研究，我们从禅宗成佛的果位这个角度上分析，发现竺道生和神秀在顿悟

---

① 《注维摩诘经》卷8，《大正藏》第38册，第398页中。
② 《大般涅槃经集解》，《大正藏》第37册，第549页上。
③ 《大般涅槃经集解》，《大正藏》第37册，第548页上。
④ 《大般涅槃经集解》，《大正藏》第37册，第464页上。
⑤ 《大般涅槃经集解》，《大正藏》第37册，第547页下。
⑥ 《注维摩诘经》卷3，《大正藏》第38册，第360页上。
⑦ 《注维摩诘经》卷3，《大正藏》第38册，第353页下。
⑧ 《注维摩诘经》卷5，《大正藏》第38册，第375页上。
⑨ （晋）惠达：《肇论疏》卷上，《卍续藏经》第54册，第55页中。

的思想上其实是一致的。佛教一般来讲的禅修过程，其实是先事修，在悟，再修的。竺道生是渐修最后一下顿悟成就果位，是事后的，"此是竺道生所辨，彼云：果报是变谢之场，生死是大梦之境。从生死至金刚心，皆是梦，金刚后心豁然大悟，无复所见也"[①]。十住最后的金刚道心而悟，从果位上来说是究竟佛位。道生的成佛为究竟成佛。竺道生的金刚心，乃是菩萨五十二个阶位中的第五十一个，名为等觉。

三　神秀的顿悟成佛论

无论是神秀还是慧能，都是先见道而后再修道，所以他们的"悟道"都是属于事前的，然后才"悟后起修"逐渐断尽无始以来的习气。神秀是渐修而后悟，在"净心成佛"后，还有退转的可能，所以"日日勤拂拭，莫使惹尘埃"。这有两种情况，镜子本身的尘埃还未除去，首先先除去，即所谓的"见道"；另一种是镜子的尘埃已除去，还需再防，这说明如果不能够精进随时都有退的可能，这是护持住自己的净心，然后再逐渐除去自己的习气。这说明神秀的禅法通过渐修而明心，接着还需渐修。如果神秀的"一念净心，顿超佛地"指的是同竺道生一样的圆满究竟，就不需要，"日日勤拂拭了"，净了以后所起的功能是防的功能。神秀的理路是，渐修—顿悟（见性）—圆修。

神秀的禅法在成佛实际上存在两重因果：从现象的染心（未显现的净心），返回到本体的净心（显现的净心），这是第一重因果；再从显现的净心修到圆满究竟成佛的果位，这是第二重因果，这样第一重的果又作为了第二重的因。尽管慧能是先顿悟明心，但还是需要渐修的，所以禅宗的悟是从因位上说的。

顿悟也能称为性修，悟后起修称为事修。神秀在《观心论》清楚地表明了超越三大阿僧祇劫，这就说明禅宗的法门不同于以往的次第，除了"理成佛"外也有"即心成佛"的可能存在。

第一阿僧祇劫：资粮位，十住[②]、十行、十回向；加行位，四寻思

---

① （隋）吉藏：《二谛义》卷下，《大正藏》第45册，第111页中。
② 第一发心包括十信，由凡夫修十信有所成就，需要经过一万大劫。

观（暖、顶），四如实智（忍、世）。第二阿僧祇劫：通达位（见道位），初地，入心；修习位（修道位），初地，住心，出心；二到七地。第三阿僧祇劫：修习位（修道位），八到十地、等觉；究竟位，妙觉。

神秀实际上打破了传统的修行阶次步骤，把理即佛的这个果提到了最前面，见性之后而事修，这样的做法厉害之处就在于，见性之后就能直接指导我们的日常生活，使佛法不离于日常日用当中，这样成佛在现世就有了非常重要的意义，即使是凡夫位，也能具有佛的境界。禅宗只是理成佛，而不是事成佛。禅宗见道以后还需要去修证，所谓的修证就是事修。以往的文章谈论禅宗在理修上较多，即如何见性，而在事修上谈论得较少。

"身是菩提树，心如明镜台。时时勤拂拭，勿使惹尘埃。"[1] 弘忍曾说按神秀的方法修持可免堕恶道。"依此偈修，免堕恶道；依此偈修，有大利益。令门人炷香礼敬，尽诵此偈，即得见性。"[2] 照神秀的方法修行能不堕三恶道，至少是天人果报，可是修五戒十善的人同样能做到，据神秀通过《观心论》自己的说法是，不再生死轮回，那至少是摆脱了分段生死，罗汉的果位，走的是阿含解脱道。但是，这种果位的判定，并不符合神秀的本意，"身是菩提树，心如明镜台。时时勤拂拭，勿使惹尘埃"。这是神秀是从因地上讲，将果位的"见性"境界提到因位作为修证目标，把十地菩萨的境界提到因位，以此净心进而修持，这样明心见性后，以净心地为因，进行事修，方能圆证佛果，这就不是简单地用某个阶位来判定神秀见性为何果位的问题了。

由上面所述，我们对神秀与竺道生的"成佛"思想作一总结：从佛性论的角度来看，均主张"一切众生皆有佛性"；从修持的过程看，都有先通过渐修，最后顿悟的思想，竺道生的观点是"从生死至金刚心，皆是梦，金刚后心豁然大悟"，神秀说："一念净心，顿超佛地"，"超凡证圣，目击非遥。悟在须臾，何烦皓首"。不过，神秀和竺道生

---

① 契嵩本《六祖大师法宝坛经》，《大正藏》第48册，第348页中。
② 契嵩本《六祖大师法宝坛经》，《大正藏》第48册，第348页下。

还是有所区别的，在修证顺序上，神秀尽管是渐修，但是是事前的，"净心成佛"并非真正成佛只能称为见性，而竺道生的"成佛"是事后的，是究竟成佛，讲十地的阶位，认为最后之金刚心豁然大悟，是一了百了的，所以在"成佛"的果位判定上，神秀与竺道生是完全不同的。

第十章　神秀禅法思想的
　　　历史评价

前面几章以理论的方式说明了神秀禅法的思想，并将其禅法思想概括为"三论""两重因果说"。我们从神秀禅法内在的理论谈起，然后再延伸出去，一方面同佛教内部的思想比较，如与竺道生、慧能的禅法比较，说明神秀禅法思想的特质；另一方面，以西方哲学的视角分析神秀的禅法思想，以求中西哲学的对话、交流。对于神秀禅法思想的历史评价，本章拟从"宗教市场"、逻辑理路、宗派融合三个角度来作分析。

第一节　"宗教市场"角度："净心成佛"与北宗兴盛

"净心成佛"与北宗兴盛的关系密不可分。《楞伽师资记》记载，"则天大圣皇后，问神秀禅师曰：所传之法，谁家宗旨？答曰：禀蕲州'东山法门'。问：依何典诰？答曰：依《文殊说般若经》'一行三昧'。则天曰：若论修道，更不过'东山法门'。"① 而代表东山法门禅法思想的是"一行三昧"。从达摩到神秀，禅宗发展的趋势是禅法的形式逐渐变得简便易学，而到了神秀更是把心性的思想融入"净心成佛"当中。众生自性本净，只要通过自身的修持，返回清净的本性就可成佛。

如果从"宗教市场"的角度看，将"净心成佛"理解为宗教产品，

---

① 《楞伽师资记》，《大正藏》第 85 册，第 1290 页上至中。

228

而宗教产品的推广和人们的需求相关。斯达克以社会学的角度研究历史，解释宗教兴起的原因，有独到的见解。"宗教市场论"否定了世俗化①的命题，提出了自己的观点，我们概括为两个原因和一个基础：

第一，人们需要宗教的原因。"在回报稀少，或者不能直接得到时，人们会形成并接受在遥远的将来或者在某种其他不可验证的环境中获得回报的解释。"②

第二，宗教变化的原因。人们对宗教的需求长期是稳定的，宗教变化的原因取决于宗教产品的供应者，宗教能否向大众提供合适的宗教产品，吸引大众。

"当面对宗教的重大变化时，比如在 4 世纪佛教传遍中国上层阶级时，通常的进路是问：为什么人们的喜好变化了？这就假定了这样事情的发生是因为人们突然产生了新的、没有得到满足的宗教喜好或'需求'。然而，对于这种事情的更好解释通常是通过假设供给和限制的变化，而不是之前喜好的变化——宗教'需求'的变化。当人们改换教会甚至宗教时，通常不是因为他们的喜好改变了，而是因为新的教会或信仰更有效地吸引了人们一直就有的喜好。实际上，当喜好却有变化时，这通常是选择发生变化的结果，而不是选择发生变化的原因。"③人们的喜好并没有变化，吸引人们换教的原因是更合适的宗教产品。

第三，立论基础"宗教经济模型"。宗教是人类需求产品的补偿组织，其理论根据是"宗教行为交换理论"。

理性选择假设：人们追求自认为是报偿的东西，规避自认为是代价的东西。

现实限制条件：许多报偿物匮乏、分配不均。

产品供应者：宗教组织以超自然假设为基础。

---

① "所谓经典世俗化理论，主要是指由欧洲的启蒙理念和经验生发而来的、以经典社会学家们的某些论述为基础的有关宗教在现代化进程中趋于衰落的各种观点。"（汲喆：《如何超越经典世俗化理论》，《社会学研究》2008 年第 4 期，第 55—75 页）

② ［美］斯达克等：《信仰的法则——解释宗教之人的方面》，杨凤岗译，中国人民大学出版社 2004 年版，第 107 页。

③ ［美］斯达克等：《信仰的法则——解释宗教之人的方面》，杨凤岗译，中国人民大学出版社 2004 年版，第 105 页。

产品需求者：人类通过信心绝对相信补偿者。

决定宗教是否兴盛的不仅仅是普通的大众，更重要的是上层统治者对宗教发展的态度，上层阶级同样有着宗教的需求，而且对于新兴宗教更容易接受。社会阶层与宗教需求有着非常密切的关系，"每个人都潜在地有所缺乏，因而每个人都有通过信仰来获得慰藉的需要"①。对于富人来说一样有这种需求，神秀的禅法思想不但满足了大众，对于武则天等处于统治阶层的人来说，除了政治的作用外，对自身也是一种满足。在唐代的诗歌当中，许多诗人所描述的意境就和神秀的禅法思想有着密切的关系。神秀的弟子张说就是一位著名诗人，他描述的意境和神秀的禅法思想如出一辙。

"上层社会阶层更容易对旧有宗教产生怀疑，所以他们更容易投身于新宗教运动，接受新宗教理念，而且，新宗教也需要从有社会地位和社会特权的人群中来发展自己的信徒，所以，上层阶级和膜拜团体一拍即合，在二者的互动过程中满足了各自的需求。"② 对于神秀来说，北宗无疑是新兴宗派，而"东山法门"正式开启了这一先锋。武则天说："若论修道，莫过'东山法门'"，作为一个新兴的宗派，神秀需要上层阶级支持，这样才能保证宗派发展壮大。

"新发起的宗教运动主要是从下述两个阶层吸收信徒：在宗教上不活跃和存在不满情绪的阶层，以及与周围社会融合程度最高的宗教团体的阶层。"③

"人们更愿意接受那些与传统宗教在文化上有一脉相承关系的新宗教，因为他们对传统宗教已经十分熟悉。"④

这说明神秀说提出的"净心成佛"，以及所内含的"唯心净土"思想吸引了大众。因为净土宗有着普遍的民众基础，神秀北宗的发展也恰

---

① ［美］斯达克等：《信仰的法则——解释宗教之人的方面》，杨凤岗译，中国人民大学出版社 2004 年版，第 44 页。

② ［美］斯达克等：《信仰的法则——解释宗教之人的方面》，杨凤岗译，中国人民大学出版社 2004 年版，第 44 页。

③ ［美］斯达克等：《基督教的兴起：一个社会学家对历史的再思》，黄剑波、高民贵译，上海古籍出版社 2005 年版，第 65 页。

④ ［美］斯达克等：《基督教的兴起：一个社会学家对历史的再思》，黄剑波、高民贵译，上海古籍出版社 2005 年版，第 66 页。

恰利用了净土宗在大众传播的广大影响，把禅净结合在一起。在如何才能"净心成佛"的修持上，神秀所提供的"观心"法门，相比于其他宗派的理论，是一种更有效的宗教产品，不需民众的任何投入，如烧香拜佛等，就能见效。

宗教：提供的补偿稀有（完全无法获得或难以得到）。

个体：通过理性来选择自己的行为。

偏好定律：人们对于特定报酬或收益的相对估价不一样。

结论：人们评估宗教，通过理性选择决定是否对宗教投入，以及投入程度。

如果从宗教的意义上来讲，神秀禅法的特色在于改变了以往六度的传统，而归结为心上，这个心就是净心。体现在如下几个方面。

第一，万法归心，观心即六度。神秀认为只要观心就可以解脱，不用再向外寻求其他的法门。神秀把"观心"作为总纲："若复有人志求佛道者，当修何法最为省要？答曰：唯观心一法，总摄诸法，最为省要。"如果有人立志寻求解脱的方法，什么方法最为快捷？只需观心就可以实现解脱，观心法门统摄其他方法，最为简便。神秀为什么会认为观心法门能统摄其他方法呢？按照神秀的解释，六度的方法都可以通过观心得到体现。

根据《大乘义章》卷十二所说："波罗蜜者，是外国语，此翻为度，亦名到彼岸。谓菩萨乘此六度船筏之法，既能自度，又能度一切众生，从生死大海之此岸，度到涅槃究竟之彼岸。"六度是六种解脱的方法，既可以自度也可以度众生，通过此法可以成就涅槃。

布施：财施、法施、无畏施，度悭贪。持戒：律仪戒、摄善法戒、饶益有情戒，度毁犯。忍辱：生忍、法忍、无生法忍，度嗔恚。精进：断精进、修精进、求化精进，度懈怠。禅定：身定、口定、意定，度散乱。般若：生空智、法空智、一切智智，度愚痴。

神秀将六波罗蜜解释为六根清净，"六波罗蜜者，即净六根也。胡名波罗蜜，汉名达彼岸，以六根清净，不染六尘，即是度烦恼河，至菩提岸。故名六波罗蜜"[①]。六波罗蜜的意思是使六根清净，不为六尘

---

① 《达摩大师破相论》，《卍续藏经》第63册，第9页中。

所染。

> 如经所说，六波罗蜜者，亦名六度；所谓布施、持戒、忍辱、
> 精进、禅定、智慧。今言六根清净，名波罗蜜者，若为通会，又六
> 度者，其义如何？答：欲修六度，当净六根，先降六贼。能舍眼
> 贼，离诸色境，名为布施；能禁耳贼，于彼声尘，不令纵逸，名为
> 持戒；能伏鼻贼，等诸香臭，自在调柔，名为忍辱；能制口贼，不
> 贪诸味，赞咏讲说，名为精进；能降身贼，于诸触欲，湛然不动，
> 名为禅定；能调意贼，不顺无明，常修觉慧，名为智慧。六度者运
> 也，六波罗蜜喻若船筏，能运众生，达于彼岸，故名六度。①

我们对六度作一解释。布施，"能舍眼贼，离诸色境"，度悭贪。
持戒，"能禁耳贼，于彼声尘，不令纵逸"，度毁犯。忍辱，"能伏鼻
贼，等诸香臭，自在调柔"，度嗔恚。精进，"能制口贼，不贪诸味，
赞咏讲说"，度懈怠。禅定，"能降身贼，于诸触欲，湛然不动"，度散
乱。般若，"能调意贼，不顺无明，常修觉慧"，度愚痴。

神秀从"六贼"的角度对六度解释，显然和以往对六度的解释大
不相同。六度有三种分类，时度、果度和自性清净度。

> 度有三种：一者时度。此之六度行，依从种性上度三僧祇方始
> 成满，故彼《优婆塞经》说言。前二僧祇所行檀等非波罗蜜，第
> 三僧祇所修行者是波罗蜜。彼亦就其时度为言；二者果度。此六能
> 得大菩提果；三者自性清净度。修此六种，能舍有相到法实性。具
> 斯三义故名为度。②

"具斯三义，故名为度"只有同时具备"时度、果度、自性清净
度"才能称为度，而神秀对于六度的描述实际上是着重强调了"自性
清净度"，而且对于六种度神秀在《观心论》都有相应的说法，即将六

---

① 《达摩大师破相论》，《卍续藏经》第63册，第9页下。
② 《大乘义章》卷12，《大正藏》第44册，第705页中。

度对应于六根清静，但目的都是对治烦恼，本质上并无不同，从六度——六根的转变，正是"观心"一法的关键所在。

第二，少力易成，观心能让大众解脱。（时间缩短）《大乘义章》将六度分为时度，时间须经三大阿僧祇劫，"波罗蜜者是外国语，此翻名度，亦名到彼岸。所言度者如《地持》说，度有三种：一者时度。此之六度行，依从种性上度三僧祇，方始成满。故彼《优婆塞经》说言，前二僧祇所行檀等非波罗蜜。第三僧祇所修行者是波罗蜜，彼亦就其时度为言"①。

而神秀却提出了不同的见解，"如佛所说，我于三大阿僧祇劫，无量勤苦，方成佛道。云何今说，唯只观心，制三毒，即名解脱？答：佛所说言，无虚妄也。阿僧祇劫者，即三毒心也；胡言阿僧祇，汉名不可数。此三毒心，于中有恒沙恶念，于一一念中，皆为一劫；如是恒沙不可数也，故言三大阿僧祇。真如之性，既被三毒之所覆盖，若不超彼三大恒沙毒恶之心，云何名为解脱？今若能转贪嗔痴等三毒心，为三解脱，是则名为得度三大阿僧祇劫。末世众生愚痴钝根，不解如来三大阿僧祇秘密之说，遂言成佛尘劫未期，岂不疑误行人退菩提道"②。只要去除贪、嗔、痴，让真如之性显发，就是解脱，制三毒的方法是六根不起，"六根不起六道不生，六道不生是出三界"③。

第三，形式简约，观心不用持戒守律。（形式简约）"菩萨摩诃萨由持三聚净戒，行六波罗蜜，方成佛道；今令学者唯只观心，不修戒行，云何成佛？答：三聚净戒者，即制三毒心也。制三毒成无量善聚。聚者会也，无量善法普会于心，故名三聚净戒。六波罗蜜者，即净六根也。"④

持戒是六度方法中的一种，为什么神秀将"持戒"着重提出来呢？佛教讲"戒、定、慧"三学，"定、慧"自然都包含在了神秀的禅法思想当中，所以对于神秀北宗来说如何解决"戒"的问题是一个大问题？什么叫"三聚净戒"？三聚净戒是对大乘菩萨的三个分类，"摄律仪戒"

① 《大乘义章》卷12，《大正藏》第44册，第705页中。
② 《达摩大师破相论》，《卍续藏经》第63册，第9页中。
③ 《无题》，《禅宗全书》第36册，蓝吉富主编，台北：文殊出版社1988年版，第218页。
④ 《达摩大师破相论》，《卍续藏经》第63册，第9页中、下。

"摄善法戒""摄众生戒"。

道宣认为三聚戒是三身之本，"一、律仪戒谓断诸恶，即法身之因也；二、摄善法戒谓修诸善，即报身之因也；三、摄众生戒即慈济有心，功成化佛之因也"①。唐代天台宗学者明旷进一步发挥了道宣的见解，认为一切戒大而言之不出"四弘三聚"。"今言戒者，能防三业、止三惑非，故得名也。大而言之，不出四弘三聚。成道知法，即摄善法；誓断烦恼，即摄律仪；愿度众生，即摄众生。"②

摄律仪戒：断烦恼，为法身之因，"烦恼无尽誓愿断"。摄善法戒：成就佛道和修学法门，为报身之因，"佛道无上誓愿成"和"法门无量誓愿学"。摄众生戒：度众生，为应身之因"众生无边誓愿度"。

神秀的"观心"法门归纳为三点，修持方法专一，修持时间缩短，修持形式简约，这种修持方法与北宗兴盛不无关系。北宗兴盛的原因在于向大众提供合适的宗教产品，吸引大众。神秀对这些修持方法的解释，最后都归结到"净心成佛"上，通过"见道返本"的过程，拉近了人性与佛性的距离。神秀从观心的形式、方法、作用进行说明，适合于大众的普及，《信仰的法则》指出："人们会寻求最小化他们的宗教代价。"③ 这种方法是北宗得以发展壮大的主要因素。

第二节　逻辑理路角度："渐悟修持"与程朱理学

"渐悟修持"与程朱理学最大的关联，其实是对二元论问题的考虑，在禅宗那里表现为人性与佛性的关系如何；而在程朱理学那里则表现为天理和人心的关系如何，这在逻辑理路上是一致的。不过，应该注意一点的是，毕竟程朱理学是儒家，无论从终极价值的追求上，还是对现实万物的解释上，与佛家有很大的不同，所以"渐悟修持"与程朱理学的关系是从逻辑的框架上来考虑。

---

① （唐）道宣：《释门归敬仪》卷上，《大正藏》第45册，第856页中、下。
② 《天台菩萨戒疏》上，《大正藏》第40册，第580页下。
③ ［美］斯达克等：《信仰的法则——解释宗教之人的方面》，杨凤岗译，中国人民大学出版社2004年版，第124页。

宋明理学修身养性的方法实际上是一种渐修的方法。程颢（1032—1085），字伯淳，后人称之为明道先生。程颐（1033—1107），字正叔，后人称之为伊川先生。朱熹（1130—1200），字元晦，后世称之为朱子。现对程朱理学的形上之道与形下之器作一解释。

形上之道相当于理、性、心、良知良能、道心、善等。程颐说："在天为命，在义为理，在人为性，主于身为心，其实一也。"（《遗书》卷十八）

形下之器为人心。人心即理气相杂，善与不善均有。"论天地之性，则专指理言；论气质之性，则以理与气杂而言之。"（《答郑子上》卷十四，《朱文公文集》卷五十六）

朱熹认为人性善、恶的原因，在于所受禀气不同。本然之性都是善的，而气质之性有善有恶，其原因在于人的物欲。"理在气中，如一个明珠在水里。理在清底气中，如珠在那清底水里面，透底都明；理在浊底气中，如珠在那浊底水里面，外面更不见光明处。"（《朱子语类》卷四）"是理而后有是气，有是气则必有是理。但禀气之清者，为圣为贤，如宝珠在清冷水中。禀气之浊者，为愚为不肖，如珠在浊水中。"（《朱子语类》卷四）朱熹这种说法和佛教中的在缠真如十分接近。

道心与人心的区分在于是否觉悟。"心之虚灵知觉，一而已矣。而以为有人心、道心之异者，则以其或生于形气之私，或原于性命之正。"（《四书章句集注——中庸章句序》）心性本净，但被私欲所障蔽，所以不能显发。"人心如一个镜，先未有一个影像，有事物来方始照见妍丑。若先有一个影像在里，如何照得！人心本是湛然虚明，事物之来，随感而应，自然见得高下轻重，事过便当依前恁地虚方得。"（《朱子语类》卷十六）

人的本心"湛然虚明"，如果觉悟的是理就是道心，如果觉悟的是欲，就是人心。"心之全体，湛然虚明，万理俱是。"（《朱子语类》卷五）朱熹认为人性向善的能动性在于人的觉知，能够反映事物。"心者，人之所以主乎身者也，一而不二者也，为主而不为客者也，命物而不命于物者也。"（《朱文公文集》卷六十七）"心者人之知觉，主于身而应事物者也。"（《朱义公文集》卷六十五）"盖人心之灵，莫不有知，而天下之物，莫不有理。惟于理有未穷，故其知有不尽也。"（《大

学章句·格物致知补传》)

为什么觉于理就是道心呢？朱熹以理作为根本，认为理是先天性、永恒性的，在逻辑的存在上是在先的。"若在理上看，则虽未有物而已有物之理。然亦但有其理而已，未尝实有是物也。"（《朱文公文集》卷四十六）"未有天地之先，毕竟也只是理。"（《语类》卷一）朱熹认为心具有现实性。"灵处是心、抑是性？曰：灵处只是心，不是性，性只是理。"（《朱子语类》卷五）"知觉是心之灵固如此，抑气之为耶？曰：不专是气，是先有知觉之理。理未知觉，气聚成形，理与气合，便成知觉。譬如这烛火，是因得这脂膏，便有许多光焰。"（《朱子语类》卷五）

朱子提出了修养方法"存天理，灭人欲"，要明天理，须"格物致知"。"圣贤千言万语，只是教人明天理，灭人欲。"（《朱子语类》卷十二）"学者须是革尽人欲，复尽天理，方始是学"（《朱子语类》卷十三）。程颐说："涵养须用敬，进学则在致知。"这体现了个人的努力程度。既然这样对于天理的认识就不是先天，而必须通过后天的努力学习，经过"格物致知"而得理。"格物"是熟读前人的经典。程颐说："若只格一物便通众理，虽颜子亦不敢如此道，须是今日格一件，明日又格一件，积习既多，然后脱然自有贯通处。"（《遗书》卷十五）朱熹说："如何一顿便要格得恁地！且要见得大纲，且看个大胚模是恁地，方就里面旋旋做细。如树，初间且先斫倒在这里，逐旋去皮，方始出细。若难晓易晓底，一齐都要理会得，也不解恁地。但不失了大纲，理会一重了，里面又见一重；一重了，又见一重。以事之详略言，理会一件又一件；以理之浅深言，理会一重又一重。只管理会，须有极尽时。"（《朱子语类》卷十四）可见，程朱认为格物是贯通的基础。

通过上面的表述说明形而下的人心与形而上的道心是不相同的，人心即理气相杂，有善、不善。道相当于理、性、良知良能、道心、善。神秀与朱熹在心性思想上的差别如下：

神秀：自心，自心＝净＋染；净心，"自性清净心"；修持的方法是渐悟，"日日勤拂拭"。朱熹：人心，人心＝善＋不善；道心，即性、善；修养的方法是通过"灵""知觉"明天理。"人心之灵，莫不有知。""理有未穷，故其知有不尽也。""只是一个心，知觉从耳目之欲上

去，便是人心；知觉从义理上去，便是道心。"（《朱子语类》卷七十八）

所以在理路上，朱熹所说的修养工夫与神秀禅法中的渐悟修持只能认为是相似。朱熹和禅的思想联系密切，"佛家有三门：曰教、曰律、曰禅，禅家不立文字，直下识心见性。律法甚严，毫发不容罪过。教有三项：曰天台、曰慈恩、曰延寿教，延寿教南方无传，其学近禅，天台教专理会讲解。慈恩教亦只是讲解，吾儒若见得道理透，就自己心上理会得本领便是兼得禅的。讲说辨订，便是兼得教，动由规矩，便是兼得律的"（《朱子语类》卷八）。朱熹认为从心性上悟道的方法和禅是相通的。

朱熹说："盖人心之灵，莫不有知；而天下之物，莫不有理。惟于理有未穷，故其知有不尽也。是以大学始教，必使学者即凡天下之物，莫不因其已知之理而益穷之，以求至乎其极。至于用力之久，而一旦豁然贯通焉，则众物之表里精粗无不到，而吾心之全体大用无不明矣。"（《大学章句·格物致知补传》）无论程颐还是朱熹，他们先格物（同于渐修）后贯通（同于顿悟）的方法都和神秀的"渐修""顿悟"关系密不可分。

第三节　宗派融合角度：禅净合一的"唯心净土"

神秀的禅法所追求的是"一念净心，顿超佛地"的境界，而净土宗所追求的"念佛往生"，这两个宗派相融合的结合点就是自性清净心。据《五方便》记载："诸佛如来有入道大方便，一念净心，顿超佛地。和（缺上）击木，一时念佛。"① 在禅修之前，也还是先念佛的，这就是净土的念佛法门。

神秀"唯心净土"的思想，其来自《维摩诘经》，而在道信那里就有此思想，倡导念佛法门，一行三昧。到了永明延寿更是把禅宗与净土宗紧密地结合起来，把净土分为理与事，而这种对净土的划分依据的是人根器上的差异。从事的角度来说，净土的终极目标还是唯心净土，通过净土显现自己的真如自性，清净本心，这在逻辑上和神秀从"自心

---

① 《大乘无生方便门》，《大正藏》第85册，第1273页下。

缘起"—"渐悟修持"—"净心成佛"的理路是一致的。"唯心净土"是以"见道"为基础的。事（俗谛、有相、中下根），理（真谛、无相、利根），净土的修持过程是，执着之心—有相—念佛法门—无相—清净本心。

佛教将人类所居住的地方称为"五浊世间"，而将圣人所居住的国土称为净土。"问曰：何名净土？答曰：世界皎洁，目之为净，即净所居，名之为土。故《摄论》云：所居之土无于五浊，如颇梨柯等，名清净土。《法华论》云：无烦恼众生住处，名为净土。"① 净土的其他名字还有，佛地、佛国、佛界、佛土、净刹、净首、净国等。净土分为四类："一、法性土，以真如为体故……二、实报土……三、事净土。谓上妙七宝，是五尘色性，声香味触为其土相故……四、化净土，谓佛所变七宝、五尘为化土体故。"②

在层次上又分五层，"一、纯净土，唯在佛果；二、净秽土，谓净多秽少，即八地已上；三、净秽亭等土，谓从初地乃至七地；四、秽净土，谓秽多净少。即地前性地；五、杂秽土，谓未入性地"③。

净土宗，是以普贤作为初祖的，自庐山慧远而兴起，提倡念佛往生。不过，早在东汉时期，净土经典就已经传入。净土不仅仅指西方阿弥陀佛净土，还有其他佛的净土。例如：阿弥陀佛，西方阿弥陀佛净土；燃灯古佛，燃灯古佛净土；阿閦佛，东方妙喜世界；毗卢佛，色究竟顶天；药师佛，东方药师净土；观音如来，观音如来净土；弥勒菩萨的愿力，兜率天净土；普贤王如来，普贤王如来佛国净土；毗卢佛，华藏世界；五方佛，五方佛净土等。

净土宗所认为的净土是西方极乐世界，此为实报庄严土。到了此世界享有十乐。东晋慧远信仰的是弥陀净土。不过还有信仰弥勒净土的，西晋道安、唐代玄奘与窥基崇奉弥勒净土，期生兜率弥勒净土，西晋竺法护所译《弥勒下生经》对弥勒净土有所介绍。这里探讨的净土是弥陀净土。

---

① 《诸经要集》卷1，《大正藏》第54册，第3页下。
② 《诸经要集》卷1，《大正藏》第54册，第3页下。
③ 《诸经要集》卷1，《大正藏》第54册，第4页下。

净土思想的理路是，念佛（内因），依靠弥陀愿力（外缘），往生西方极乐净土。念佛有、称名念佛、观想念佛（观佛妙相）、实相念佛（观佛法身）。"唯心净土，本性弥陀。"① 道信也说："若知心本来不生不灭，究竟清静，即是净佛国土，更不须向西方。"②

"禅净合一" 所代表的禅法思想是唯心净土，把净土法门同禅法思想相结合是禅宗的一大创举。"若菩萨欲得净土，当净其心；随其心净，则佛土净。"③

《传法宝纪》记载："忍、如、大通之世，则法门大启，根机不择，齐速念佛名，令净心。"《起信论义记》说："众生真心即诸佛体，更无差别。"④《华严经》说："若人欲求知三世一切佛，应当如是观，心造诸如来。"⑤ "生入无生，念佛即是念心，生彼不离生此，心佛众生一体，中流两岸不居，故谓自性弥陀。唯心净土。"⑥

神秀说："则知所修戒行，不离于心。若自心清净，则一切佛土皆悉清净。故经云：心垢则众生垢，心净则众生净；欲得佛土，当净其心，随其心净，则佛土净也。"⑦ 尽管神秀依据《维摩诘经》所强调的唯心净土，和见性相关，但也埋下了隐患，对于未见性的初禅之人，这反而成了借口。所以，到了永明延寿，既承认唯心净土，也承认佛报庄严实土，归根结底还是和人根器的差异相关。

理，即唯心净土、性净之境、自性清净心、诸法实相、法性常寂光土。对应理的是识心，"观心性本净，犹如虚空，即是性净之境。境即国也，观智觉悟此心，名之为佛"⑧。达到理的境界，即为无生法忍菩萨。

事：指方立相净土。对应的是着境，"实报庄严土有相"，此为随顺忍菩萨。

———————————

① 《乐邦文类》卷4，《大正藏》第47册，第207页上。
② 《楞伽师资记》，《大正藏》第85册，第1287页下。
③ 《维摩诘所说经·佛国品》卷上，《大正藏》第14册，第538页下。
④ 《大乘起信论义记》卷下，《大正藏》第44册，第275页上。
⑤ 《大方广佛华严经》卷10，《大正藏》第9册，第466页上。
⑥ （明）袾宏述：《佛说阿弥陀经疏钞》卷1，《卍续藏经》第22册，第606页中。
⑦ 《达摩大师破相论》，《卍续藏经》第63册，第9页下。
⑧ （隋）智顗：《维摩经玄疏》卷6，《大正藏》第38册，第560页中。

上述表明，唯心净土的心是自性清净心。"唯心所现"的净土也是有层次的，这与神秀的"渐悟修持"论的层次是一样的，最高的层次就是"唯心净土"，也就是"唯心所现土"的最高层次，唯心净土的方法是"了心方生"。"故知，识心方生唯心净土，著境只堕所缘境中。既明因果无差，乃知心外无法。"①

> 问：唯心净土周遍十方，何得托质莲台，寄形赡养，而兴取舍之念，岂达无生之门，忻厌情生，何成平等？答：唯心佛土者，了心方生。《如来不思议境界经》云：三世一切诸佛皆无所有，唯依自心，菩萨若能了知诸佛及一切法皆唯心量，得随顺忍，或入初地，舍身速生妙喜世界，或生极乐净佛土中。故知识心方生唯心净土，着境只堕所缘境中，既明因果无差，乃知心外无法。又平等之门、无生之旨，虽即仰教生信，其奈力量未充，观浅心浮、境强习重，须生佛国，以仗胜缘，忍力易成，速行菩萨道。②

延寿的观点：利根之人是，从理—真谛—无相（实相念佛）；中下根之人是，从事—俗谛—有相。"归命三宝者，要指方立相，住心取境"③"道场有二：一、理道场；二、事道场。"④ 延寿的这种理路与神秀从"自心缘起"—"渐悟修持"—"净心成佛"在逻辑上是一致的。

"佛说极乐净土，普劝娑婆群生，应当发愿生彼国土。然学顿者，拂之为权说，不通理性者，泥之于事相。吴尝学唯识，唯遮外境。"⑤"识表自心，心外无境，境全是心，心法遍周，净土岂离乎当念，生佛同体，弥陀全是于自心，总摄有情，诚无凡圣之异，融通法界，宁有远近之区。《首楞严经》（缺言）心存佛国，圣境冥现。"⑥ 境就是心，自性即为弥陀，佛国就是自性的境界。

---

① （宋）延寿：《万善同归集》卷上，《大正藏》第48册，第966页下。
② （宋）宗晓编：《乐邦文类》卷4，《大正藏》第47册，第198页下、第199页上。
③ （宋）延寿：《万善同归集》卷上，《大正藏》第48册，第961页中。
④ （宋）延寿：《万善同归集》卷上，《大正藏》第48册，第961页上。
⑤ 《乐邦文类》卷4，《大正藏》第47册，第207页下。
⑥ 《乐邦文类》卷4，《大正藏》第47册，第207页下。

神秀的禅法思想对净土与禅宗的融合起着深刻的影响，而以有相净土修到无相净土，正是神秀修持论的再现，逻辑理路并无不同，如果能够见性，则会"性相不二"，对于有相、无相净土也就没有什么区别了。参照神秀的渐悟修持和净土宗亦有相对应的关系，觉性和菩萨果位对应，同样净土和菩萨果位也相对应，因此，通过菩萨果位就把觉性和净土相对应了起来。

> 故《净土论》云：土有五种，一、纯净土，唯在佛果；二、净秽土，谓净多秽少，即八地已上；三、净秽亭等土，谓从初地乃至七地；四、秽净土，谓秽多净少即地前性地；五、杂秽土，谓未入性地。①

表10－1　　　　　　　　　　净土层级区分

究竟觉	第十地之菩萨至佛果	生相	纯净土	佛果
随分觉	初地以上至第九地之菩萨	住相	净秽土	八地已上
			净秽亭等土	初地乃至七地
相似觉	声闻、缘觉二乘之十住位、十行位、十回向位等三贤位菩萨	异相	秽净土	地前性地
不觉	十信位（外凡位）	灭相	杂秽土	未入性地

净土宗对净土层级的区分，往生的程度是以所破的烦恼和所具有的觉悟高低为标准的。

> 若执持名号，未断见、思者，随其或散、或定，自于同居土中分三辈九品；若执持名号，至于事一心不乱，见、思任运先落者，则生方便有余净土；若执持名号，至于理一心不乱，豁破无明一品，乃至四十一品，则生实报庄严净土，亦名分证常寂光土；若无明断尽，则是上上实报，亦是究竟寂光也。②

---

① 《法苑珠林》卷15，《大正藏》第53册，第398页上、中。
② （明）智旭：《阿弥陀经要解》，《大正藏》第37册，第365页上。

天台宗将净土分为四大类，最高的称为常寂光净土，常是法身，寂是解脱，光是智慧，四类净土与三身、菩萨相对应。常寂光净土：佛、法身土、理性土，法身。实报庄严土：八地以上佛菩萨，报身。方便有余土：初地至七地菩萨，应身。凡圣同居土：极乐是同居净土，劣应身，娑婆是同居秽土。

"释迦牟尼，名毗卢遮那徧（遍）一切处，其佛住处名常寂光。常波罗蜜所摄成处，我波罗蜜所安立处，乐波罗蜜灭受想处，净波罗蜜不住身心相处，不见有无诸法相处，如寂解脱，乃至般若波罗蜜是色常住法"①"常寂光者：常即法身，寂即解脱，光即般若……诸佛如来所游居处，真常究竟极为净土。"②北宋僧四明知礼以实报、寂光二土配以始觉、本觉，这正好和神秀的"觉性"思想相吻合。

实报土与始觉相应，"佛无上报是究竟始觉"，"性是本觉，修是始觉，本觉无念遍一切处，即以此觉而为始觉"。③寂光土与本觉相应，"上品寂光是究竟本觉"，"法界一相，即是如来常住法身，依此法身说名本觉"。④

> 问：佛无上报是即理之事，可论金等，究竟寂光是即事之理，岂有金等。若其同有事理既混，如何分于二土义耶？答：佛无上报是究竟始觉，上品寂光是究竟本觉，始本既极岂分二体，应知二土纵分事理，实非有无，岂真善妙有而非理邪，秘藏之理岂同小空，故此事理二名一体，以复本故，名无上报事也，以复本故，名上寂光理也。⑤

净土的实报土、寂光土和觉性密切相关。神秀禅法中的"渐悟修持"与净土的层级一一对应，从不觉的杂秽土到究竟觉的纯净土，正是体现了神秀的"渐修"理路，而在神秀的《五方便》中也提到，以

① 《普贤观经义疏》卷下，《卍续藏经》第35册，第219页上。
② （隋）智顗：《观无量寿佛经疏》，《大正藏》第37册，第188页下。
③ 《金光明经玄义拾遗记》，《大正藏》第39册，第15页中。
④ 《观无量寿佛经疏妙宗钞》卷1，《大正藏》第37册，第195页上。
⑤ 《观无量寿佛经疏妙宗钞》卷1，《大正藏》第37册，第196页上。

念佛为先，再逐步引向自己的心性，当达到"法性土"时，即为觉性之究竟，所谓"唯心净土""心土不二"，正是这一修持的最高体现，此谓"了心方生"，北宗神秀的"唯心净土"思想促使了禅宗与净土宗的相互融合。

结　语

关于北宗神秀禅法思想研究的总结上，我们从思想概括、思想渊源、禅法比较、中西对话以及历史评价五个方面来作说明。

在思想概括上，神秀的禅法思想为"三论""两重因果说"。"三论"为"自心缘起"论、"渐悟修持"论和"净心成佛"论。"两重因果说"：第一重因果是返本，第二重因果是事修。"三论"说明了返本见性，因为自心起用分为净、染二心，净心为染心所覆，不能显现，众生因此不得解脱。通过"渐悟修持"的方法，依始觉断除无明，逐地增悟至始觉之究竟，即究竟觉，从而返本与本觉相契合，达到"净心成佛"的境界。"两重因果说"表明了禅修的两个阶段，第一重因果：未显现净心为因，净心地为果，这一阶段为返本见性，由性相分离悟到性相不二，此阶段包括"自心缘起""渐悟修持"和"净心成佛"。第二重因果：净心地为因，圆满佛地为果，这一阶段为圆证佛果，因为第一重因果虽然见性，但无始以来的习气还要在第二重因果中断除。

在思想渊源上，神秀吸收了《楞伽经》的如来藏、顿悟、渐修等思想。"渐悟修持"吸收了《大乘起信论》的逐地增悟的觉性思想，从本觉到不觉，再到始觉断除无明，至究竟觉，在逻辑理路上是完全一致的。从楞伽师的传承来看，自求那跋陀罗到僧璨的传承，禅修重点都在心性上，将"安心"放到了禅修的第一位，其根本目的是"了心源清净"。楞伽师们所提出的"心性本净，客尘所染""理事相融""三昧制心"等思想提供了修持的根据和途径，这些思想对神秀的禅法产生了深远的影响。神秀的禅法思想上和东山法门具有一致性，道信的"求心"、弘忍的"守一"与神秀的"观心"都是如来藏清净心的思想，在观法上都有"观空"的思想，修持上采取的都是渐修的方法。

在禅法比较上，神秀与慧能的禅法思想从人性与佛性的关系来看，神秀的禅法是人性逐渐接近佛性的过程，而慧能认为人性当下就是佛性，但应指出的是，慧能所强调人性与佛性的关系实际上是众生自性觉、迷的两种状态，自性觉人性就是佛性，自性迷人性就是众生。慧能与神秀在"心性本净"上，并无本质的不同。

神秀禅法中的"定"与小乘"定"的区别上，神秀认为小乘的定是邪定，其原因就在于二乘但见空、无常、苦、无我，所以有定而无慧。神秀认为菩萨的"定"是正定，无论入定和出定都能达到"性相不二"的境界。究其根本原因实则是小乘与大乘心识上的差别，这就是有无"因佛性"的问题，决定着成佛与否。小乘只能断六识的烦恼所以证成罗汉，所以小乘认为声闻不能成佛。而大乘认为众生有"因佛性"，破除细微识、无明，所以就能证成佛果。在神秀的禅法思想中，因佛性就是本觉、究竟觉。

神秀的"成佛"与竺道生的"成佛"的区别在于，竺道生是渐修到最后，一下顿悟成就果位，是事后的，由十住最后的金刚道心而悟，从果位上来说是究竟佛位。神秀所指的"悟道"就是成佛，先见道而后再修道，所以神秀的"悟道"是属于事前的，然后才"悟后起修"逐渐断尽无始以来的习气。

在中西哲学的对话上，康德提出了二元论问题，现象界如何通达本体界？神秀的"渐悟修持"将人性与佛性完满地贯通了起来，以佛教中的"知性直观"—"觉性"解决了本体界与现象界如何沟通的问题。胡塞尔认为通过"本质还原"可使一般在个别中显现。现象学说明了一般与个别的关系，即一般如何在个别中显现，这与神秀禅法如何将人性贯通到佛性，有着相同的理路。

我们从三个角度对神秀的禅法思想作出历史评价。从宗教市场角度来看，北宗兴盛的原因在于神秀向大众提供合适的宗教产品，吸引大众。神秀对这些修持方法的解释，最后都归结到"净心成佛"上，通过"见道返本"拉近了人性与佛性的距离。从逻辑理路角度来看，朱熹从"人心"—"觉知"—"道心"的修养理路与神秀禅法从"自心"—"渐悟"—"净心"的修持理路并无不同，神秀禅法的"渐悟修持""离染显净"与程朱理学的"格物致知"极为相似，促进了儒学发展。从宗派融合角度来看，神秀的"渐悟修持"思想与净土的层级也有一一对应的关系，从不觉的杂秽土到究竟觉的纯净土，正是体现了神秀的"渐修"理路，达到"法性土"时，为觉性之究竟。所谓"唯心净土""心土不二"，正是这一修持的最高体现，此谓"了心方生"。神秀的"唯心净土"思想促使了禅宗与净土的相互融合。

参考文献

佛教典籍

（北凉）昙无谶译：《大般涅槃经》，《大正藏》第 12 册。

（北凉）昙无谶译：《大方等无想经》，《大正藏》第 12 册。

（姚秦）竺佛念译：《菩萨璎珞本业经》，《大正藏》第 24 册。

（姚秦）鸠摩罗什译：《思益梵天所问经》，《大正藏》第 15 册。

（姚秦）鸠摩罗什译：《金刚般若波罗蜜经》，《大正藏》第 8 册。

（后秦）鸠摩罗什译：《维摩诘所说经》，《大正藏》第 14 册。

（后秦）鸠摩罗什译：《妙法莲华经》，《大正藏》第 9 册。

（后秦）鸠摩罗什译：《金刚般若波罗蜜经》，《大正藏》第 8 册。

（刘宋）求那跋陀罗译：《楞伽阿跋多罗宝经》，《大正藏》第 16 册。

（刘宋）求那跋陀罗译：《胜鬘经》，《大正藏》第 12 册。

（刘宋）求那跋陀罗译：《杂阿含经》，《大正藏》第 2 册。

（吴月）支谦译：《维摩诘经》，《大正藏》第 14 册。

（东晋）佛陀跋陀罗译：《大方等如来藏经》，《大正藏》第 16 册。

（东晋）佛驮跋陀罗译：《大方广佛华严经》，《大正藏》第 9 册。

（东晋）瞿昙僧伽提婆译：《中阿含经》，《大正藏》第 1 册。

（陈）慧思：《法华经安乐行义》，《大正藏》第 46 册。

（后秦）筏提摩多译：《释摩诃衍论》，《大正藏》第 32 册。

（后秦）鸠摩罗什译：《大智度论》，《大正藏》第 25 册。

（姚秦）鸠摩罗什译：《中论》，《大正藏》第 30 册。

（北魏）昙鸾：《无量寿经优婆提舍愿生偈注》，《大正藏经》第 40 册。

（梁）僧佑：《出三藏记集》，《大正藏》第 55 册。

（梁）真谛译：《佛性论》，《大正藏》，第 31 册。

（陈）真谛译：《三无性论》，《大正藏》第 31 册。

（陈）真谛译：《四谛论》，《大正藏》第 32 册。

（陈）真谛译：《大乘起信论》，《大正藏》第 32 册。

（隋）吉藏：《胜鬘宝窟》，《大正藏》第 37 册。

（隋）吉藏：《二谛义》，《大正藏》第 45 册。

（隋）智𫖮：《观无量寿佛经疏》，《大正藏》第 37 册。

（隋）智𫖮说，灌顶记：《摩诃止观》，《大正藏》第 46 册。

（隋）慧远：《大乘义章》，《大正藏》第 44 册。

（隋）菩提灯译：《占察善恶业报经》，《大正藏》第 17 册。

（唐）玄奘译：《般若波罗蜜多心经》，《大正藏》第 8 册。

（唐）玄奘译：《大般若波罗蜜多经》，《大正藏》第 7 册。

（唐）实叉难陀译：《大乘入楞伽经》，《大正藏》第 16 册。

（唐）实叉难陀译：《大方广佛华严经》，《大正藏》第 10 册。

（唐）般若译：《大乘理趣六波罗蜜多经》，《大正藏》第 8 册。

（唐）不空译：《大方广如来藏经》，《大正藏》第 16 册。

（唐）不空译：《仁王护国般若波罗蜜多经》，《大正藏》第 8 册。

（唐）般剌蜜帝译：《大佛顶万行首楞严经》，《大正藏》第 19 册。

（唐）实叉难陀译：《大乘起信论》，《大正藏》第 32 册。

（唐）波罗颇蜜多罗译：《大乘庄严经论》，《大正藏》第 31 册。

（唐）义净：《取因假设论》，《大正藏》第 31 册。

（唐）玄奘译：《大毗婆沙论》，《大正藏》第 27 册。

（唐）玄奘译：《显扬圣教论》，《大正藏》第 31 册。

（唐）玄奘译：《摄大乘论本》，《大正藏》第 31 册。

（唐）玄奘译：《异部宗轮论》，《大正藏》第 49 册。

（唐）玄奘译：《瑜伽师地论》，《大正藏》第 30 册。

（唐）玄奘译：《阿毗达摩俱舍论》，《大正藏》第 29 册。

（唐）玄奘译：《佛地经论》，《大正藏》，第 26 册。

（唐）玄奘译：《成唯识论》，《大正藏》第 31 册。

（唐）玄奘译：《入阿毗达摩论》，《大正藏》第 28 册。

（唐）慧琳：《一切经音义》，《大正藏》第 54 册。

（唐）弘忍：《最上乘论》，《大正藏》第 48 册。

（唐）净觉：《楞伽师资记》，《大正藏》第 85 册。

（唐）杜朏：《传法宝纪》，《大正藏》第 85 册。

（唐）道宣：《续高僧传》，《大正藏》第 50 册。

（唐）道宣：《净心诫观法》，《大正藏》第 45 册。

（唐）慧能，法海集记：《南宗顿教最上大乘坛经》，《大正藏》第 48 册。

（唐）窥基：《成唯识论述记》，《大正藏》第 43 册。

（唐）窥基：《异部宗轮论述记》，《卍续藏经》第 83 册。

（唐）窥基：《异部宗轮论疏述记》，《卍续藏经》第 53 册。

（唐）窥基：《大般若波罗蜜多经般若理趣分述赞》，《大正藏》第 33 册。

（唐）澄观：《大方广佛华严经随疏演义钞》，《大正藏》第 36 册。

（唐）法藏：《入楞伽经心玄义》，《大正藏》第 39 册。

（唐）法藏：《大乘起信论义记》，《大正藏》第 44 册。

（唐）宗密：《禅源诸诠集都序》，《大正藏》第 48 册。

（唐）宗密：《圆觉经大疏钞》，《卍续藏经》第 14、15 册。

（唐）宗密：《中华传心地禅门师资承袭图》，《卍续藏经》第 110 册。

（唐）慧海：《顿悟入道要门论》，《卍续藏经》第 63 册。

（唐）《历代法宝记》，《大正藏》第 51 册。

（唐）《观心论》，《大正藏》第 85 册。

（唐）《达摩大师破相论》，《卍续藏经》第 63 册。

（唐）《大乘无生方便门》，《大正藏》第 85 册。

（宋）惟净等译：《大乘中观释论》卷 6，《大正藏》第 30 册。

（宋）延寿：《宗镜录》，《大正藏》第 48 册。

（宋）知礼：《观无量寿佛经疏妙宗钞》，《大正藏》第 37 册。

（宋）赞宁：《宋高僧传》，《大正藏》第 50 册。

（宋）宗晓：《乐邦文类》，《大正藏》第 47 册。

（宋）道原：《景德传灯录》，《大正藏》第 51 册。

（宋）普济：《五灯会元》，《卍续藏经》第 80 册。

（宋）高丽谛观：《天台四教仪》，《大正藏》第 46 册。

（元）念常：《佛祖历代通载》，《大正藏》第 49 册。

（元）宗宝：《六祖大师法宝坛经》，《大正藏》第 48 册。

（元）梵琦撰，祖光等编：《楚石梵琦禅师语录》，《卍续藏经》第 71 册。

（元）高丽知讷：《高丽国普照禅师修心诀》，《大正藏》第 48 册。

（明）明昱：《成唯识论俗诠》，《卍续藏经》第 50 册。

（明）黎眉等编：《教外别传》，《卍续藏经》第 84 册。

（明）德清、通炯编：《憨山老人梦游集》，《卍续藏经》第 73 册。

（明）智旭：《阿弥陀经要解》，《大正藏》第 37 册。

（明）袾宏述：《佛说阿弥陀经疏钞》，《卍续藏经》第 22 册。

（明）《梵网经直解事义》，《卍续藏经》第 38 册。

（清）钱伊庵：《宗范》，《卍续藏经》第 65 册。

（清）性权：《四教仪注汇补辅宏记》，《卍续藏经》第 57 册。

其他文献

（唐）李邕：《大照禅师塔铭》，《全唐文》卷 262。

（唐）李邕：《嵩岳寺碑》，《全唐文》卷 263。

（唐）独孤及：《镜智禅师碑铭》，《全唐文》卷 390。

（唐）张说：《大通禅师碑铭》，《全唐文》卷 231。

（唐）刘禹锡：《刘宾客文集》，上海古籍出版社 1993 年版。

（唐）《中岳沙门释法如禅师行状》，《金石续编》卷六。

（宋）欧阳修、宋祈：《新唐书》，中华书局 1975 年版。

（宋）司马光编著：《资治通鉴》，中华书局 2007 年版。

（宋）程颢、程颐撰：《二程遗书》，上海古籍出版社 2000 年版。

（宋）朱熹：《朱子语类》，（宋）黎靖德编，中华书局 2004 年版。

（清）董皓编纂：《全唐文》，上海古籍出版社 1990 年版。

中文专著

杜继文、魏道儒：《中国禅宗通史》，江苏古籍出版社 1993 年版。

方立天：《中国佛教哲学要义》（上、下卷），中国人民大学出版社 2002 年版。

葛兆光：《中国禅思想史》，北京大学出版社 1995 年版。

郭朋：《中国佛教思想史》，福建人民出版社 1994 年版。

洪修平：《中国禅学思想史》，江苏古籍出版社 1992 年版。

黄忏华：《佛教各宗大意》，台北：新文丰出版社 1988 年版。

蓝吉富主编：《禅宗全书》，台北：文殊出版社 1988 年版。

蓝吉富主编：《大藏经补编》，台北：华宇出版公司 1986 年版。

蓝吉富主编：《印顺吕澂佛学辞典》（3 册），台北：中华佛教百科文献
　　基金会 2000 年版。

吕澂：《吕澂佛学论著选集》（1—5 卷），齐鲁书社 1991 年版。

吕澂：《中国佛学源流略讲》，中华书局 1979 年版。

牟宗三：《佛性与般若》（上、下册），台北：学生书局 1993 年版。

倪梁康：《胡塞尔现象学概念通释》，生活·读书·新知三联书店 1999
　　年版。

全增嘏主编：《西方哲学史》下册，上海人民出版社 1985 年版。

任继愈：《汉唐佛教思想论集》，人民出版社 1998 年版。

石峻等编：《中国佛教思想资料选编》第二卷，第 2 册，中华书局 1983
　　年版。

汤用彤：《隋唐佛教史稿》，中华书局 1982 年版。

吴立民主编：《禅宗宗派源流》，中国社会科学出版社 1998 年版。

杨维中：《中国佛教心性论研究》，宗教文化出版社 2007 年版。

杨曾文：《敦煌新本六祖坛经》，宗教文化出版社 2001 年版。

杨曾文：《唐五代禅宗史》，中国社会科学出版社 1999 年版。

印顺：《华雨集》，台北：正闻出版社 1993 年版。

印顺：《印度佛教思想史》，中华书局 2010 年版。

印顺：《中国禅宗史》，江西人民出版社 1999 年版。

张翔龙：《现象学导论七讲》，团结出版社 2003 年版。

外文专著（含中译文）

［德］康德：《未来形而上学导论》，庞景仁译，商务印书馆 1982 年版。

［德］康德：《纯粹理性批判》（第 2 版），李秋零主编，中国人民大学
　　出版社 2004 年版。

［德］康德：《纯粹理性批判》，邓晓芒译，杨祖陶校，人民出版社

2004 年版。

［德］胡塞尔：《纯粹现象学通论——纯粹现象学和现象学哲学的观念》（第一卷），李幼蒸译，商务印书馆出版 1992 年版。

［日］柳田圣山：《初期禅宗史书的研究》，东京：法藏馆出版社 1967 年版。

［日］宇井伯寿：《禅宗史研究》，东京：岩波书店出版社 1939 年版。

［日］铃木大拙：《禅思想史研究第三》，《铃木大拙全集》卷三，东京：岩波书店出版 1968 年版。

［日］忽滑谷快天：《中国禅学思想史》，朱谦之译，上海古籍出版社 1994 年版。

［日］水野弘元：《佛教要语的基础知识》，台北：华宇出版社 1984 年版。

［日］木村泰贤：《原始佛教思想论》，欧阳瀚存译，台湾商务印书馆 1990 年版。

［英］柯林武德：《历史的观念》，何兆武、张文杰译，商务印书馆 1997 年版。

［美］斯达克等：《信仰的法则——解释宗教之人的方面》，杨凤岗译，中国人民大学出版社 2004 年版。

［美］斯达克：《基督教的兴起：一个社会学家对历史的再思》，黄剑波、高民贵译，上海古籍出版社 2005 年版。

T. R. V. Murti：《中观哲学》，郭忠生译，台北：华宇出版社 1985 年版。

John McRae, *The Northern School and the Formation of Early Ch'an Buddhism*, Honolulu: University of Hawaii Press, 1986.

论文

方立天：《慧能创立禅宗与佛教中国化》，《哲学研究》2007 年第 4 期。

方立天：《性净自悟——慧能〈坛经〉的心性论》，《哲学研究》1994 年第 5 期。

高毓婷：《北宗神秀菩萨戒研究》，印顺文教基金会网。

侯外庐：《史林述学——侯外庐史学论文选集》自序，《文史哲》1982 年第 5 期。

黄绎勋：《宗密所述北宗及洪州宗教说的探讨》，《法光学坛》1998 年第 2 期。

汲喆：《如何超越经典世俗化理论》，《社会学研究》2008 年第 4 期。

李润生：《神秀慧能偈颂辨解》，《明觉杂志》2006 年第 11 期。

温玉成：《禅宗北宗初探》，《世界宗教研究》1983 年第 2 期。

伍先林：《神秀的禅法思想》，《佛学研究》1999 年。

杨笑天：《延寿的唯心净土与指方立相》，《佛学研究》1997 年。

余威德：《唐代北宗禅发展研究——以玉泉神秀为中心》，慈济大学，宗教与文化研究所，2003 年。

袁德领：《法如神秀与北宗禅的肇始》，《敦煌研究》2001 年第 67 期。

宗性：《神秀〈观心论〉的主要禅法思想》，《问学散论》，宗教文化出版社 2008 年版。

佛教辞典

星云大师监修、慈怡法师主编：《佛光大辞典》，佛光出版社 1995 年版。

丁福保编：《佛学大辞典》（上、下册），虚云印经 2005 年版。

蓝吉富主编：《中华佛教百科全书》，台南：中华佛教文化百科文献基金会 1994 年版。

陈士强：《佛典精解》，上海古籍出版社 1992 年版。

吴汝钧：《佛教大辞典》，商务印书馆 1995 年版。

后　记

　　本书终于定稿，心头豁然开朗，如释重负。三年的时间稍纵即逝，望着菁菁校园，思绪万千，选择学习哲学是我生命中的最大决定，我也坚信选择了这门最有智慧的学问。不知从什么时候起，对生命的反思，时时萦绕心头，却始终找不到答案，对于人生也感觉很迷茫，常常看到心灵鸡汤的人生寓言，但似乎觉得又不深刻，似懂非懂，直到有一天，接触到了哲学，这个问题便有了答案。人在宇宙当中是很渺小的，生命就像朝露一样短暂，人类为自己的命运而焦虑，需要有能够让自己安身立命的精神追求，如同张载所说："为天地立心、为生民立命"，哲学能够让我们探寻"深深地隐藏在事情后面"的东西，为我们寻找生命的根基，我热爱哲学便成了自然而然的事情。最初关注最多的是海德格尔，他对生命的深刻理解确实与众不同，认为我们活在当中，失去了本真的自我。为了开阔视野，又转向了道家哲学，对庄子产生了偏爱，但仍意犹未尽。对生命最为关切的当属佛学，佛学是解脱的学问，对人的生命本质有着深切的关怀，但佛学博大精深，需要下很大的工夫，可是对于一位热爱生命、探寻生命本质的我来说，佛学却成了我最好的研究对象。

　　如果说我入了佛学的门，自然和方立天先生密不可分。也算是一种缘分，早在读硕士研究生期间，我就拜读了方老师的《魏晋南北朝佛教论丛》。此后，又买下了方老师的大作《中国佛教哲学要义》（上、下卷）。我第一次接触有关佛学的书籍就是方老师的著作，方老师的文章观点犀利、逻辑严谨、总揽全局，让人叹为观止，当时，便萌发了报考方老师的博士研究生的念头。2008 年，我顺利地考入中国人民大学，成为方老师的学生，感到无比激动。记得刚入校时的第一个教师节，我同师兄一起去看望方老师，方老师和蔼可亲，精神矍铄，尤其一对眉毛给我留下了深刻的印象，犀利挺拔显示出一种风范。师母幽默风趣，待人随和，让我备感温暖。三年的学习中，方老师和师母对我的学习和生活非常关心，冬天我穿的比较少，方老师看到后，十分关切，令我感动不已。

方老师治学严谨，要求我第一年把佛学功底打扎实，多读佛教经典。为此，我旁听了佛教与宗教学理论研究所开办的佛教课程，在学习的过程中逐渐积累了自己的佛学功底。在博士论文的写作上，从题目选取、目录架构到内容修改，方老师都给予了我悉心的指导。关于写作的方法，方老师反复强调要培养问题意识，围绕问题来写文章，展开自己的论述。方老师要求我要对北宗禅法的相关文献原典都要熟悉，最好通读。在平时的写作中，我也将自己的某些观点及时地和方老师沟通。论文的完成，也意味着三年的博士学习生涯即将结束，在毕业之际，向方老师表示深深的感谢。

读博期间，给我上过课的老师有张风雷老师、温金玉老师、何建明老师、张文良老师、宣方老师、惟善老师、程乐松老师、张雪松老师，在此向老师们表示感谢。魏德东老师举办的哲学讲座，让我学到了不少知识，在此感谢。梅瑛老师在工作、生活上多有指点，在此感谢。向所有帮助过我的师兄、师弟们在此一并感谢。

在答辩中，北京大学魏常海教授、中国社会科学院魏道儒研究员、北京师范大学徐文明教授对论文提出了宝贵的建议，在此感谢。

最后，要感谢我的家人，是他们默默无闻的支持，给予了我写作的动力和信心，让我能够保持良好的心态，从事自己的学术研究。

中国人民大学的学术气氛是浓厚的，尤其哲学院更是塑造人文精神的殿堂，多少次精彩的讲座令人为之喝彩，多少次精彩的辩论令人折服，三年的学习生涯令我难以忘怀，真心的祝愿中国人民大学哲学院越办越好！